THE PROCEEDINGS OF ANNUAL SYMPOSIUM
ON CHINESE SPATIAL ECONOMICS

中国空间经济学年会论文集

SPATIAL
ECONOMIC
REVIEW

空间经济评论

（2022）

林善浪 ◎ 主编

中国财经出版传媒集团

经济科学出版社
Economic Science Press

·北 京·

图书在版编目（CIP）数据

空间经济评论．2022／林善浪主编．-- 北京：经济科学出版社，2023.9
　（中国空间经济学年会论文集）
　ISBN 978 - 7 - 5218 - 5241 - 7

　Ⅰ.①空…　Ⅱ.①林…　Ⅲ.①区位经济学 - 文集
Ⅳ.①F207 - 53

中国国家版本馆 CIP 数据核字（2023）第 192529 号

责任编辑：凌　　敏
责任校对：蒋子明
责任印制：张佳裕

空间经济评论（2022）
KONGJIAN JINGJI PINGLUN（2022）
林善浪　主编
经济科学出版社出版、发行　新华书店经销
社址：北京市海淀区阜成路甲 28 号　邮编：100142
教材分社电话：010 - 88191343　发行部电话：010 - 88191522
网址：www. esp. com. cn
电子邮箱：lingmin@ esp. com. cn
天猫网店：经济科学出版社旗舰店
网址：http://jjkxcbs. tmall. com
北京季蜂印刷有限公司印装
787×1092　16 开　14 印张　280000 字
2023 年 9 月第 1 版　2023 年 9 月第 1 次印刷
ISBN 978 - 7 - 5218 - 5241 - 7　定价：56. 00 元

序　言

改革开放以来，随着中国工业化和城镇化的快速发展，要素流动和空间配置方式发生了重大变革，经济空间模式和格局实现了优化重组。在新发展阶段，加快实施国家重大区域战略，推进京津冀协同发展、长三角区域一体化发展、粤港澳大湾区建设、长江经济带高质量发展、黄河流域生态保护和高质量发展、海南全面深化改革开放，完善支持西部大开发、东北振兴、中部崛起、东部率先发展的政策体系；经济结构正由工业主导型向服务业主导型转变，经济发展的空间结构正在发生深刻变化，中心城市和城市群正在成为承载发展要素的主要空间形式；以高速铁路、高速公路和民航机场为代表的现代快速交通网络建设，信息技术革命和推广应用，带来了强大的时空压缩效应，创造了新的时空区位优势，产生新的空间经济模式。这些空间经济新现象、新特征、新趋势及其伴随的新问题，对传统理论提出了新挑战，迫切需要理论工作者提出新思路、新方法、新机制和新对策。

改革开放的伟大实践，必须有理论指导，并激发理论创新。空间经济学是当代经济学对人类最伟大的贡献之一，也是当代经济学中最激动人心的领域。为加强对中国空间经济运行规律和机制研究，促进空间经济领域专家学者和实际工作者的学术交流，推动空间经济理论的创新发展，自2009年开始先后在南京师范大学、南开大学（2次）、西南民族大学、浙江大学、首都经济贸易大学、江苏师范大学、安徽师范大学、盐城师范学院、南京师范大学、同济大学（2次）、哈尔滨工业大学、兰州大学等高校举办了14届中国空间经济学年会，得到了国内外广大空间经济学及相关学科领域学者和政府决策咨询部门的广泛认可和支持，已经成为中国空间经济领域权威、高端的交流平台。

第14届中国空间经济学年会暨南平市"好风景、好经济、好生活"高峰论坛于2022年12月24～25日在福建省南平市举行，由同济大学和南平市委市政府联合举办。这是中国空间经济学年会第一次由高校与地方政府联合举办，并结合地方经济高质量发展主题，展现了中国空间经济学学科体系的理论性和实践性相结合。来自北京大学、清华大学、浙江大学、复旦大学、上海交通大学、中国人民大学、南京大学、南开大学、同济大学、哈尔滨工业大学、兰州大学、华东师范大学、北京理工大学、吉林大学、湖南大学、中国海洋大学、中国科学院、中国社会科学院，以及国家发展和改革委员会宏观经济研究院、国家信息中心、城市和小城镇改革发展中心、国家林业和草原局国家公园研究院、中国城市规划设计研究院等122个高校和科研院所的线下代表100余人、线上代表近300人出席了年会。围绕"空间经济理论与实践""新型城镇化与乡村振兴""双循环与高水平对外开放""南平市好风景、好经济、好生活与高质量发展"等会议主题，107 位专家学者作大会报告或分论坛专题报告。南平市委市政府主要领导及相关职能部门负责人、县（市、区）主要领导出席了年会开幕式和高峰论坛。年会期间正值新冠病毒感染高峰时期，承办单位领导和会务人员勠力同心、共克时艰，筑牢疫情防控防线，周密细致做好服务保障，确保年会成功举行，令人敬佩。

本书收录了本届年会的 21 篇论文。这些论文是从与会代表提交的 187 篇论文中精选出来的，既有老经济学家的大作，也有中青年学者的佳作，充分展示了中国空间经济学研究的最新进展、热点前沿和趋势特点。本书是国内外空间经济学、区域经济学、城市经济学、产业经济学、交通经济学、国土资源学、城乡规划学、地理信息科学等学科领域理论工作者的必备文献资料，是高等院校经济学、公共管理学、人文地理学等专业领域教师和学生的重要学习参考书，对各级政府政策研究部门和决策咨询部门也具有参考价值。

本书的出版，得到了南平市委市政府的鼎力相助，得到了南开大学安虎森教授、经济科学出版社编辑凌敏女士的大力支持。同济大学陈时俊、高榕蔚、巫昭伟、余创业等 20 多名博士后、博（硕）士生及上海对外经贸大学马超老师为本书出版付出了辛勤劳动。对他们的无私奉献，在此一并致谢！因水平所限，不足之处在所难免，欢迎读者批评指正。

第 14 届中国空间经济学年会执行主席　林善浪

2023 年 6 月

目　录

1

新经济地理学发展趋势展望

安虎森[*]

一、引　言

自从克鲁格曼（Krugman，1997）发表《地理与贸易》一书以及建立核心边缘模型以来，许多学者开始致力于解释经济活动空间分布的基础理论研究和实证研究。虽然新经济地理学的发展历史相当短暂，但它已成为许多经济学家主要的研究领域。尽管如此，新经济地理学还是不断受到来自该领域内外广泛的批评。尤其是新经济地理学没有脱离开一些限制性很强的假设，因而无法冲破传统理论的束缚，这就严重阻碍了新经济地理学的发展。外界对新经济地理学的批评，主要集中在如下几个问题上：（1）异质性对空间聚集的影响；（2）一般垄断竞争模型；（3）多区域框架下的空间结构问题；（4）前瞻性预期与人口迁移决策；（5）核心边缘模型的分岔机制问题；（6）自我选择过程与技能分类对代理人区际转移的影响；（7）城市等级体系研究；（8）地理和历史因素的作用问题。

本文试图分析阻碍新经济地理学发展主要的限制条件以及克服这些限制条件方面的一些进展，并讨论新经济地理学今后的发展趋势。

二、空间问题与最初的核心边缘模型

在经济学不同学科中，新经济地理学是第一个根据一般均衡模型来解释空间不平衡现象的学科。虽然区位理论、城市经济学等早已存在，然而它们无法解释空间不均衡现象，因为当时占主导地位的主流经济学的研究范式在研究空间问题的技术方面存在很大的缺陷。斯塔雷特（Starrett，1978）的"空间不可能定理"证明了这种缺陷的存在。该定理指出，当规模收益不变的阿罗－德布鲁（Arrow-Debreu）的经济体系中存在有限数量的代理人和区位时，如果空间是同质的以及存在区际运输成本，那么就不存在有关区际贸易（运输）的竞争均衡。空间为同质空间，就意味着消费者偏好和生产技术水平与区位无关；规模收益不变，就意味着经济活动在空间上是完全可分的。此时，存在唯一的竞争均衡，此时每个区域都是自给自足的，也就是此时不会形成经济活动的空间聚集。

　＊　安虎森，南开大学经济学院教授、博士生导师，东北师范大学特聘教授。

因此，如果要解释区际发展差距和区际专业化分工，那么至少要改变在上述假设中的一种假设。如果存在运输成本的情况下要解释空间发展不均衡现象，那么就得假设空间为异质或者生产技术为非凸性技术，这样才能保证规模经济的存在。此时，市场必然是不完全竞争市场，或许是寡头竞争市场，或许是垄断竞争市场，但学者们更青睐垄断竞争市场，因为厂商之间不存在战略性互动，因而不存在寡头竞争均衡中的一系列问题。垄断竞争框架就意味着存在规模收益递增以及运输成本，故而厂商的区位决策发挥极为重要的作用。

首先，从克鲁格曼的核心边缘（core-periphery，CP）模型角度，解释经济活动空间聚集与分散情况。空间经济是聚集力与分散力相互作用的结果。克鲁格曼的核心边缘模型的初始假设如下：核心边缘模型中的经济系统为两区域、两部门和两要素的经济系统。两部门中，制造业部门是在柯布－道格拉斯（Cobb-Douglas，C－D）垄断竞争框架下进行生产，农业部门是在完全竞争框架下进行生产；两要素中，一种是不可流动的农业劳动力，另一种为可以跨区域流动的工业劳动力。市场规模效应和生活成本效应，将促进经济活动向某一地区聚集，这将形成一种循环累积过程。随着某区域生产规模的扩大，该区域市场规模不断得到放大，吸引更多的产业，这就是本地市场效应。另外，随着市场规模的扩大，该区域生产出更多差异化的产品，从而导致该区域总体价格水平的下降，这又提高了该区域实际工资水平，这就是生活成本效应。这种由前向联系和后向联系所形成的循环累积因果链，促使经济活动将高度聚集在某一区域，这将提高厂商间的竞争程度，这样就形成了一种离心力，称它为市场拥挤效应。因此，不同于新古典理论只能解释经济活动的空间收敛，新经济地理学理论不仅能解释经济活动的空间收敛，而且还能解释经济活动的空间发散。

其次，还可以从企业间投入产出联系角度解释经济活动空间聚集与分散情况。克鲁格曼和维纳布尔斯（Krugman and Venables，1995）假设了劳动力不能区际流动以及每个厂商都生产最终消费品和中间投入品。假设厂商利用中间投入品进行生产，就意味着厂商之间必定存在一种投入产出联系机制，这样就形成新的聚集机制。产业聚集为中间投入品生产提供规模很大的市场，从而吸引更多的中间投入品生产商进入该区域。这就意味着，一个区域能够成为产业聚集区，是因为该区域已经聚集了具有垂直联系功能的产业部门。这些模型中也存在市场规模放大效应，但这种效应是高收入导致高消费（劳动力不能流动，因此提高劳动力工资水平）所引起的，这与核心边缘模型是不同的。但如果核心区工资水平很高，那么一些厂商将把他们的生产活动转移到边缘地区，此时还存在分散力。这意味着，经济一体化不会形成持续的聚集过程，而是形成"钟状"发展曲线。

克鲁格曼的新经济地理学产生了巨大的冲击波，它直接冲击了传统经济地理学的理论基础。对克鲁格曼在该领域所作出的贡献，传统经济地理学界的一些学者是持否定态度的。克鲁格曼本人也一直在与传统经济地理学家展开争论，尽管如此，克鲁格曼（1997）始终强调新经济地理学在研究方法上存在很大的局限性。

三、重新评价新经济地理学

由于新经济地理学模型操作起来是比较困难的，因此许多研究者都模仿了克鲁格曼初始的架构，这种模仿克鲁格曼初始模型架构的研究，必然导致诸多新经济地理学研究几乎都被限制在狭窄的研究领域范围内。尽管鲍德温等（Baldwin et al.，2003）建立了像自由企业家模型这种脱离克鲁格曼研究框架的模型，但新经济地理学模型通常都具有共同的均衡特征，因此克鲁格曼初始的核心边缘模型所提出的基本结论，在不同情况下都能保持相对的稳定。这看起来确实富有吸引力，然而它同时也意味着以初始核心边缘模型为基础建立起来的模型，无法进一步丰富和扩展新经济地理学的理论内涵。脱离原始核心边缘模型的假设和函数形式，才有可能提出更加丰富和新颖的观点和主张。

（一）新经济地理学模型的稳定性特征

不管导致经济活动空间聚集的机制，是在克鲁格曼核心边缘模型（1991）中可转移的劳动力，或者在维纳布尔斯模型（1996）中的投入产出联系，还是在鲍德温模型（1999）中的资本积累，原始核心边缘模型中的关键特征始终是不会发生变化的。由于促使经济活动空间聚集和分散的作用力取决于生产不变替代弹性产品（constant elasticity of substitution，CES）的生产商市场规模的大小，因此在两区域模型中的空间经济效应，在大多数早期新经济地理学模型中都是相似的。根据鲍德温等（2003）的研究，我们总结了大多数早期新经济地理学模型的七大特征：（1）本地市场效应；（2）经济收益和产业规模之间的循环累积因果关系；（3）内生的非对称性；（4）突发性聚集；（5）多重均衡和预期的自我实现；（6）区位黏性；（7）钟状聚集租金。

事实证明，所有以柯布－道格拉斯（C－D）—不变替代弹性（CES）偏好、冰山交易成本和固定劳动力工资为特征的新经济地理学模型，都具有上述特征，且经济空间结构也是类同的。但随后经过调整后的新经济地理学模型，部分特征与原有的稳定性特征相矛盾了。例如，在弗卢格（Pflüger，2004）的引入准线性效用函数的上包络线模型中，不存在突发性聚集和区位黏性特征；在奥塔维诺等（Ottaviano et al.，2002）的制造业产品效用函数为二次型的模型中，存在突发性聚集特征，但不存在区位黏性特征。在马丁和罗杰斯（Martin and Rogers，1995）早期的自由资本（FC）模型中，并不存在支出转移，这样就消除了典型的需求和成本关联效应，但仍具有空间聚集特征。

（二）昂贵的冰山交易成本

新经济地理学模型中存在的缺陷之一为冰山交易成本假设。我们都知道，在两区域模型中，当区域 2 的消费者消费区域 1 生产的产品时，其价格为 $p_2 = \tau p_1$，因此 $p_2 - p_1 = (\tau - 1)p_1$。如果没有其他套利条件，那么 $p_2 - p_1$ 是运输成本。这就意味着厂商价格的任何变化，都将导致运输成本成比例的变化。但现实并非如此，运输成本在厂商总成本中所占的份额是稳步下降的。所以这种冰上交易成本假设是难以令人信服的。奥塔维诺（2002）认为，工业品贸易需要运输给定数量的计价单位。奥塔维诺的这种假设可能更符合经验证据，因为在这种假设下可以分析厂商聚集与厂商定价决策之间的关系问题。然而，藤田和蒂斯（Fujita and Thisse，2009）认为新经济地理学的主要特征，并不取决于运输成本是否进行规范化的问题。阿朗素－维拉尔（Alonso-Villar，2007）也指出，不管是用乘法还是用加法来计算运输成本，都不会改变两区域新经济地理学模型的基本属性。因此，到目前为止，冰山交易成本假设的这些缺陷仍没有引起新经济地理学的足够重视。

（三）垄断竞争假设

引起较大争议的是人们为什么利用 D－S（dixit-stiglitz）垄断竞争框架的问题。认同这种框架的主要原因是它操作起来很方便，同时还可以把不完全竞争和收益递增现象结合起来。但它也有缺陷，主要在于它相悖于如下一些经济理论和经验事实，即厂商价格水平和利润水平随厂商准入和市场规模的变化而发生变化；消费者的偏好是易变的；厂商规模取决于消费者的数量。藤田和蒂斯（2009）指出，在上述这些框架基础上建立起来的模型，通常降低聚集力和分散力强度，因为厂商提高产品价格，降低厂商间竞争强度。因此，有必要考虑可变替代弹性分析框架。

人们选择垄断竞争框架的另一个原因就在于这种事实，即凹型生产函数是作为不完全竞争的结果而存在的，而垄断竞争框架又是不完全竞争框架中的一种。如果想要新经济地理学模型不会因厂商之间的战略性互动而变得过于棘手，那么可以选择垄断竞争框架。安尼基亚里科等（Annicchiarico et al.，2012）是利用国家寡头垄断厂商来代替垄断竞争厂商的，他们的研究表明，当贸易壁垒较低时，对称分布总是很稳健的。

（四）忽略地理和历史的作用

在大多数两区域模型中，运输成本参数通常体现地理上的不同特征。在两区域框架中，两区域之间的距离通常标准化为单位距离，其空间范围通常是由运输成本大小来表示的。因此，如果不讨论运输成本问题，那么这种地理空间起不到任何作用。直到最近，新经济地理学模型还没有提供有关地理空间范围的有价值的新见解。同时，新经济地理学模型中的区域是没有任何空间维度的实体，它没有空间维度，进而也没有其内部的空间结构。实际上，库姆斯、藤田等学者意识到了这些，且还强调把研究城市等级体系形成和城际异质性个体的空间分类作为发展新经济地理学主要途径的重要性。

同样，新经济地理学所关注的是最终的均衡结果和局部的稳定性问题，它并不注重实际时间或历史过程。但存在多重均衡情况下,当决定经济沿着其运行轨迹收敛至何种均衡时,通常历史发挥着重要的作用。但它也不是真正意义上的对空间经济实际演化过程的解释。其实,至今新经济地理学只认同来自外部的促进变化的因素,因此如果经济实现了均衡,那么所有历史过程和变化过程就将终结,整个经济景观就将处于停滞状态。

(五)数值分析:实证研究和政策含义

由于新经济地理学模型所具有的操作难度大和不存在解析解的弊端,长期以来计算机一直是研究新经济地理学模型的必备工具。藤田和蒂斯(2009)认为,如果研究的目的是要确定均衡的质性特征,那么就不需要使用计算机。对这种观点,有些学者认为,新经济地理学很少进行量化分析,是顶级经济理论期刊很少发表有关新经济地理学方面的论文可能的原因之一。

藤田和森(Fujita and Mori,2005)认为,建立具有解析解和可操作性的模型固然很重要,但这些模型可能会限制新经济地理学模型的丰富性和完整性特征。这就意味着,对那些贸易成本和空间规模不对称的两区域两部门模型,最好是利用计算机来进行模拟并提出政策性建议。黑德和迈耶(Head and Mayer,2006)指出,为了操作上的简便,多数新经济地理学模型是在极其简化的假设基础上建立起来的,因此难以利用这些模型来验证制造业部门工资水平和市场准入之间的经验关系。马丁和森利(Martin and Sunley,1996)也注意到了有关新经济地理学政策性含义的问题,他们认为人们通常怀疑新经济地理学模型在解释经济活动的空间分布方面的能力,因而新经济地理学所提出的有关区域经济政策方面的建议也是被大打折扣的。

(六)代理人短视性假设

对新经济地理学模型的另外一种质疑,主要是在建立人口迁移模型时大多数核心边缘模型过分依赖于演化动力学分析。因为在这种分析框架中,可流动劳动力所关注的只是眼前的利益,这与经济学理性的前瞻性行为假设是相冲突的。核心边缘模型,主要是通过这种短视性行为假设和局部稳定性分析,预测出完全聚集或对称分布状况的。

人们改变其居住区位需要支付很大的成本,因此一旦形成核心边缘模式,那么打破这种结构是相当困难的。如果这种聚集是很稳定的,那么没有一种内生机制能够在这种稳定聚集结构中重新选择一种新的均衡。这样,长期的区域结构是由历史初始优势所决定的。其实,在现实中代理人所关注的是未来的预期收益而不是眼前的利益。大山(Oyama,2009)把自我实现的预期纳入到自由资本模型中,其中每个企业家都有其预期的贴现值,并且选择能够最大化其预期贴现值的区位。这种前瞻性动态分析,使得人们可以在全局性稳定状态下选择唯一的一种均衡。前瞻性预期分析所给出的有关贸易政策方面的含义是相当明确的,即旨在吸引更多产业活动的国家,将进一步提高贸易壁垒,进而吸引更多的厂商迁入该国内。

四、解决缺陷的主要途径

（一）异质性偏好

厂商间在劳动生产率水平方面的差异或劳动力之间在技能水平方面的差异，对产业的空间分布带来很大的影响。奥塔维诺（2012）建立了简单的两对称区域和两部门模型，其中一个部门提供同质产品，另一个部门是因厂商之间生产力水平的不同而展开垄断竞争。在差异化产品、存在运输成本和聚集经济的情况下，如果市场规模效应和生活成本优势足以抵消共同区位于某一区域而导致的竞争压力，那么当运输成本较低时，区域自我维持过程将内生地导致经济活动空间聚集过程。当区位是异质时，效率水平较低的厂商为避免激烈的竞争，有可能选择不具有明显优势的区位，这样企业异质性成了一种分散力。

劳动力技能异质性，通常影响劳动力本身技能与实际就业之间是否匹配的问题，从而影响劳动生产率、工资水平以及厂商规模等。如果劳动力技能与厂商所需的技能不匹配，那么将导致劳动力重新获得劳动资格所需的成本。因此，厂商聚集的地区，通常技能劳动力和就业之间的匹配度是较高的。反过来，如果提高了劳动生产率，那么就提高了总体收益水平。所以，聚集机制源自企业之间为实现良好的劳动力匹配而在劳动力市场上展开的竞争。结果，市场规模较大地区表现出更高的劳动生产率、更高的工资水平以及更大的产业份额。

消费者偏好方面的异质性，包括就业方面的不同偏好，以及居住区位方面的不同偏好。大山等（2011）建立了两区域模型，其中厂商在垄断竞争和规模收益递增下生产同质产品以及不变替代弹性产品组合，代理人在区域间是不能移动的，他们可能选择某一企业就业，也可以选择成为一名企业家并生产一种新的差异化产品。这样，经济活动空间格局并不是由劳动力的区际转移所决定，而是由劳动力在部门间转移所决定。当运输成本下降时，市场规模较小地区较之前更容易获得更多种类的区外产品，这就降低了当地市场对当地产品的需求，降低了企业家创业的积极性；反过来，在市场规模较大的地区，市场规模放大效应提高了企业家创业的积极性。当运输成本下降到某一阈值时，在市场规模较大的地区，企业间激烈竞争将导致市场的分散化。这意味着，随着贸易成本的下降，产业先聚集后分散。

异质性偏好的另一种源泉是对居住区位的不同偏好。考虑到了在居住区位偏好方面的异质性，包括对区位、气候、文化或者公共基础设施方面的不同偏好。基础设施方面的区际差异，可以转化第一性优势，也就是外生的一种非对称，这就使得一个区域比另一个区域对所有代理人更有吸引力。然而，即使区域是完全对称的，但个人的这种不同偏好通常构成一种实际上的分散力。它有助于解释为什么有些区位的工业化水平比其他一些区位的工业化水平更高的原因。

（二）打破不变替代弹性偏好的约束

泽洛伯德克等（Zhelobodko et al.，2012）的研究框架，排除了对效用的任何特定的函数形式，它只要求效用函数为凹型以保证消费者偏好的多样化就可以了。这样，他们是利用相对多样化偏好来取代不变替代弹性模式的。相对多样化偏好可以用来衡量消费者对多样化产品的偏好程度，如果它是递增的，那么在市场上形成促进竞争的效应，也就是说，规模较大市场上的均衡价格水平较低；如果它是递减的，那么在市场上形成提高价格水平的效应（反竞争效应），也就是说，由于消费替代弹性下降，规模较大市场上的价格水平将变得更高。不变替代弹性是相对多样化偏好恒定的情况，此时不存在竞争效应。上述这种一般垄断竞争模型，为新经济地理学模型在实际中应用提供了新的途径。

近些年来，基齐克（Kichko，2014）、德米多沃（Demidova，2017）、贝伦斯等（Behrens et al.，2009）、贝伦斯等（2017），利用可变替代弹性（VES）框架来分析了贸易理论和城市经济学等领域的问题。陈和曾（Chen and Zeng，2017）在可变替代弹性框架下，利用在可加性分离式效用基础上的两要素模型，分析了两国框架下贸易自由度的变化对贸易模式、企业定价和产业空间分布的影响。

（三）走向多区域框架

新经济地理学大多数结论主要来源于两区域模型。但两区域框架过于简单，它忽略了多区域情况下在市场准入方面潜在的可能性，同时严格限制了从多重视角来解释不同聚集模式的可能性。

到目前为止，已有许多新经济地理学模型扩展到了多区域框架中。大山（2009）、埃利克森等（Ellickson et al.，2005）、福斯里德等（Forslid et al.，2012）、巴贝罗等（Barbero et al.，2016），把两区域模型扩展到多区域模型，并把异质性纳入到模型中进行了研究。一些学者还利用区位均匀分布在圆周上的"轨道经济"等程式化的几何图形，分析了区域之间不同距离的影响问题。其中的一些研究成果，还提供了新的分析和处理数据的方法，进而较易于操作复杂的多维模型了，例如赤松等（Akamatsu et al.，2012）分析了贸易成本随时间稳步下降后聚集模式的变化过程，他们发现在多区域模型下，随着运输成本的进一步降低，产业分布的空间格局将进一步发生变化，从而发生第二次分岔。当每次发生分岔时，厂商所在区域数量将减少一半，每对相邻"核心"区之间距离将扩大一倍，这样就产生了所谓的空间倍周期分岔。最终结果是，所有经济活动将在某区域内完全聚集。

（四）将知识和文化与经济相联系

新经济地理学的进一步发展，需要对知识创造和知识溢出进行建模以分析它对经济活动区位的影响。目前还没有出现能够充分整合消费者和生产商之间关联效应以及空间知识关联效应的新的综合性新经济地理学模型。

知识创造和知识溢出的基本特征之一为它的地理属性，因为居住在同一地区的人们之间频繁互动，有助于发展本地化的思想和文化。伯利安特和藤田（Berliant and Fujita，2012）所建立的空间知识交互模型表明，高度的文化多样性虽然阻碍相互之间的交流，却提高了在知识创造方面的劳动生产率，因为良好的文化交流可以促进不同社区间的互动，进而可以从积极的外部性中获益。可以看出，新经济地理学强调区际知识交流，相对于区内的内生知识，这种区际知识交流显得更加重要。

不同类型知识之间的关联性也显得很重要。根据弗林肯等（Frenken et al.，2007）的研究，较高的知识相关性会提高技术相关部门之间的溢出效应。如果一个地区是在技术上相互关联的产业部门的聚集区，那么相对于那些在技术上互不关联的产业部门的聚集区，更有利于各种思想在各种产业部门之间传播，进而可以促进经济发展。

（五）不同学科之间融合发展

首先是在经济地理学领域的新经济地理学、传统经济地理学和演化经济地理学之间的融合发展问题。

在新经济地理学发展的早期阶段，地理学家和经济学家之间几乎不存在相互之间的交流。近来，在新经济地理学和传统经济地理学之间跨学科交流方面有了较大的进展。新经济地理学研究已经考虑到了异质性问题，这使得新经济地理学更加接近于传统经济地理学和演化经济地理学。

虽然新经济地理学主张历史在多重均衡中选择某种均衡过程中发挥重要作用，但这种过程与演化过程有着本质的区别。演化过程中周边环境是不断被重复建立起来的，所以演化过程是动态的、不可逆的，且不断产生出新的事物。因此，从演化经济地理学角度来看，新经济地理学不应过分关注均衡结果，而应关注长期的变化过程，以及此过程中过去发生的事件对未来发生事件的概率的影响。戴维德（David，2005）提出了协调新经济地理学的均衡思想和演化经济地理学的演化思想的一种方法，也就是提出了"间断均衡论"概念，它是指某种历史上的偶发事件将推动某种路径依赖过程趋向于某种均衡，一旦实现该种均衡，那么该系统将保持不变直到被外部冲击遭到破坏为止。现实世界中的许多区域问题，通常与路径依赖概念或"锁定"均衡概念是相矛盾的。现实中，区域经济是随着时间的推移而逐渐适应和突变，从而避免经济系统被锁定在特定的稳定状态或轨迹之中。

学科间融合发展，还涉及新经济地理学和城市经济学之间的融合发展问题。维纳布尔斯（2010）提出了一种框架，在这个框架中，两个城市的劳动力在技能方面存在差异，且这种技能差异方面的信息是不对称的。他的研究，揭示了生活成本差异是如何促使劳动力进行自我选择，进而居住在生活成本高的城市中的技能劳动力比例变大的问题。伊克豪特等（Eeckhout et al.，2014）提出了以生产技能互补性和技能劳动力的完全流动性为基础的空间分类理论。研究表明，城市全要素劳动生产率水平越高，城市规模就越大，但不同城市之间在技能劳动力的相对分布方面是相同的。

莫萨伊和皮卡德（Mossay and Picard，2011）通过代理人在具有不同空间结构和网络的城市社区中的互动来解释了空间分布特征。研究表明，不同的几何形状会影响不同产业聚集的质的属性。如果所考虑的几何图形为线段，那么单个城市是均衡的；如果所设想的几何图形为圆周，那么在任何非均匀分布下的空间均衡，都意味着规模相似的单数数量的城市等间距地分布在圆周上，每对相邻城市之间是空旷地。这种空旷地是土地供给以及代理人空间自组织之间的竞争所导致的结果。这样，他们的研究，把谢林（Schelling，1971）的人口分散化的学术思想和贝克曼（Beckmann，1976）的城市土地市场的学术思想结合起来了。

五、结　　论

本文分析了新经济地理学在理论和方法上存在的缺陷问题，这些主要包括忽略异质性对空间聚集的影响，过分依赖垄断竞争模型，分析多区域框架空间结构的技术的缺失，忽视前瞻性预期对人口迁移决策的影响，分析核心边缘模型中分岔机制的技术的缺失，缺乏自我选择过程与技能分类对代理人区际转移的影响分析，缺失城市等级体系研究，忽略地理和历史因素的作用问题等。同时，还讨论了新经济地理学未来新的研究视角和途径，这些主要包括引入劳动生产率、劳动力技能、消费者偏好等方面的异质性；打破不变替代弹性偏好的约束，引入可变替代弹性偏好；打破两区域框架的约束，建立多区域分析框架；将知识和文化与经济相结合起来；加强不同学科之间的融合发展，等等。

当讨论所存在的缺陷以及今后的研究途径时，本文并没有讨论新经济地理学所有的研究主题，这主要是为了强调拓展新经济地理学新的研究路径的重要性，因为只能这样做才能保证新经济地理学经久不衰的研究活力。本文尤其强调，如果新经济地理学不断突破理论和方法上的局限性以及不断扩展研究视角，那么新经济地理学将具有更加广阔的发展空间。

参 考 文 献

［1］ Akamatsu, T. , Takayama, Y. & Ikeda, K. Spatial discounting, fourier, and racetrack economy：A recipe for the analysis of spatial agglomeration models ［J］. Journal of Economic Dynamics and Control, 2012, 36 (11), 1729 – 1759.

［2］ Alonso-Villar, O. A reflection on the effects of transport costs within the new economic geography ［J］. Review of Urban & Regional Development Studies, 2007, 19 (01)：49 – 65.

［3］ Annicchiarico, B. , Orioli, F. & Trionfetti, F. National oligopolies and economic geography ［J］. The Annals of Regional Science, 2012, 48 (01)：71 – 99.

［4］ Baldwin, R. Agglomeration and endogenous capital ［J］. European Economic Review, 1999, 43 (02)：253 – 280.

［5］ Barbero, J. & Zofío, J. L. The multiregional core-periphery model: The role of the spatial topology ［J］. Networks and Spatial Economics, 2016, 16 (02): 469 –496.

［6］ Beckmann, M. J. Spatial equilibrium in the dispersed city ［C］//Environment, Regional Science and Interregional Modeling: Proceedings of the International Conference on Regional Science, Energy and Environment II, Louvain, May 1975. Springer Berlin Heidelberg, 1976: 132 –141.

［7］ Behrens, K., Mion, G., Murata, Y. & Suedekum, J. Spatial frictions ［J］. Journal of Urban Economics, 2017 (97): 40 –70.

［8］ Behrens, K. & Murata, Y. City size and the henry george theorem under monopolistic competition ［J］. Journal of Urban Economics, 2009, 65 (02): 228 –235.

［9］ Berliant, M. & Fujita, M. Culture and diversity in knowledge creation ［J］. Regional Science and Urban Economics, 2012, 42 (04): 648 –662.

［10］ Chen, C. M. & Zeng, D. Z. Mobile capital, variable elasticity of substitution, and trade liberalization ［J］. Journal of Economic Geography, 2017, 18 (02): 461 –494.

［11］ David, P. A. Path dependence in economic processes: Implications for policy analysis in dynamical systems contexts ［J］. The evolutionary foundations of economics, 2005: 151 –194.

［12］ Demidova, S. Trade policies, firm heterogeneity, and variable markups ［J］. Journal of International Economics, 2017 (108): 260 –273.

［13］ Eeckhout, J., Pinheiro, R. & Schmidheiny, K. Spatial sorting ［J］. Journal of Political Economy, 2014, 122 (03): 554 –620.

［14］ Ellickson, B. & Zame, W. A competitive model of economic geography ［J］. Economic Theory, 2005, 25 (01): 89 –103.

［15］ Forslid, R. & Okubo, T. On the development strategy of countries of intermediate size—An analysis of heterogeneous firms in a multi-region framework ［J］. European Economic Review, 2012, 56 (04): 747 –756.

［16］ Frenken, K., Oort, F. V. & Verburg, T. Related variety, unrelated variety and regional economic growth ［J］. Regional studies, 2007, 41 (05): 685 –697.

［17］ Fujita, M. & Krugman, P. The new economic geography: Past, present and the future ［J］. Papers in Regional Science, 2004, 83 (01): 139 –164.

［18］ Fujita, M. & Mori, T. Frontiers of the new economic geography ［J］. Papers in Regional Science, 2005, 84 (03): 377 –405.

［19］ Fujita, M. & Thisse, J. F. New economic geography: An appraisal on the occasion of Paul Krugman's 2008 nobel prize in economic sciences ［J］. Regional Science and Urban Economics, 2009, 39 (02): 109 –119.

［20］ Head, K. & Mayer, T. Regional wage and employment responses to market potential in the EU ［J］. Regional Science and Urban Economics, 2006, 36 (05): 573 –594.

［21］ Kichko, S., Kokovin, S. & Zhelobodko, E. Trade patterns and export pricing under non-ces preferences ［J］. Journal of International Economics, 2014, 94 (01): 129 –142.

［22］ Krugman, P. R. Development, Geography, and Economic Theory ［M］. MIT press, 1997.

［23］ Krugman, P., Venables, A. J. Globalization and the Inequality of Nations ［J］. The Quarterly

Journal of Economics, 1995, 110 (04): 857 – 880.

[24] Martin, P. & Rogers, C. A. Industrial location and public infrastructure [J]. Journal of International Economics, 1995, 39 (03): 335 – 351.

[25] Martin, R. & Sunley, P. Paul Krugman's geographical economics and its implications for regional development theory: A critical assessment [J]. Economic Geography, 1996, 72 (03): 259 – 292.

[26] Mossay, P. & Picard, P. On spatial equilibria in a social interaction model [J]. Journal of Economic Theory, 2011, 146 (06): 2455 – 2477.

[27] Ottaviano, G. Agglomeration, trade and selection [J]. Regional Science and Urban Economics, 2012, 42 (06): 987 – 997.

[28] Ottaviano, G., Tabuchi, T. & Thisse, J. F. Agglomeration and trade revisited [J]. International Economic Review, 2002, 43 (02): 409 – 435.

[29] Oyama, D. Agglomeration under forward-looking expectations: Potentials and global stability [J]. Regional Science and Urban Economics, 2009, 39 (06): 696 – 713.

[30] Oyama, D., Sato, Y., Tabuchi, T. & Thisse, J. F. On the impact of trade on the industrial structures of nations [J]. International Journal of Economic Theory, 2011, 7 (01): 93 – 109.

[31] Pflüger, M. A simple, analytically solvable, chamberlinian agglomeration model [J]. Regional Science and Urban Economics, 2004, 34 (05): 565 – 573.

[32] Schelling, T. C. Dynamic models of segregation [J]. Journal of Mathematical Sociology, 1971, 1 (02): 143 – 186.

[33] Starrett, D. Market allocations of location choice in a model with free mobility [J]. Journal of Economic theory, 1978, 17 (01): 21 – 37.

[34] Venables, A. J. Equilibrium locations of vertically linked industries [J]. International Economic Review, 1996, 37 (02): 341 – 359.

[35] Venables, A. J. Productivity in cities: self-selection and sorting [J]. Journal of Economic Geography, 2010, 11 (02): 241 – 251.

[36] Zhelobodko, E., Kokovin, S., Parenti, M. & Thisse, J. F. Monopolistic competition: Beyond the constant elasticity of substitution [J]. Econometrica, 2012, 80 (06): 2765 – 2784.

构建优势互补、高质量发展的国土空间体系

肖金成　刘保奎　洪　晗[*]

一、党的十八大以来区域协调发展取得的历史性成就

党的十八大以来，党中央按照客观经济规律调整和完善区域政策，发挥各地区比较优势，提出了一系列关于区域经济发展和空间治理的新理念、新思想，推动实施了多个区域重大战略，区域经济布局更加合理，区域协调发展取得了历史性成就，为构建优势互补、高质量发展的国土空间体系奠定了基础。

一是区域发展的协调性显著增强。区域比较优势得到发挥，中西部地区呈现出快速增长态势，区域发展的协调性显著增强。2012～2021年，东部地区与西部地区人均生产总值之比由1.87∶1缩小到1.68∶1，[①]区域发展相对差距持续缩小。中国如期完成脱贫攻坚、全面建成小康社会的历史任务，实现第一个百年奋斗目标，所有贫困县成功脱贫摘帽。

二是重点地区的引领性更加强劲。中国推动实施京津冀协同发展、长江经济带发展、粤港澳大湾区建设、长三角一体化发展、黄河流域生态保护和高质量发展、成渝地区双城经济圈建设等区域重大战略。疏解北京非首都功能取得明显成效，雄安新区拔地而起；长江生态环境保护发生了转折性变化，力求实现在发展中保护、在保护中发展；长三角一体化成效明显，安徽经济社会发展取得显著成就；黄河流域生态保护和高质量发展扎实起步。通过实施区域重大战略，重点地区的引擎作用不断增强，2021年，京津冀、长三角、粤港澳大湾区内广东九个城市的GDP合计超过全国GDP的40%，发挥了全国经济压舱石、高质量发展动力源、改革试验田的重要作用。[②]

三是国土空间的安全性大幅提升。中国将实施主体功能区战略作为优化城乡区域布局的重要抓手，在全国范围内开展国土空间规划的编制工作，划定"三区三线"，加快构建以国家公园为主体的自然保护地体系，推动流域和跨区域生态补偿合

---

　　*　肖金成，国家发展和改革委员会国土开发与地区经济研究所（区域发展战略研究中心）原所长，中国社会科学院大学博士生导师；刘保奎，国家发展和改革委员会国土开发与地区经济研究所（区域发展战略研究中心）战略二室主任，研究员；洪晗，中国邮政储蓄银行博士后工作站、中国人民大学博士后流动站博士后。

　　①　国家发展改革委. 十年区域协调发展 中华大地展现新图景［EB/OL］. 2022-09-26. https：// baijiahao. baidu. com/s? id =1745382578620987864.

　　②　国家发展改革委：去年京津冀、长三角、粤港澳大湾区生产总值超过全国40%［EB/OL］. 光明网，2022-09-20. https：//m. gmw. cn/baijia/2022-09/20/36036674. html.

作，启动实施东北黑土地保护性耕作行动计划，实现生态系统更加稳固，粮食产量连续增收，能源资源初级产品保供能力持续增强。通过加大对边疆地区对口支援、帮扶力度，铸牢中华民族共同体意识，实施兴边富民行动计划，稳边固边能力全面提升。

二、构建优势互补、高质量发展的
国土空间体系的重大意义

构建优势互补、高质量发展的国土空间体系在构建新发展格局、实现高质量发展和推进中国式现代化建设中具有重大意义。

第一，构建优势互补、高质量发展的国土空间体系是形成新发展格局的应有之义。中国国土空间广阔，各地发展优势、发展梯度各异，具有很强的互补性，这也是中国经济回旋余地大、发展韧性强的具体表现。通过全国一盘棋谋篇布局，引导各地根据比较优势布棋落子，促进各类要素合理流动和高效集聚，有助于各地加快融入以国内大循环为主体、国内国际双循环相互促进的新发展格局。

第二，构建优势互补、高质量发展的国土空间体系是实现人与自然和谐共生的必然要求。很长一段时间，特别是在《全国主体功能区规划》实施前，中国一直缺少一个全国层面国土空间开发、保护、治理的规划，生态环境保护没有得到应有的重视，因此，出现了祁连山、秦岭等恶性生态事件。根据高质量发展的要求，构建国土空间体系是构建美丽、宜居、和谐家园的必然要求，也是实现人与自然和谐共生的必由之路。

第三，构建优势互补、高质量发展的国土空间体系是保障国土空间安全的重要前提和支撑。安全是发展的前提，也是高质量发展的基本要求。统筹发展和安全既要推动区域经济持续健康发展，又要牢牢守住国土空间安全底线，以便为发展提供更为稳固的空间基础和条件，也为未来发展留足空间。中国要树牢底线意识和战略眼光，强化国家粮食安全、能源安全、产业链供应链安全，更加注重维护边疆安全稳定，积极预防和应对极端天气、重大疫情等区域性公共安全事件，实现更具韧性、更加安全的可持续发展。

三、构建优势互补、高质量发展的
国土空间体系的基本设想

党的二十大报告提出，以城市群、都市圈为依托构建大中小城市协调发展格局。城市群、都市圈作为承载发展要素的主要空间形式，已成为支撑全国经济增长、促进区域协调发展、参与国际竞争合作的重要平台，是中国城镇化的重要载体（方创

琳，2018）。在城市群、都市圈以外的地区，通过发展区域性中心城市，辐射带动周边地区的发展，有利于促进区域协调发展。在乡村振兴的过程中，城乡融合尤其是小城镇建设将成为破解中国城乡发展不平衡和农村发展不充分问题的重要举措。因此，城市群、都市圈、经济带、区域性中心城市、小城镇和村庄将构成中国新的国土空间体系。

（一）城市群已成为中国经济发展的主要引擎和重要支柱

以城市的辐射范围和城市密度进行界定，中国已形成 15 个城市群（见表 1）。其中，长三角城市群、珠三角城市群、京津冀城市群、山东半岛城市群、成渝城市群、长江中游城市群、关中平原城市群、中原城市群、海峡西岸城市群、辽中南城市群 10 个城市群发展较为成熟，2020 年，这 10 个城市群的土地面积 113.91 万平方千米，占全国国土面积的 10.90%；人口 66201.16 万人，占全国人口的 46.89%。此外，长株潭城市群、江淮城市群、哈长城市群、北部湾城市群以及天山北坡城市群有希望发展为规模较大、较为成熟的城市群，2020 年，这 5 个城市群人口为14086.38 万人，占全国人口的 9.98%。① 2020 年，15 个城市群土地面积占全国国土面积的 16.24%，人口占全国人口的 56.86%，以不到 1/5 的土地面积承载了超过1/2 的人口。

表 1　　15 个城市群行政单元和土地面积以及人口和占全国人口的比重

城市群	行政单元（个）	土地面积（万平方千米）	人口（万人）			占全国人口的比重（%）		
			2000 年	2010 年	2020 年	2000 年	2010 年	2020 年
长三角城市群	16	11.39	8743.12	10763.27	12284.41	6.75	8.03	8.70
珠三角城市群	9	5.50	4287.91	5611.83	7801.44	3.31	4.19	5.53
京津冀城市群	13	21.86	9010.23	10440.45	10747.33	6.96	7.79	7.61
山东半岛城市群	10	9.43	4993.95	5429.65	5793.63	3.86	4.05	4.10
辽中南城市群	10	9.76	3108.24	3313.23	3276.15	2.40	2.47	2.32
中原城市群	9	5.88	3798.51	4153.00	4671.62	2.93	3.10	3.310
关中平原城市群	6	7.47	2418.53	2554.15	2766.28	1.87	1.91	1.96
长江中游城市群	15	14.78	5837.15	5727.72	5762.89	4.51	4.28	4.08
海峡西岸城市群	6	5.54	2602.30	2918.57	3364.94	2.01	2.18	2.38
成渝城市群	15	22.30	9379.73	9029.12	9732.47	7.24	6.74	6.89
江淮城市群	6	5.79	2504.47	2597.17	2772.50	1.93	1.94	1.96

---

① 国家统计局公布的第七次全国人口普查数据。

城市群	行政单元（个）	土地面积（万平方千米）	人口（万人）			占全国人口的比重（%）		
			2000年	2010年	2020年	2000年	2010年	2020年
哈长城市群	8	19.81	3599.33	3849.28	3430.29	2.78	2.87	2.43
长株潭城市群	9	10.07	3974.69	4193.61	4313.64	3.07	3.13	3.06
北部湾城市群	8	9.88	2398.86	2584.77	2921.94	1.85	1.93	2.07
天山北坡城市群	7	10.27	396.57	533.99	648.01	0.31	0.40	0.460
合计	147	169.73	67053.59	73699.81	80287.54	51.78	55.01	56.86

资料来源：国家统计局公布的第五次、第六次、第七次全国人口普查。

未来，中国应优化城市群的空间结构，强化城市群内部各城市的功能分工，促进城市群一体化发展。根据各城市群的经济发展水平、人口规模等，可将15个城市群划分为3个层级，分类施策。第一层级为具有全国影响力的城市群，如长三角城市群、珠三角城市群、京津冀城市群，发展较为成熟，对外开放水平高，应充分发挥核心城市的辐射带动作用，疏解大城市功能，打造具有全球竞争力的城市群。第二层级为具有区域影响力的城市群，以山东半岛城市群、长江中游城市群、中原城市群、成渝城市群、海峡西岸城市群等为代表。这些城市群发展相对较为成熟，在国内具备一定影响力，未来应努力打破行政区划的藩篱，加速产业结构升级，加强城市间协作，提升经济发展质量，带动区域经济发展。第三层级为培育发展中的城市群，以长株潭城市群、江淮城市群、北部湾城市群、天山北坡城市群等为代表。这些城市群一体化进程较慢，甚至出现人口萎缩等问题，应发展特色优势产业，引领城市群结构升级，提升城市群品质，加强交通体系建设，加强核心城市与周边城市的联系。

（二）都市圈的同城化将促进大中小城市和小城镇协调发展

如果把城区常住人口大于300万人的城市定义为都市，以都市的辐射半径为界定都市圈范围的主要参考依据，中国有29个都市圈（除中国香港、澳门及台湾地区外）。这些都市圈多数在城市群之内，是城市群之核，有的在城市群之外，成为一些特定区域的经济高地。据测算，中国29个都市圈共涉及134个地级以上行政区，2020年共有76619.25万人，占全国人口的54.29%（见表2）。相较于2010年，29个都市圈新增人口7781.81万人，年均增速约为1.13%，相较于城市群的新增人口年均增速（0.89%）而言，都市圈对人口的集聚作用更加明显。从各大都市圈的发展情况来看，北京、天津、上海、广州、深圳、武汉、成都等都市圈属于发展较为成熟的引领型都市圈，都市圈内部分工明确，经济联系紧密，要素平衡流动，是引领中国经济的核心区域，也代表了中国都市圈的世界竞争力。合肥、青岛、西安、郑州、厦门、济南、长沙、大连、福州、昆明等都市圈属于发展型都市圈，目前已经基本形成了以上述城市为核心、以1小时交通圈为半径的空间形态。以长春、石家庄、哈尔滨、太原、南宁、南昌、贵阳、呼和浩特、兰州、乌鲁木齐、西宁、银川为核心的都市圈属于培育型都市圈，核心城市对周边的辐射带动作用还不强，合理的城镇体系尚未完全形成。

表2　　29个都市圈行政单元和常住人口以及占全国人口的比重

都市圈	行政单元（个）	常住人口（万人）			占全国人口的比重（%）		
		2000年	2010年	2020年	2000年	2010年	2020年
上海都市圈	10	5705.35	7276.70	8268.76	4.40	5.43	5.86
北京都市圈	5	3538.89	4298.39	4407.31	2.73	3.21	3.12
深圳都市圈	5	2026.94	2785.62	4092.72	1.56	2.08	2.90
天津都市圈	4	2736.22	3200.84	3434.89	2.11	2.39	2.43
广州都市圈	5	2905.54	3648.23	4755.38	2.24	2.72	3.37
重庆都市圈	6	5305.98	4950.42	5112.56	4.10	3.70	3.62
武汉都市圈	10	3318.07	3240.51	3391.42	2.56	2.42	2.40
成都都市圈	10	4348.76	4327.05	4756.49	3.36	3.23	3.37
南京都市圈	5	2212.16	2478.85	2687.58	1.71	1.85	1.90
杭州都市圈	4	1739.16	2100.78	2597.54	1.34	1.57	1.84
郑州都市圈	6	3029.13	3340.71	3863.43	2.34	2.49	2.74
长沙都市圈	6	2220.97	2359.70	2616.02	1.71	1.76	1.85
沈阳都市圈	6	1691.76	1792.28	1746.82	1.31	1.34	1.24
哈尔滨都市圈	2	1446.89	1605.24	1376.60	1.12	1.20	0.98
长春都市圈	4	1618.03	1665.48	1550.23	1.25	1.24	1.10
大连都市圈	1	589.37	669.04	745.08	0.45	0.50	0.53
西安都市圈	4	1824.56	1948.31	2229.98	1.41	1.45	1.58
太原都市圈	4	1057.24	1188.70	1269.17	0.82	0.89	0.90
石家庄都市圈	3	2004.39	2160.87	2196.45	1.55	1.61	1.56
乌鲁木齐都市圈	5	309.03	435.69	566.47	0.24	0.33	0.40
青岛都市圈	3	1858.63	2060.61	2236.50	1.43	1.54	1.58
济南都市圈	3	1667.45	1813.73	1937.88	1.29	1.35	1.37
合肥都市圈	4	1775.49	1886.17	2044.15	1.37	1.41	1.45
昆明都市圈	4	1586.29	1727.50	1889.21	1.22	1.29	1.34

续表

都市圈	行政单元（个）	常住人口（万人）			占全国人口的比重（%）		
		2000 年	2010 年	2020 年	2000 年	2010 年	2020 年
厦门都市圈	3	1391.78	1646.98	1900.06	1.07	1.23	1.35
福州都市圈	3	1210.52	1271.59	1464.88	0.93	0.95	1.04
南昌都市圈	4	897.60	1121.87	1222.66	0.69	0.84	0.87
贵阳都市圈	2	605.02	662.02	845.76	0.47	0.49	0.60
南宁都市圈	3	1095.56	1173.56	1413.25	0.85	0.88	1.00
合计	134	61716.78	68837.44	76619.25	47.63	51.39	54.29

资料来源：国家统计局公布的第五次、第六次、第七次全国人口普查。

作为中国重要的区域单元，都市圈尺度适宜、范围合适、发展水平较高、操作性强，是优化区域布局、推进城镇化和建立区域协调发展新机制的重要抓手。加强都市圈内基础设施建设，首先要突破交通方面的限制，提高城市之间交通的联动性、交通运输的效率以及舒适度，打通"断头路""瓶颈路"等，打造轨道上的都市圈。促进核心城市产业结构升级，构建以现代服务业为主导的产业结构，促进大中小城市协调发展。建立多层次协商机制，确保各行政主体之间能够相互配合；落实责任主体，建立都市圈统筹规划与协调发展机制，推进都市圈深度合作；完善都市圈的合作机制，建立从上到下的治理体系。

（三）发挥经济带的纽带作用，统筹东中西、协调南北方

目前，中国已形成以沿长江、陇海兰新为两条横向经济带，以沿海、京广京哈、包昆为三条纵向经济带，以主要的城市群地区为支撑，以轴线上其他城市化地区和城市为重要组成的"两横三纵"空间格局。以经济带上地级市为单元进行测算，2020 年 5 条经济带常住人口超过 9 亿人，占全国人口的 63.86%，较 2000 年提高了6.23 个百分点（见表 3）。

表 3　　　　　　　　29 个都市圈行政单元和常住人口以及占全国人口的比重

经济带名称	地级以上行政区（个）	常住人口（万人）			占全国人口的比重（%）		
		2000 年	2010 年	2020 年	2000 年	2010 年	2020 年
京广京哈经济带	42	22586.44	25492.21	27591.62	17.44	18.60	19.54
陇海兰新经济带	28	9132.50	9603.73	10539.67	7.05	7.01	7.47
长江经济带	31	17987.40	19008.92	20885.44	13.89	13.87	14.79
包昆经济带	6	5372.53	5780.19	6361.84	4.15	4.22	4.51
沿海经济带	44	19560.06	21570.20	24773.52	15.10	15.74	17.55
合计	160	74638.93	81455.25	90152.09	57.63	59.44	63.86

资料来源：国家统计局公布的第五次、第六次、第七次全国人口普查。

西部地区的发展主要受制于基础设施不完备、物流效率不高、贸易渠道少等问题，应通过规划建设经济带，集聚经济要素，进一步促进经济带上城市的发展。结合"一带一路"建设，进一步加大西部地区的对外开放力度，补齐基础设施短板，加强铁路、公路、机场的建设。加快资源要素和产业向经济带上聚集，形成"以点带面"的空间格局。同时，应对经济带进行规划，通过金融、财政等手段给予扶持，降低生产和运输成本，使之起到统筹东中西、协调南北方的作用。

（四）完善区域性中心城市功能，辐射带动城市群之外区域的发展

城市群和都市圈的辐射区域有限，约有80%的土地是位于城市群和都市圈之外的，因此，客观上需要有更多的区域经济中心。发展区域性中心城市应从生态环境、城市能源、交通系统、信息化网络等角度出发，完善区域性中心城市的基础设施建设。为产业发展提供条件，构建高水平产业平台，如经济技术开发区、高新技术开发区、工业园区等，实现商贸、居住与城市的有机结合。建立符合现代化建设和市场经济的行政管理体制，合理调整和完善区域性中心城市布局，形成中心城市、县城、小城镇梯次型城镇体系，避免行政分割和"碎片化""分散化"布局，发挥区域性中心城市对周边地区的辐射带动作用（邬晓霞和安树伟，2022；张耀军和王小玺，2020）。

（五）重视小城市（镇）建设，促进城乡融合和乡村振兴

小城市（镇）作为连接大中城市与乡村的桥梁，是促进乡村地区发展的重要抓手，也是实现城乡融合发展的重要途径（胡明远等，2020）。加快小城市（镇）建设，需要因地制宜发展小城市（镇）经济，不能刻板地将其他地方的经验套用在本地的发展上。要在充分了解本地小城市（镇）资源禀赋和发展优势的前提下，强化本土资源特色，依托特色产业，打造特色品牌。以产业为依托，着力将小城市（镇）打造成为农产品加工、销售基地，积极培育龙头企业。利用小城市（镇）连接大中城市与乡村的优势，发展服务业，建立商品批发市场。充分利用小城市（镇）人文和自然景观优势，发展旅游、休闲度假等产业。加快小城市（镇）基础设施建设，提高公共服务水平，拓宽金融机构的服务领域，引导社会资金加入小城市（镇）的建设中，给予企业、个人相应的政策优惠，吸引人才、技术和产业，鼓励符合条件的企业向小城市（镇）集聚。

四、调整区域政策，完善国土空间治理体系

围绕党的二十大报告明确的目标和任务，相关部门和地区要及时调整区域政策，完善国土空间治理体系，确保各项政策落到实处、取得实效。

（一）深入实施区域重大战略，把优势地区的带动作用发挥出来

一是京津冀协同发展要牢牢把握疏解北京非首都功能的"牛鼻子"，实施一批标

志性疏解项目，高标准、高质量建设雄安新区。二是长江经济带发展要坚持"共抓大保护、不搞大开发"的战略导向，持续深化生态环境系统保护与修复，努力建成中国生态优先绿色发展主战场、畅通国内国际双循环主动脉、引领高质量发展主力军。三是粤港澳大湾区建设要着眼于促进中国香港、澳门融入国家发展大局，加快基础设施建设和互联互通，深入推进重点领域规则衔接、机制对接，加快建设深圳中国特色社会主义先行示范区，打造富有活力和国际竞争力的一流湾区和世界级城市群。四是长三角一体化发展要以促进一体化高质量发展为重点，深入推进生态绿色一体化发展示范区、中国（上海）自由贸易试验区临港新片区、虹桥国际开放枢纽等建设，提高长三角地区配置全球资源的能力和辐射带动全国发展的能力。五是黄河流域生态保护和高质量发展要坚持统筹推进山水林田湖草沙综合治理、系统治理、源头治理，从根本上提升黄河流域生态环境质量。六是成渝地区双城经济圈要发挥两大核心城市的引领带动作用，加强跨行政区的区域、次区域合作，探索经济区与行政区适当分开的体制机制以及特大城市的"瘦身健体"等（肖金成和洪晗等，2020）。

（二）实施区域协调发展战略，提高区域发展的协调性

解决发展不平衡问题是区域协调发展的永恒主题。根据新征程、新情况、新目标，坚持问题导向，分类完善四大板块区域政策。一是推动西部大开发形成新格局。把握向西开放战略机遇，加快西部陆海新通道建设，积极融入"一带一路"建设，大力发展特色优势产业，深入实施重大生态工程，不断提升可持续发展能力。二是推动东北全面振兴取得新突破。从维护国家国防、粮食、生态、能源、产业安全的战略高度出发，全力破解体制机制障碍，激发市场主体活力，调整和优化产业结构。三是促进中部地区加快崛起。充分发挥连南贯北、承东启西的区位优势，推进制造业转型升级，着力推动内陆高水平开放，继续在全国高质量发展中发挥生力军作用。四是鼓励东部地区加快推进现代化。发挥基础雄厚、创新要素集聚等优势，加快培育世界级先进制造业集群，提升要素产出效率，持续推进消费升级，不断提高创新能力和经济增长能级。

（三）完善区域政策体系，增强特殊类型地区发展能力

支持特殊类型地区高质量发展，关键要建立健全长效普惠性的扶持机制和精准有效的差别化支持机制，补齐基础设施短板，着力提高公共服务水平。一是脱贫地区。在西部地区脱贫县集中支持一批乡村振兴重点帮扶县，从财政、金融、土地、人才、基础设施、公共服务等方面给予集中支持，支持其巩固脱贫攻坚成果，增强内生发展能力。坚持和完善东西协作和对口支援、中央单位定点帮扶、社会力量帮扶等机制。二是革命老区。在保护好生态的前提下，革命老区要因地制宜地发展特色产业，传承弘扬红色文化。三是生态退化地区。统筹推进生态退化地区综合治理和生态脆弱地区保护修复。四是资源型地区。推动资源型地区可持续发展示范区和转型创新试验区建设，实施采煤塌陷区综合治理和独立工矿区改造提升工程。五是老工业城市。推进老工业基地制造业竞争优势重构，建设产业转型升级示范区。

（四）实施主体功能区战略，保障粮食、生态、能源资源和海洋安全

落实主体功能区规划和国土空间规划，以农产品主产区、重点生态功能区、能源资源富集地区和海洋功能区等承担战略功能的区域为支撑，保障粮食安全、生态安全、能源资源安全、海洋安全，与优势地区共同打造高质量发展动力系统，推动形成主体功能约束有效、国土开发有序的空间发展格局。支持农产品主产区增强农业生产能力，支持生态功能区把工作重点放到保护生态环境、提供优质生态产品上。研究完善支持能源资源富集地区发展的政策，优化能源开发布局，推进能源资源综合开发利用基地建设，提升国内能源供给保障水平。构建陆海协调、人海和谐的海洋空间开发格局。加强国土空间开发保护，高水平编制实施各级国土空间规划，建立健全国土空间用途管制制度。

（五）加强边疆地区建设，推进兴边富民、稳边固边

中国陆地边界线长、邻国多，边疆稳固始终是国之大者，对维护国土安全、促进区域协调发展、维护生态安全、优化对外开放格局、促进民族团结意义重大。特别是当前和今后一个时期，国际局势深刻变化，部分地区局势紧张，全球供应链韧性遭受挑战，边疆稳固和陆上开放在国家大局中愈发重要。加强顶层设计，以城市为节点打造沿边经济带，培育边疆中心城市，加强边境重点城镇和口岸建设，增强边境地区发展能力。建设一批抵边新村，引导支持边民贴边生产和抵边居住，推动形成以城市为中心、辐射周边边境地区的守边、固边、富边、强边新格局。优化沿边开发开放试验区等布局，深化国际次区域合作，推进国际贸易通道和国际经济合作走廊建设，高质量建设"一带一路"。

（六）实施新型城镇化战略，优化城镇空间格局

新型城镇化在促进高质量发展、推进中国式现代化建设中具有不可替代的作用。当前，中国城镇化进程发生了诸多阶段性新变化，人口流动、城镇格局深刻调整。要以人的城镇化为核心、以提高城镇化质量为导向，优化城市空间格局，提高空间配置效率、增强空间治理能力。顺应人口集聚态势，强化中心城市引领作用，加快超大城市、特大城市转变发展方式。对城市群和都市圈进行科学规划，提高超大城市、特大城市的辐射带动能力，提高中小城市承载能力，实现大中小城市协调发展。提高京津冀、长三角、粤港澳大湾区等世界级城市群发展水平，提升创新策源能力和全球资源配置能力。加快推进成渝地区双城经济圈建设，打造带动全国高质量发展的新动力源，扎实推进长江中游、中原、关中等城市群建设。加快转变超大城市、特大城市发展方式，合理控制城市规模、人口密度和开发强度，促进多中心、组团式发展。提高城市规划、建设、治理水平，实施城市更新行动。打造宜居、韧性、智慧城市，推动城市空间结构优化和品质提升。

参 考 文 献

［1］方创琳. 改革开放 40 年来中国城镇化与城市群取得的重要进展与展望［J］. 经济地理，
2018，38（09）：1 - 9.

［2］胡明远，龚璞，陈怀锦，杨竺松.“十四五”时期我国城市群高质量发展的关键：培育现代
化都市圈［J］. 行政管理改革，2020（12）：19 - 29.

［3］邬晓霞，安树伟. 中西部区域性中心城市的识别与发展方向［J］. 改革，2022（10）：133 -
143.

［4］肖金成，洪晗. 城市群人口空间分布与城镇化演变态势及发展趋势预测［J］. 经济纵横，
2021（01）：19 - 30，2.

［5］张耀军，王小玺. 城市群视角下中国人口空间分布研究［J］. 人口与经济，2020（03）：
1 - 13.

科学划定都市圈空间范围的国际经验及启示

高国力[*]

一、引　言

当下学术圈和政策界都比较关心的一个问题，就是都市圈空间范围到底应该如何划分？国际上有哪些主要的方法？中国如何来确定都市圈划分范围的一个办法？首先，本文简要地介绍美国、日本这些发达国家当时在城镇化快速发展过程中，特别是在都市圈的培育过程中，它们都是如何进行都市圈范围划定的，都经历了哪些阶段？或者说采用了哪些主要的方法？其次，经过梳理两国都市圈范围界定的指标，发现有三个维度，即人口维度、城市化维度、互动性维度。关于这些指标的形成，应该说美日两国也是走过了几十年的探索过程。从这三个维度中，以美国和日本为例，它们最终都把通勤率作为都市圈划分的一个核心指标（Kanemoto, 2002; Mar, 2010）。因为通勤率既反映了都市圈人口居住和就业的空间分布及其联系，也反映了都市圈统一的劳动力市场规模，当然还反映了都市圈中心城市和外围城市的这种产业联系和经济联系。从美国和日本在20世纪一直到21世纪，在不同的阶段对人口维度、城市化维度和互动性维度所经历的选取指标的变化过程可以发现一些问题。一是人口维度，作为都市圈空间范围划定的一个重要指标，它主要包含人口的密度和人口的增长率两个方面。二是城市化维度，其划分得较为详细，既包含了非农就业人口的数量，还包括了非农劳动力的比重。它既有总量的概念，也有比重的概念。与此同时，城市人口的比重和城市化地区人口的数量也是既包含比重的概念，也包含总量的概念。三是互动性维度，同样分得比较细，还经历了一个不同阶段的演变过程。从通勤率到电话流到物资运输量一直到就业人口在中心城市的居住率，这些指标都体现了都市圈内的中心城市和外围的城市之间非常密切的经济联系以及人口流动规模。

与此同时，发达国家都市圈空间范围的划定也经历了一个不断调整变化的过程。这也说明了都市圈空间范围的划定不是一成不变的，而是随着一个国家的工业化、城镇化，特别是城市群和都市圈发育的进展而保持动态的调整。这里主要体现三个变化：一是逐步降低了对人口密度的要求。最初，对于都市圈的划定必须要人口密度达到非常高的要求。从20世纪初到中期的每平方英里150人，到20世纪70~80

---

　*　高国力，中国城市和小城镇改革发展中心主任、二级研究员、博士生导师。

年代已经降低到每平方英里 50 人，一直到 20 世纪末降低到每平方英里 25～50 人（张沛和王超深，2019）。这个体现出都市圈随着交通通达网络的覆盖，尤其是都市圈交通线路扩散的加快，不宜再把过于高的人口密度作为都市圈范围界定的门槛。二是对城市化和非农化的要求越来越高。随着对人口密度要求的降低，划入到都市圈范围内，必须要保持相对较高的城市化水平和非农化就业的这种要求。三是对互动性的刻画越来越精细化。也就是说越来越强调都市圈内部的中心城市和外围城市之间的协调互动或者协同发展。通勤率是作为一个最表观的指标，通常被用来衡量中心城市与外围城市之间的经济联系。

二、都市圈划定的国际经验

从发达国家都市圈范围的划定来看，它也是经历了一个不断探索、不断完善的过程。同时，发达国家的都市圈空间范围的划定一般是要兼顾多方意见的同时，注重最小行政单元和数据的可获得性。这个也是西方发达市场经济体的一般经验。以美国为例，它是经过多方的、多轮的讨论，最终选择了县级行政辖区作为基本单元。日本则是选择本国最小的行政单元，以市、町、村作为都市圈的空间单元。德国是以自治市和自治区作为都市区的空间单位。所以不同国家它的最小空间行政单元的选择虽然不尽相同，但是最终的依据就是相对完整的数据可获得性和准确性。这样就为都市圈范围一经划定之后城市规划政策的制定、评估和调整都提供了一个非常有力的支撑，所以这是一个非常重要的特点。从美国 2000 年调整了都市圈范围的界定指标和指标区来看，美国在都市圈发展过程中，它的统计作用是发挥得非常充分的，按照新的标准是 46 个县被调出来，有 288 个县被调入了都市圈（钱紫华，2022）。所以随着它的统计口径和统计单元的完备化，为都市圈空间范围的调整和变动提供了非常灵活的机制。这也确实保证了美国在快速城镇化过程中，包括东西海岸的都市圈的培育过程，也包括中部的都市圈的培育过程，都根据发展实际来确定都市圈大小不一的范围和灵活多样的功能。

三、我国都市圈划定面临的问题

从都市圈划定的国际经验来看，当前我国都市圈范围划定面临三个主要的问题，这也是国家发展改革委专门召开新闻发布会，专门进一步阐述和明确需要国家批复的都市圈空间范围的大致标准的原因，并且否定了很多正在申报并要求批复的都市圈的规划，其中很重要的一个原因就是都市圈空间范围过大，存在盲目贪大攀比的现象（邢灿，2022）。第一，我国缺乏统一的标准体系。尽管我们明确了都市圈划分是以一小时通勤圈为依据的，但是一小时通勤圈怎么来划定？无论从交通领域还是从区域领域都还没有形成广泛统一的标准体系。很多地方也选取了手机信号移动率、快递物流可达率作为界定都市圈范围的辅助性指标。但是这两个指标由于获取的口径、数据的共享等原因也没有实现统一的标准，目前对于都市圈范围划定还没有发挥重要的辅助功能。第二，都市圈的范围划分还是缺少权威的统计数据的支撑。都市圈范围划定需要大量的经济、社会、产业等相关的一些指标做一个更多的支撑，而现在很多统计数据是分散在不同的地方政府和不同的部门，而没有实现数据资源的打通共享。第三，都市圈陷入了圈越大越好的误区。因为从中心城市的资源配置角度看，这个圈越大，它能够调动的资源越多，发展的腹地越大，这个都市圈将来的竞争力会越好或者说发展潜力越大。但从外围区域的现实情况看，实际上在近期内可能会面临着要素资源进一步流向中心城市的虹吸效应，中心城市难以有效带动外围区域的共同发展。2022年9月，国家发展改革委为此专门明确都市圈空间范围的划定不能一哄而上，要在条件成熟的基础上进行，并且重点明确是围绕三类城市，就是部分超大城市、特大城市和 I 型大城市，其他的城市目前一律不在考虑都市圈划定和培育的范围内（国家发展改革委，2022）。同时不能跨越中心城市现在发展阶段，要依据人口和经济联系进行科学合理的规划。目前大致明确了一个基本的原则，尽管仍然不具备完备的科学性和专业性，但是我国都市圈划定总体上是控制在 3 万平方公里以内，这在现阶段还是比较符合我国都市圈发育的阶段性特征和水平。

四、都市圈划定的政策启示

今后一段时期特别是"十四五"时期，都市圈还将成为支撑新型城镇化的一个重要的空间载体和单元，中国也将进入到一个都市圈培育密集的顶层设计和规划发布阶段。都市圈规划发布之后将会进一步引领有关政策的制定和配套重点项目的建设。如何针对密集的都市圈规划进行编制和实施？在空间范围的划定上，本文提出了以下一些主导性、引领性的意见。

依托三大类城市，即部分超大、特大和 I 型大城市，着眼于中心城市和周边城市的经济联系，进一步明确通勤圈的基本空间范围。要加快探索形成符合中国不同城市实际的通勤率，通勤率要明确是"家门"到"单位门"，还是"出发站"到"到达站"？通常一小时通勤率指的是"出发站"到"到达站"的一小时通勤时间，这样比较符合城市轨道交通、市域郊铁路或者城际铁路交通运输的特点。如果考虑到我国目前很多城市的实际交通情况，更应该关注通勤族"家门"到"单位门"的时间，这对于通勤出行更为重要和关键。以"家门"到"单位门"的通勤时间拓展到 1~2 小时作为都市圈范围划定的标准，这可能更符合我国目前都市圈通勤出行时间和空间范围划定的客观实际。同时，要进一步借助大数据手段，打通各部门这种数据统计的壁垒和鸿沟，实现这些关键指标的数据和资源的共享。这将越来越成为划定都市圈空间范围更为重要的一些参考性和辅助性指标。

将县级行政辖区和部分乡镇行政辖区有机结合，用作我国都市群范围划定的空间单元。东部沿海发达地区由于空间开发强度较大、统计数据相对完整可得、技术手段先进等因素，可以支持更多采用乡镇街道作为基本单元。中西部相对欠发达地区，由于工业化城镇化水平相对落后，统计数据获取难度大，技术手段也相对落后，一般采用县级行政区作为基本单元。

建立都市圈的调查统计制度。建立都市圈的这种评价指标体系可以在都市圈空间范围中更好发挥作用。建议借鉴西方发达国家的一些有益做法，特别是一些技术层面的先进经验更值得借鉴。培育现代化都市圈已经写进了国家"十四五"规划，也写进了党的二十大报告，并且将会日益深入到地方各级政府部门、居民和投资者、创业者的日常生活。所以在都市圈空间范围划定过程中要更加重视征询县、市、乡镇、街道等基层政府的意见，同时也要听取当地企业家代表、社会组织代表和社区代表的意见，让他们也能够对都市圈空间范围的过大过小发表非专业的意见，通过听取非专业意见来优化调整都市圈范围的划分。

借助现代信息手段，积极应用大数据、云计算、区块链、元宇宙等新技术新业态新模式新赛道，进一步培育扩大现代化都市圈空间范围在发展培育过程中一些有利的因素，提高现代化都市圈范围划定的科学性、精准性和可行性。

参 考 文 献

［1］国家发展改革委. 国家发展改革委 9 月新闻发布会召开，回应这些热点问题！［EB/OL］. 2022 - 09 - 19. https：//baijiahao. baidu. com/s？ id = 1744397044808068393.

［2］钱紫华. 都市圈概念与空间划定辨析［J］. 规划师，2022，38（09）：152 - 156.

［3］邢灿. 都市圈：集约高效发展　防止盲目扩张［N］. 中国城市报，2022 - 09 - 26（A03）.

［4］张沛，王超深. 大都市区空间范围的界定标准——基于通勤率指标的讨论［J］. 城市问题，2019，283（02）：37 - 43.

［5］Kanemoto，Y. Proposal for the standards of metropolitan areas of Japan［J］. Journal of Applied Regional Science，2002（7）：1.

［6］Mar，V. Office of Management and Budget：2010 standards for delineating metropolitan and micropolitan statistical areas［J］. Federal Register，2010（75）：37245 - 37252.

中国区域创新驱动产业升级效率及影响因素研究

马　骥　吴梦君　汤小银[*]

一、引　言

中国经济已进入新常态，经济的增长动力正经历着由要素驱动、投资驱动向创新驱动转换，经济增长的方式由过去的强调增长速度向注重增长质量转变。党的十八大报告明确指出中国实施创新驱动发展战略的重大部署，指导中国经济发展的"五大"新发展理念将创新作为首位，把创新驱动发展作为中国经济发展的优先战略。科技创新是影响经济增长全局的核心因素（洪银兴，2013），是推动产业结构变迁的内在机理与重要力量（周叔莲和王伟光，2001）。科技投入是推动科技创新发展的重要基石，且由于创新的不确定性，为获得大量科技成果产出不断涌现，必然要求大规模、持续性的科技投入。据《中国科技年鉴》统计，我国研发（R&D）内部经费投入由 2010 年的 7062.58 亿元增加至 2018 年的 19677.9 亿元，平均每年的增长速度超过 20%，R&D 人员总量更是连续十年位居世界第一。毋庸置疑的是，如此巨大的科技资源投入必然会促进我国的产业结构优化升级，但科技资源投入驱动产业结构优化升级是否有效率？近些年驱动效率是否有改进？中国四大经济板块驱动效率是否有差异？提升驱动效率有哪些策略？这些是值得研究的问题。

创新与产业升级一直是学界关注的热点问题。学者们早已从理论推理和实证分析两个方面证明了两者关系，创新确实是促进产业升级的重要动力（郭元晞和常晓鸣，2010；张银银和邓玲，2013；白极星和周京奎，2017；纪玉俊和李超，2015）。但创新驱动产业结构改变不是一蹴而就的，从最初创新资源的投入到最终产业结构优化升级需要一个过程。洪银兴（2017）认为科技创新的全过程包括上游知识创新环节，中游创新的知识孵化为新技术环节，下游应用新技术实现创新价值环节，以及最终实现高新技术产业化。因此，创新过程可理解为知识创新、技术创新、产品创新及高新技术产业化四个阶段。从现有文献来看，学者们对创新效率的研究主要集中于知识创新效率、技术创新效率和区域创新效率（沈能，2012；白俊红，2013；吴士健等，2018），其中对区域创新效率的研究，有些学者将创新价值实现环节纳入

* 马骥，安徽师范大学经济管理学院副院长、教授，硕士生导师；吴梦君，安徽师范大学经济管理学院硕士研究生；汤小银，安徽师范大学皖江学院教师。

研究框架，但通常只考虑创新实现的收入价值，而很少涉及产业结构升级层面，例如史修松等（2009）、刘大勇等（2014）、毛良虎等（2016）的研究。产业结构优化作为创新过程的终端，并没有得到应有的重视。因此，本文拟基于产业结构升级视角考察科技资源的投入利用效率，以弥补该研究视角的空白。在效率测算研究中，数据包络分析（data envelopment analysis，DEA）是常用方法。有学者将创新驱动分为多子过程，运用 DEA 方法考察子过程效率以及总效率，但 DEA 方法测算效率时，对于子效率与总效率的关系处理方式有多种，例如以各子阶段投入占总投入比重作为计算总效率时的权重（Chen et al.，2009），以各子阶段效率值相乘作为总效率（Li，2017），以及给予各子阶段同等权重再加权平均得到总效率（Liang et al.，2006）等多种方式。显然，不同处理方式计算出的总效率值具有一定差异。因此，为了避免这种由于权重分配造成的总效率不一致性，本文把创新驱动产业升级全过程视作一个创新资源运作整体，即只考虑最初的创新资源投入与最终产业结构升级成果，测算结果更为客观。

综上，本文基于产业结构升级视角，使用 2010 ~ 2017 年中国 30 个省份（不包括西藏和港澳台地区）的面板数据，运用 DEA 方法考察区域创新资源利用效率水平及其动态变化趋势，更为重要的是还将对影响效率水平的因素进行探索，剖析其关键影响因素及方向，以期为政府科技政策制定提供决策参考。

二、模型、指标选择和数据来源

（一）模型

我们使用非角度 DEA-SBM（data envelopment analysis-slack based measure）模型。假设存在 n 个决策单元（decision making unit，DMU），每个 DMU 都有投入、期望产出及非期望产出三种要素，将其分别定义为 $x \in R^m$，$y^g \in R^{s_1}$，$y^b \in R^{s_2}$。定义向量 $X = [x_1, \cdots, x_n] \in R^{m \times n}$，$Y^g = [y_1^g, \cdots, y_n^g] \in R^{s_1 \times n}$，$Y^b = [y_1^b, \cdots, y_n^b] \in R^{s_2 \times n}$，并且假设 $X > 0$，$Y^g > 0$，$Y^b > 0$，则非角度 DEA-SBM 模型定义如下：

$$
\rho^* = \min \frac{1 - \frac{1}{m} \sum_{i=1}^{m} \frac{s_i^-}{x_{i_0}}}{1 + \frac{1}{s_1 + s_2} \left(\sum_{r=1}^{s_1} \frac{s_r^g}{y_{r_0}^g} + \sum_{r=1}^{s_2} \frac{s_r^b}{y_{r_0}^b} \right)}
$$

$$
\begin{aligned}
\text{s. t. } \quad & x_0 = \lambda X + s^- \\
& y_0^g = \lambda Y^g + s^g \\
& y_0^b = \lambda Y^b + s^b \\
& s^- \geq 0, s^g \geq 0, s^b \geq 0, \lambda \geq 0
\end{aligned}
\tag{1}
$$

其中，s^-，s^g，s^b 分别表示投入、期望产出和非期望产出的松弛变量；λ 为权重向量。ρ^* 为效率值，$0 \leq \rho^* \leq 1$。当且仅当 s^-，s^g，s^b 同时为零时，有 $\rho^* = 1$，即决策单元是有效率的。

（二）指标选择

本文重点关注区域创新资源的投入和区域产业结构升级的成果，在此基础上构建效率评价指标体系。

1. 投入指标

区域创新系统中最主要的两个创新资源投入指标为 R&D 经费支出和 R&D 人员投入，这也是以往研究区域创新文献中常用的两方面指标（邓峰和杨婷玉，2019；康年等，2019）。因而，我们选择各省份 R&D 经费投入占 GDP 的比重，即 R&D 经费投入强度作为财力投入指标；选择各省份 R&D 人员全时当量作为人力投入总量指标，考虑到 R&D 人员投入中人员素质参差有别，故选择研究人员（研究人员主要指从事新知识、新产品、新方法、新工艺创造的专业人员和 R&D 项目主要负责人及 R&D 机构高级管理人员）数量占 R&D 人员总量比重作为人力投入质量指标。

2. 产出指标

区域产业结构升级的成果可以从该区域产业结构的高级化和合理化两个方面来考察。对于产业结构的高级化一般文献依据克拉克定律采用非农业产值占 GDP 比重来度量，但本文认同干春晖等（2011）观点，认为近年来出现了"经济服务化"趋势，使用这一传统度量指标无法反应经济结构转变动向。因此，本文遵从干春晖等学者的做法，采用第三产业产值与第二产业产值的比值（记作 TS）作为产业结构高级化的度量指标。产业结构合理化的重要内涵是实现产业协调和区域经济的生态可持续发展，故我们选择亿元 GDP 粉尘排放量和二氧化硫排放量作为衡量产业合理化的指标，在采用 DEA 方法计算时视为非期望产出。综上，本文所采用的投入和产出指标如表 1 所示。

表 1　　　　　　　　　　创新驱动产业升级评价指标体系

一级指标	二级指标	指标单位	指标方向
投入指标	R&D 经费投入强度	%	正向
	R&D 人员全时当量	人年	正向
	研究人员占比	%	正向
产出指标	TS	—	正向
	亿元 GDP 粉尘排放量	吨/亿元	负向
	亿元 GDP 二氧化硫排放量	吨/亿元	负向

（三）数据来源

文中使用的各项指标数据来源于 2011～2018 年《中国统计年鉴》和《中国科技

统计年鉴》，实证样本为中国内地 30 个省份，由于西藏自治区数据缺失较多，故剔除。另外，最初创新资源的投入与最终产业结构升级之间存在时滞，本书采用徐银良等（2018）的做法，以 3 年作为时滞期。

三、创新驱动效率评价结果分析

使用软件 Matlab 测算效率值，结果如表 2 所示。

表 2　　　　　　　　　中国区域创新驱动产业升级效率值

省份	第一阶段（2010~2013 年）	第二阶段（2011~2014 年）	第三阶段（2012~2015 年）	第四阶段（2013~2016 年）	第五阶段（2014~2017 年）	均值	均值排序
北京	1.00	1.00	1.00	1.00	1.00	1.00	1
天津	0.64	0.61	0.63	0.72	0.76	0.67	5
河北	0.52	0.52	0.52	0.51	0.52	0.52	25
山西	0.51	0.51	0.51	0.51	0.52	0.51	27
内蒙古	0.51	0.51	0.51	0.51	0.52	0.51	26
辽宁	0.53	0.52	0.52	0.53	0.53	0.53	20
吉林	0.53	0.52	0.52	0.53	0.53	0.53	19
黑龙江	0.53	0.53	0.54	0.54	0.54	0.54	15
上海	0.85	0.97	0.95	0.58	0.64	0.80	3
江苏	0.60	0.59	0.59	0.60	0.62	0.60	7
浙江	0.61	0.60	0.60	0.66	0.72	0.64	6
安徽	0.53	0.53	0.53	0.54	0.54	0.53	17
福建	0.57	0.55	0.56	0.56	0.59	0.57	8
江西	0.52	0.52	0.52	0.53	0.53	0.52	21
山东	0.55	0.54	0.54	0.54	0.55	0.54	13
河南	0.52	0.52	0.53	0.54	0.57	0.54	14
湖北	0.55	0.55	0.55	0.56	0.59	0.56	11
湖南	0.55	0.55	0.55	0.56	0.59	0.56	9
广东	0.68	0.66	0.68	0.71	0.75	0.70	4
广西	0.53	0.53	0.53	0.54	0.54	0.53	16
海南	1.00	1.00	1.00	1.00	1.00	1.00	1
重庆	0.54	0.54	0.54	0.58	0.59	0.56	10
四川	0.54	0.54	0.55	0.56	0.58	0.55	12

续表

省份	第一阶段 （2010～2013年）	第二阶段 （2011～2014年）	第三阶段 （2012～2015年）	第四阶段 （2013～2016年）	第五阶段 （2014～2017年）	均值	均值排序
贵州	0.52	0.52	0.52	0.52	0.52	0.52	23
云南	0.53	0.53	0.53	0.53	0.53	0.53	18
陕西	0.52	0.52	0.52	0.53	0.53	0.52	22
甘肃	0.52	0.52	0.52	0.53	0.52	0.52	24
青海	0.51	0.51	0.51	0.51	0.51	0.51	29
宁夏	0.51	0.51	0.51	0.51	0.51	0.51	30
新疆	0.51	0.51	0.51	0.51	0.51	0.51	28
全国均值	0.58	0.58	0.59	0.58	0.60	0.59	—

（一）静态分析

从表2"均值"一栏来看，五个阶段的中国各省份区域创新驱动产业升级效率总体均值不高，仅为0.59，仍有41%的提升空间。处于效率前沿面上的省有北京和海南，效率值为1，是DEA有效省份，其他省份区域创新投入对产业升级的驱动效率均存在一定程度的无效，而其中相对效率较高的省有上海、天津、江苏、浙江、广东，效率值均超过0.60，这些省份都是处于沿海的经济发达地区；效率均值最低为0.51左右，包括的省份有山西、内蒙古、青海、宁夏、新疆，这些省份都处于中西部地区。另外，北京、海南、上海效率值超过0.80，广东效率值刚好达到0.70，而其他剩余26个省份的效率值均低于0.70，其中就包括江苏、浙江、天津等经济发达省份。因此，我们有理由认为中国绝大部分省份创新驱动效率的提升可能比创新资源投入的增加更为重要。

将30个省份五个阶段的效率平均值按照一定的标准进行分类，结果如表3所示。第一类，效率评价为优秀。北京和上海是我国科创圣地，创新驱动产业升级效率高是毋庸置疑的。海南是我国旅游最为发达的省份之一，以旅游业带动了整个服务业的发展，"经济服务化"趋势明显，产业升级状态优异。

表3　　　　　　　　　　　　　　　效率评价分类

效率评价	评价标准	地区
优秀	≥0.80	北京、上海、海南
良好	≥0.60且<0.80	天津、浙江、广东、江苏
一般	≥0.55且<0.60	福建、重庆、湖北、湖南、四川
较差	<0.55	河北、河南、江西、山西、内蒙古、辽宁、吉林、黑龙江、山东、安徽、广西、贵州、云南、陕西、甘肃、青海、宁夏、新疆

第二类，效率评价为良好。从表3中可以发现四个省份都是沿海发达地区，拥有良好的经济基础。在创新驱动发展战略背景下，这些省份的创新资源投入巨大，区域创新能力和创新活力都得到了有效发展。另外，这些省份一直以来对外开放程度高，外商直接投资（FDI）也促进了区域创新效率的提升。

第三类，效率评价为一般，包括福建、重庆、湖北、湖南和四川五个省份，这些省份在我国经济发展水平中处于中等左右，且都有各自独特的发展优势。

第四类，效率评价为较差。这些省份所拥有的创新资源相对匮乏、产业基础薄弱、区域创新能力不强、创新动力不足等，可能是导致地区创新驱动产业升级效率较低的因素。

（二）动态分析

首先，从整体来看，全国效率均值从第一阶段的 0.58 上升至第五阶段的 0.60，增加了 0.02。只看第一、第五阶段效率值，我们会发现除了上海以外，其他所有省份都不存在驱动效率恶化情况，29 个样本省份驱动效率考察期内都有所改善或者维持不变。仔细观察表2 的第二至第六列，我们可以发现绝大部分省份效率值无明显变化，创新驱动效率改善超过 0.02 的省份有天津、江苏、浙江、福建、河南、湖北、湖南、广东、重庆和四川，占总样本的 1/3。效率变化最大的五个省份是上海（下降 0.21）、天津（上升 0.12）、浙江（上升 0.11）、广东（上升 0.07）和重庆（上升 0.05）。

（三）区域分析

表4 是中国四大经济板块创新驱动产业升级效率的情况。从第七列"均值"一栏我们可以发现，五个阶段的效率均值东部最高，达到 0.70，超过全国平均值0.11；其次是中部地区效率均值，为 0.54；效率均值最低的是西部地区和东北地区，仅有 0.53。从动态角度来看，东部地区虽然在五个阶段创新驱动效率始终最高，但其总体效率增长很小，仅有 0.01；中部地区效率值在第一阶段与西部和东北地区相近，但在第五阶段已经明显超过它们，且中部地区是这些年效率增长幅度最大的，增幅为 5.66%；西部地区驱动效率一直不高，且增长缓慢，考察期内总体增长了0.01；东北地区在考察期间创新驱动效率值没有发生变化，效率值一直是 0.53。

表4   **四大经济板块效率值**

区域	第一阶段 （2010～2013 年）	第二阶段 （2011～2014 年）	第三阶段 （2012～2015 年）	第四阶段 （2013～2016 年）	第五阶段 （2014～2017 年）	均值
东部地区	0.70	0.70	0.71	0.69	0.71	0.70
中部地区	0.53	0.53	0.53	0.54	0.56	0.54
西部地区	0.52	0.52	0.52	0.53	0.53	0.53
东北地区	0.53	0.53	0.53	0.53	0.53	0.53
全国	0.58	0.58	0.59	0.58	0.60	0.59

四、创新驱动效率影响因素分析

影响区域创新驱动产业升级效率的因素很多，本文依据知识创新、技术创新、区域创新等影响因素研究经验，从知识创新能力（X1）、政府科技支持力度（X2）、技术市场成熟程度（X3）、对外开放程度（X4）、基础设施状况（X5）和城市规模（X6）六个方面探索影响驱动效率的关键因素。由于效率值介于 0~1 之间，且为截断值，传统的 OLS 模型不再适用，依据先前学者的研究（Zhang et al.，2011；Wang et al.，2017），我们选择面板数据 Tobit 回归模型，以效率值为因变量进行回归分析。

本文依据实际研究需要，使用面板数据的 DEA-Tobit 回归分析模型，其基本形式如下：

$$y_{it}^* = \beta_0 + \beta_1 x_{it} + \varepsilon_{it},\ i = 1,\cdots,n$$
$$y_{it} = y_{it}^*,\ y_{it}^* > 0 \tag{2}$$
$$y_{it} = 0,\ y_{it}^* \le 0$$

其中，y_{it}^* 是潜在因变量向量，y_{it} 是截断因变量向量；β_0 是常数项；β_1 是相关系数向量；x_{it} 是自变量向量；ε_{it} 是扰动项，且服从 $\varepsilon_{it} \sim N(0,\sigma^2)$。

从表5可知，政府科技支持力度、技术市场成熟程度、对外开放程度和基础设施状况与创新驱动效率存在显著正相关，说明这些因素对创新驱动效率的提升具有积极的促进作用；而知识创新能力和城市规模与创新驱动效率没有显著的相关关系。具体来看：（1）本文用各地区每年发表的科技论文数量表征该地区的知识创新能力，由于近年来信息技术的迅猛发展，公开发表的论文在全国各地区均可查阅，知识共享性明显，因此可能是造成了知识创新能力对各地区创新驱动效率没有正向的显著影响；（2）政府科技支持力度对创新驱动效率的影响在5%水平下显著，说明各地区的政府对科技和教育的支持力度，对于该地区的产业升级具有较大的促进作用，这与周业安等（2012）的研究一致；（3）技术市场成熟程度对创新驱动效率的影响通过了1%的显著性水平，技术市场越成熟越有利于技术成果的转化，新技术只有转化为受市场欢迎的新产品才可能为企业带来经济效益，最终推动整个产业的发展，因此，技术市场越成熟，创新对产业升级的驱动作用发挥越明显；（4）以指标外商投资总额占地区生产总值比重反映各地区对外开放程度，则对外开放程度对创新驱动效率的影响通过了1%的显著性水平，证明一个地区的对外开放程度越高，其创新对产业升级的驱动作用越明显，扩大对外开放水平有利于产业结构升级；（5）采用张建平等（2019）的做法，以邮电业务总量占GDP比重表征一个地区的基础设施状况，基础设施的建设会减少创新要素流动的阻力，基础设施越完善创新要素流动越活跃，要素流动性增强能加大市场竞争力度，进而提升创新资源的利用效率，这可能是基础设施状况对创新驱动效率存在显著的正向影响的原因；（6）城市规模与创新驱动效率没有显著的相关关系，难以通过控制城市人口规模来改善创新驱动效率。

表5 　　　　**中国区域创新驱动产业升级效率影响因素的 Tobit 回归结果**

解释变量	定义	参数估计值	标准差	P 值
知识创新能力（X1）	科技论文数量	0.0000	0.0000	0.388
政府科技支持力度（X2）	教育和科技支出占一般公共财政预算支出比例	0.7071 **	0.3129	0.025
技术市场成熟程度（X3）	技术市场成交合同金额占 GDP 比重	0.2121 ***	0.0332	0.000
对外开放程度（X4）	外商投资总额占地区生产总值比重	2.7438 ***	0.6054	0.000
基础设施状况（X5）	邮电业务总量占 GDP 比重	0.7210 **	0.3337	0.032
城市规模（X6）	城市人口规模	0.0000	0.0000	0.532
常数项	常数项	0.355 3 ***	0.0518	0.000

注：* 、**、*** 分别表示10%、5%、1%的显著性水平。

五、主要结论与政策建议

本文探索式研究创新驱动产业升级效率，将创新资源投入至产业结构升级视为一个创新资源运作系统，采用含有非期望产出的非角度 DEA-SBM 模型测算中国各省域创新驱动产业升级的效率，为考察创新驱动效率的动态变化过程，分别测算了五个阶段的效率值，更为重要的是使用 DEA-Tobit 模型，进一步研究了影响创新驱动效率的主要因素，以期为各地区改善创新资源运作系统作出贡献。

（一）主要结论

从静态角度来看，当前我国整体创新驱动产业升级效率水平不高，DEA 有效的省份仅有北京和海南，驱动效率较高的是沿海相对发达省份，中国绝大部分省份驱动效率仍有很大的改善空间，且驱动效率与该地区的经济发展水平高度一致；从动态角度来看，我国驱动效率水平从第一阶段至第五阶段提升0.02，考察期内绝大部分省份驱动效率都有所提高，但提升幅度不大，这可能与考察期较短有一定关系；从区域角度来看，四大经济板块中东部地区驱动效率水平最高，而中部、西部和东北地区驱动效率水平相近，考察期内中部地区驱动效率水平增长幅度最大，东北地区驱动效率水平则一直没变。进一步探索，我们发现政府科技支持力度、技术市场成熟程度、对外开放程度和基础设施状况对驱动效率有着显著的正向影响。

（二）政策建议

2017 年科技部发布的《创新驱动发展战略纲要》提出我国建设创新型国家目

标，争取 2030 年跻身创新型国家前列，2050 年成为世界科技创新强国。加快创新型国家建设，实现从创新跟随到创新引领，不仅要求我国增加创新资源投入强度、规模，更要充分利用有限的创新资源，提升创新驱动效率。创新驱动产业升级是一个复杂的系统工程，不能仅重视最初投入创新资源的研发阶段，也必须意识到只有能够带来经济效益的新知识、新技术、新工艺的研发才是有价值的，因而推动高等院校、研究机构与企业密切联系，有选择地研发有价值的新知识、新技术、新工艺，破除妨碍企业技术交易的体制机制，拓宽高技术企业融资渠道，完善技术转化服务机制，将科技成果转化为实实在在的经济效益，才能为产业高级化注入经济动力。

我国幅员辽阔，各地区在地理特征、教育资源、经济发展水平、市场化程度及文化背景等方面差异巨大，因此，尽管我国大部分地区驱动效率值都很低，但必须依据具体的地区创新环境来制定针对性的创新策略，只有对症下药才能更精准地提高地区的创新驱动效率水平。由于我们不可能对每个省域的创新策略单独讨论，且我国每一经济板块中省域的社会经济发展状况具有相似性特征，故下面我们对我国四大经济板块提升创新驱动效率水平的策略进行讨论。

东部地区驱动效率水平相对较高，但仍有一定的提升空间。东部地区应充分利用自身的优势条件，提升自主创新的能力，提高自主创新的质量，率先实现从创新跟随向创新引领的转变，通过体制机制改革完善技术市场，进一步扩大对外开放程度，瞄准国际高精尖产业，努力当好全国产业升级的表率。

中部地区驱动效率水平落后东部地区很多，仅略高于西部、东北地区，这与中部地区拥有的科教资源优势是极不相称的。科教资源优势并没有转化为产业优势，这与中部地区创新服务体系的滞后发展紧密相关。因而，中部地区驱动效率的改善，不仅需要加速改进其基础设施建设，更需要政府引导加快完善其创新服务体系，推动科技成果转化市场发展。另外，面临国内沿海地区产业转移的机遇，中部地区应做好迎接产业转移准备，抓住完善其产业体系的机会，提升自身的产业层次。

西部地区不仅在地理区位上处于劣势，而且在科教资源、基础设施、产业发展等众多方面处于弱势地位，创新驱动效率自然较低。西部地区驱动效率的提升应加快基础设施建设，加大政府科技支持力度，培养本地区特色产业所需人才，紧跟东部、中部地区创新步伐，以低成本的模仿创新获取更多的经济效益。同时，利用好国家政策倾斜优势，抓住共建"一带一路"倡议等国家战略契机，扩大自身对外开放程度，更好地推动传统产业的转型升级。

东北地区是传统的老工业根据地，具有良好的产业基础，但近些年出现明显的发展动力不足问题，在考察期内东北地区创新驱动效率始终保持不变，已成为我国区域协调发展战略格局下的"问题区域"。新动能的培育是东北地区突破发展"瓶颈"的重要抓手，发挥好产业基础优势，因地制宜地调整产业结构、培育产业人才、推进产业创新，东北地区政府在加大科教支持力度的同时更需关注民生环境的改善，留住人才才能实现东北地区的可持续发展。

参 考 文 献

［1］白极星，周京奎. 研发聚集、创新能力与产业转型升级——基于中国工业企业数据实证研究［J］. 科学决策，2017（01）：1－17.

［2］白俊红. 我国科研机构知识生产效率研究［J］. 科学学研究，2013，31（08）：1198－1206.

［3］邓峰，杨婷玉. 市场分割对省域创新效率的空间相关性研究——基于创新要素流动视角［J］. 科技管理研究，2019（17）：19－29.

［4］干春晖，郑若谷，余典范. 中国产业结构变迁对经济增长和波动的影响［J］. 经济研究，2011（05）：4－16.

［5］郭元晞，常晓鸣. 创新与产业升级跨越经济发展瓶颈的出路［J］. 经济体制改革，2010（01）：15－21.

［6］洪银兴. 科技创新阶段及其创新价值链分析［J］. 经济学家，2017，4（04）：5－12.

［7］洪银兴. 论创新驱动经济发展战略［J］. 经济学家，2013（01）：5－11.

［8］纪玉俊，李超. 创新驱动与产业升级——基于我国省际面板数据的空间计量检验［J］. 科学学研究，2015，33（11）：1651－1659.

［9］康年，顾倩雯，宋波. 基于三阶段DEA模型的国家中心城市制造企业创新效率研究［J］. 科技管理研究，2019（08）：9－14.

［10］刘大勇. 创新价值链视角下的我国区域创新效率提升路径研究［J］. 科研管理，2014，35（05）：27－37.

［11］毛良虎，姜莹. 长江经济带区域创新效率及空间差异研究［J］. 华东经济管理，2016，30（08）：73－78.

［12］沈能. 大学知识创新效率的测度与空间收敛分析［J］. 科学学与科学技术管理，2012，33（05）：84－89.

［13］史修松，赵曙东，吴福象. 中国区域创新效率及其空间差异研究［J］. 数量经济技术经济研究，2009（03）：45－55.

［14］吴士健，张洁，权英. 基于两阶段串联DEA模型的工业企业技术创新效率及影响因素［J］. 科技管理研究，2018（04）：181－189.

［15］徐银良，王慧艳. 中国省域科技创新驱动产业升级绩效评价研究［J］. 宏观经济研究，2018（08）：101－114.

［16］张建平，姜研，葛扬. 要素市场扭曲对区域创新效率的影响研究［J］. 江西财经大学学报，2019（04）：10－23.

［17］张银银，邓玲. 创新的产业差异与产业结构升级研究［J］. 经济问题探索，2013（06）：142－148.

［18］周叔莲，王伟光. 科技创新与产业结构优化升级［J］. 管理世界，2001（05）：70－78.

［19］周业安，程栩，赵文哲，等. 地方政府的教育和科技支出竞争促进了创新吗？——基于省级面板数据的经验研究［J］. 中国人民大学学报，2012，26（04）：53－62.

［20］Charnes, A., Cooper, W. W. & Rhodes, E. Measuring the efficiency of decision making units

[J]. European Journal of Operational Research, 1978, 2 (06): 429 – 444.

[21] Chen, Y., Cook, W. D., Li, N. & Zhu, J. Additive efficiency decomposition in two-stage DEA [J]. European Journal of Operational Research, 2009, 196 (03): 1170 – 1176.

[22] Li, X. A fair evaluation of certain stage in a two-stage structure: revisiting the typical two-stage DEA approaches [J]. Omega, 2017 (68): 155 – 167.

[23] Liang, L., Yang, F., Cook, W. & Zhu, J. DEA models for supply chain efficiency evaluation [J]. Annals of Operations Research, 2006, 145 (01).

[24] Tone, K. A slacks-based measure of efficiency in data envelopment analysis [J]. European Journal of Operational Research, 2001, 130 (03): 498 – 509.

[25] Wang, J. M., Shi, Y. F. & Zhang, J. Energy efficiency and influencing factors analysis on Beijing industrial sectors [J]. Journal of Cleaner Production, 2017 (167): 653 – 664.

[26] Zhang, X. P., Cheng, X. M., Yuan, J. H. & Gao, X. J. Total-factor energy efficiency in developing countries [J]. Energy Policy, 2011, 39 (02): 644 – 650.

都市圈研究进展及协调管控

戴子乔　陈　明*

一、引　言

随着我国城市化的快速发展以及全面推进新型城镇化建设,以中心城市为核心的都市圈逐渐成为重要的城市空间形态,并得到了国家层面的高度关注。2019 年,国家发展改革委发布了《关于培育发展现代化都市圈的指导意见》,国家"十四五"规划中也明确提出要"以城市群、都市圈为依托促进大中小城市和小城镇协调联动、特色化发展,使更多人民群众享有更高品质的城市生活"。从现状看,以城市群、都市圈为代表的城市区域已经成为各国参与区域乃至全球竞争与分工合作的主体,推动现代化都市圈建设已经成为当今中国新发展格局中的重要战略任务,都市圈也成为沟通内外循环的重要节点(黄艳和安树伟,2022)。除了国家战略层面的重视,我国现有的都市圈事实上也是我国社会经济发展的重要载体,2020 年,以上海、深圳等为代表的 27 个都市圈 GDP 已经占到全国 GDP 的 54.2%,人口规模占全国人口的 33.8%,[1] 是国家经济发展的重要引擎和承载人口的主要基地。

都市圈本质上是以中心城市为核心与周边城市形成的具有紧密的社会经济联系的、具有一体化发展倾向的城市区域(张伟,2003)。因此内部不同主体之间如何协同发展一直以来都是国内外都市圈建设的重要难题,特别是我国行政区经济特点突出、城市经济仍处于较快增长阶段、城市空间组织仍具有较大的优化提升潜力,研究如何推动都市圈的协同管控对于我国建设现代化都市圈具有十分重要的现实意义。

二、都市圈协同管控的必要性

(一)我国都市圈的本土化特征

我国都市圈与西方社会经济背景下形成的都市圈存在显著差异。我国规划语境中的都市圈,其实是包括大中小城市和小城镇在内的城镇体系,也包含着地域广大的乡村地区,行政边界对域内统筹发挥着重要作用。因此,我国都市圈与西方的都市圈往往不具有可比性(朱雷洲等,2022),认识我国都市圈的本土化特征,更有利

* 戴子乔,中国城市规划设计研究院硕士研究生;陈明,中国城市规划设计研究院副总规划师,区域规划研究所副所长。

① 国家统计局城市社会经济调查司. 中国城市统计年鉴(2021)[M]. 北京:中国统计出版社,2022.

于理解我国都市圈强调协同管控的重要性。

1. 都市圈开发强度和规模大

相较于西方都市圈而言，我国都市圈的开发强度与规模往往更高更大，在空间上连绵的范围也往往更广。截至 2021 年，以纽约大都市圈为例，作为世界最顶尖的都市圈之一，其人口约为 2300 万人，而在我国，仅上海市人口就达到了 2400 多万人，上海大都市圈总人口更是达到了 7740 万人，[①] 这与我国特定的社会发展历史与背景以及城镇化发展特点密切相关。以人口跨区域高度密集为标准来看，我国北京、上海、成都等都市圈的连绵半径通常都能超过 100 千米，而纽约、芝加哥以及东京的国际大都市圈的蔓延尺度通常只能达到 30 ~ 50 千米，更广的连绵范围也就意味着通常会涉及更多的城市主体，这也加大了我国都市圈协同管控的难度。

2. 行政建制差异造就我国都市圈识别和空间尺度与西方存在差异

与西方的"城市"往往所指的具体城市实体空间不同，在我国行政建制体系下，我国的"城市"实际包括中心城区与周边若干城镇及尚未城市化的乡村地区，更像是西方语境下的城乡统筹的城市区域，因此在都市圈的识别界定层面必然会与西方存在显著差异。西方都市圈通常使用通勤率作为都市圈界定的重要标准，而我国绝大多数城市的通勤率由中心城市向周边衰退的程度比西方都市圈明显（王德等，2018），因此西方都市圈的空间范围和尺度一般比我国地级及以上城市的行政辖区范围要小。考虑到我国相对发达的铁路等交通设施，都市圈内中心城市的影响力能够向外辐射更广，"一小时交通圈"也逐渐被视为我国都市圈范围界定的重要标准，这种标准下我国的都市圈往往跨越多个城市的行政边界，这也是我国都市圈在空间尺度上与西方都市圈存在差异的重要原因，这注定了都市圈建设必须加强城市之间的协同与合作。

3. 跨界毗邻地区是经济发展和通勤联系的重点

我国都市圈广大的经济腹地包含了更多的城市，这也形成了更多的交接毗邻地区，这些地区成为我国都市圈经济发展以及内部通勤联系的重点区域。考虑到中心城市的产业转移以及边界地区的发展需要，跨界毗邻地区更容易成为都市圈内城市之间产业与经济合作的窗口，例如，珠三角地区就形成了不同类型的跨界合作区。同时考虑到个别特大超大城市的外围部分地区有向中心城区通勤的现象，而且这些跨界地区的人员通勤主要集中在毗邻地区。例如，西安都市圈的西咸新区吸引跨区通勤人口约 12.5 万人，而首都都市圈的廊坊北三县进京的日均通勤人数达 10 万人（高国力等，2023）。虽然跨界通勤群体在通勤总人口的比重不高，但其通勤时间普遍超过 1 小时，从解决民生角度看，也应该引起关注。因此，跨界毗邻地区在都市

---

① 华略智库. 纽约、上海两大都市圈规划比较之一：区域概况与规划组织［EB/OL］. 2022 - 09 - 30. https：//baijiahao. baidu. com/s? id = 1745382578620987864.

圈发展中，理应成为经济合作和改善民生的重点区。但现实中，这些地区涉及多元主体的协调问题，面临许多发展困境，随着都市圈区域空间治理向多元主体协同管治的方向转变（邱凯付等，2020），加强都市圈内尤其是跨界地区的协同管控更具有现实意义。

4. 都市圈内部发展不均衡问题突出

发展不平衡不充分是我国社会发展面临的重要问题，这在都市圈内部尤其突出。我国都市圈中心城市因为极化作用吸收了都市圈的大多数资源，人才也向中心城区聚集，城际交界地区以及都市圈边缘地区在经济发展以及资源配置方面存在明显的不足，例如，成都和重庆都市圈内的三级医院多集中在中心市区内，都市圈边缘地区高质量医疗资源显著缺乏，而深圳都市圈内公共服务供给也存在按行政区为单位进行供给的显著特征，城市交界地区的教育、医疗等设施短板十分明显。都市圈的发展与建设往往缺乏区域层面的统筹与协同，加剧了内部发展不均衡的困境，难以满足我国都市圈高质量发展以及人民高水平生活的需要。

（二）都市圈协同管控的必要性

我国都市圈在空间特征、发展阶段、行政管理等方面，具有与西方发达国家都市圈的显著区别，因此我国都市圈协同管控既具有体制优势，也有需要特殊应对的挑战。例如，我国"市带县"的行政管理体制，使城市政府兼有城市与区域管理事权，也具有城乡统筹的任务，这种混合型政府的特点，使城市政府有意愿促进城市行政辖区范围内的统筹协调发展。但是在都市圈尺度，其内部不同的城市都有着各自的发展诉求以及标准，众多行政主体各行其是，这在跨界基础设施建设、环境保护、产业发展、公共服务提供等方面带来严峻的挑战，阻碍了都市圈的现代化发展，因此必须加强都市圈内部在区域事务方面的跨界协同管控，推动各城市之间的协同合作。

三、都市圈协同管控与规划实践

（一）都市圈协同管控的重点内容

1. 空间协同

（1）交通要素协同。跨市交通是都市圈内部联系与各要素流动的能够打破空间壁垒的基础（傅雨濛等，2019），加强交通基础设施建设的协同管控对都市圈内各城市发展以及居民高质量生活具有重要意义。综合来看，目前我国都市圈内的跨市交通设施建设存在两个核心矛盾：一是跨市交通基础设施建设不足且不均衡，难以满足都市圈内城市间联系以及各要素流动的需要（张菁菁和龙志刚，2022）；二是不同层次不同范围的交通衔接存在障碍，阻碍了现有交通的连贯性与使用的便捷性。对此，一方面是协同不同城市，加强以市域、城际轨道交通以及公共交通为核心的都市圈交通网络建设，加强都市圈内的城际交通联系，提高人员通勤、出行以及货运的效率。另一方面则结合多层次交通枢纽网络的建设，加强交通网络与交通枢纽的衔接，优化不同交通出行类型的接驳与换乘的便捷度。

（2）生态环境协同。生态环境的协同管控是都市圈建设的重点也是难点。从生态环境本身的特征来看，水、大气、土地等生态要素往往是通过某种内在联系在区域层面形成一个统一的整体系统，而这就与传统的行政区生态治理方式存在显著冲突，各层次政府的治理意愿与能力不同也提高了生态环境区域治理的难度（汪光焘等，2022）。为实现都市圈内生态环境的统一协同管控，首先需要对都市圈内的生态要素进行整体认识，科学划定区域生态空间保护格局，加强对生态边界的严格管控；其次是逐渐强化对生态要素管控标准的统一，尤其是涉及大气、土壤以及水环境水安全的管控标准，各地对生态环境保护的标准不同会对彼此的生态环境保护工作造成干扰，因此应该从区域角度出发统一管控标准；最后是推动都市圈生态环境联防联控机制创新，完善跨界合作、交流与监管机制，推动区域生态环境合作平台建设，同时完善环境治理过程中的利益分配如区域财政转移支付制度，进而提高不同行政主体参与生态环境协同管控的积极性。

（3）产业空间协同。中心城市与周边城市存在的密切的产业与经济联系是我国都市形成和发展的基础，因此在空间层面促进产业与创新活动协同发展及合理布局成为都市圈规划的重要内容。从都市圈的产业与创新协同角度出发，首先需要明确不同城市产业发展的定位与内容，结合城市自身条件在区域层面进行合理的产业与职能分工，发挥各自城市的特色与优势，避免都市圈内部进行同质化的竞争与内耗；其次是在产业分工合作的基础上完善都市圈产业链供应链建设与布局，结合中心城市的产业升级与转移，形成都市圈内城市间紧密的产业联系以及合理的产业梯度，增强都市圈在区域乃至全球产业链供应链中所能发挥的作用以及地位；最后是在创新驱动的大背景下强化都市圈创新网络建设，推动创新要素在都市圈内自由流动的体制机制建设，优化创新资源与创新空间在都市圈内的空间布局，结合产业发展推动产业链供应链与创新链的融合发展。

（4）公共服务协同。都市圈内优质的基础设施与公共服务往往集中在中心城市，导致都市圈边缘地区以及跨界地区存在明显的公共服务供给的"洼地"，而某种意义上来说，公共服务的配置是区域协调规划的抓手，这关系到中心城区的人口功能疏解以及外围城市地区的发展，因此必须在区域层面对公共服务设施进行协同配置。考虑到我国都市圈往往是单中心的发展模式，公共服务的配置有必要结合都市圈内部空间结构的优化调整向多中心、组团式的方向发展，避免高质量的公共服务只在特定的中心城市集中，缓解中心城市的压力，进而构建多层次的公共服务供给网络。除此之外，扁平化的公共服务供给模式有助于公共服务的区域共享（张敏，2017），按行政区域来进行公共服务配置往往使得整个区域层面公共服务供给缺乏协同性，因此需要从都市圈层面对不同城市的规划进行统筹。最后，公共服务设施的共建共享有助于都市圈边缘尤其是跨界地区公共服务供给水平的提高，这也能避免公共服务的重复供给以及资源浪费，而诸如垃圾填埋厂、发电厂这类邻避设施往往也是跨界地区协同的焦点（陈小卉和钟睿，2017），这些需要相关主体在规划对接、用地供给以及利益分配方面进行协同合作。

2. 制度协同

（1）发展要素流通机制协同。发展要素在都市圈内自由流动不仅仅靠交通等基础设施建设的支撑，更需要相关机制的协同建设来进行保障，这个需要从市场和政府两方面同时着手。一方面是都市圈内市场一体化建设，市场一体化建设有助于人才、技术等各类要素在都市圈内不同城市主体间的标准互认以及自由流动，其中比较典型的就是都市圈内部跨区域的资源要素一体化平台的建设，以成都都市圈为例，成都都市圈着力打造公共资源交易平台、保障人才互通互认的人力资源协作平台以及促进技术与知识产权跨区域交易的知识产权评估平台。另一方面，各城市各层级的政府需要推动都市圈的良好市场营商氛围的协同营造，包括结合数字化和标准化推动都市圈政务环境一体化建设、统一市场准入标准、打造统一公平的市场监督管理制度等。市场一体化机制与政府服务机制的协同创新能够有效破除阻碍要素自由流动的隐性壁垒，都市圈也才能更具活力。

（2）完善跨区域协调管控机制。都市圈作为涉及多个城市主体的城市区域，搭建多层次多主体协调沟通与管理平台是解决都市圈建设过程中遇到的跨界矛盾与冲突的重要手段。从政府沟通与协调层面，结合我国行政管理制度的特点，都市圈的协同发展需要形成不同层次行政主体间的横向沟通机制（郑文含，2019），建立由各市政府与相关职能部门组成的联席会议与对话平台，从大的发展格局协调都市圈建设过程中的资源配置与利益冲突问题，制定统一的管理标准与行动指南，南京都市圈城市发展联盟以及江浙沪跨界城镇圈的多边联席会议机制就是其中的代表。在协同管控工作的具体落实层面，针对交通、生态等重点协同管控领域，有必要成立诸如太湖流域管理局这类专门的区域协同管理机构，以实时解决协同管控过程中面临的问题。除了政府之外，都市圈的协同建设也有赖于多元主体的共同参与，开展多元化的区域协同平台探索已经成为目前跨区域协调管控机制创新的重要方向，例如上海大都市圈中的多个规划院就组建了"上海大都市圈规划研究中心"，进而为大都市圈的规划协同提供智力支持（熊健等，2022）。

（二）我国都市圈协同管控的规划实践

1. 跨界地区的协同管控

都市圈中心城市郊区与其他城市的跨界毗邻地区一直是都市圈协同管控的重点和难点，交通、生态、产业、公共服务等方面的协同管控问题在这里集中体现，城乡发展不协调、经济发展不平衡、空间治理割裂以及缺乏协调机制已经是跨界地区协同发展面临的普遍性困境（刘珺，2022），为此我国都市圈也展开了众多的规划实践与探索。南京都市圈重点创新跨界规划协同的工作方法，由南京都市圈城市发展联盟及其下的城乡规划专业协调委员会来负责对连片发展、联系紧密以及生态跨界三类跨界地区的规划建设进行协同管控（官卫华等，2015），对所涉及的生态保护、交通、公服设施、产业发展等方面进行统筹考虑。成都都市圈试图通过因地制宜引导产业协同发展来推动跨界地区基础设施建设以及公共服务供给的同城化发展，进而推动成德眉资7个交界地区的融合发展，例如，青白江—广汉交界地区着力推动先进材料与新兴工业化产业基地的产城融合，蒲江—丹棱则发展现代化特色农业与生态旅游度假区，天府新区的成眉交界地区则重点解决体制机制建设问题，加快融合天府新区的产业功能区体系等。上海大都市圈则构建了"大都市圈—战略协同区—协作示范区—跨界城镇圈"四层级的跨界空间协同架构，对于涉及跨行政区边界的跨界城镇圈则按照综合发展、特色提升以及生态主导三种方针有侧重地协同发展。综合来看，不同的都市圈对于跨界地区的协同管控方法各有侧重，但其核心都是消除跨界地区发展所面临的行政等隐性壁垒，并针对所在地区因地制宜提出协同管控策略，从而提高了协同管控的有效性与针对性。

2. 流域水系的生态安全管控

在生态环境的各个要素中，流域水系因其涉及范围广、跨界区域多、生态敏感性高以及涉及城市用水安全等特征一直都是其中的重点协同管控内容。作为上海大都市圈的生态绿心，环太湖流域一直是区域生态协调管控的重心，为此该地区形成了环太湖城市水利工作联席会议制度以加强流域各主体的协调合作，强调水生态安全、防洪安全以及供水安全的保障与协同管控，具体包括统一流域的水质管理标准、以五级及以上河道为骨干打造沿河湖的区域生态绿廊、结合产业布局优化协调岸线开发方式与加强共管共治、加强雨洪及污水处理设施的建设，加强尤其是优质水源地所在河湖区域的生态保护与生态修复工作等。南昌都市圈则重点关注江湖流域岸线的生态管控，对于不同的流域分区提出了不同的协同管控要求，其核心是对流域沿岸线开发利用方式的管控以及污染源的监管，包括优化重点污染企业的布局与数量、控制工业污染排放以及农业生态化转型等。武汉都市圈除了关心流域生态安全外，对于洪涝安全的协同管控也更为关注，为此划分了不同级别的蓄滞洪区以加强监督管理。

3. 区域产业创新协同

作为都市圈经济发展的引擎，产业与创新协同发展始终是我国都市圈发展关注的焦点话题，为此不同都市圈都根据自身区域的特点开展了规划探索。南京都市圈强调内部城市产业分工错位发展，以整合各自城市特有的资源禀赋与产业基础的优势，例如南京重点发展信息技术、绿色智能汽车、生物医药等现代化产业；镇江主打高端装备制造与新材料；扬州则关注航空、汽车等高端装备制造等。上海都市圈在围绕生产性服务业、科技创新等全球城市核心功能对各城市进行职能分工的基础上，打造生物医药、新一代信息技术产业、高端智能装备产业以及新能源产业四大技术成长型产业集群，巩固绿色化工与汽车制造的产业集群优势，布局航空航天等战略性产业集群建设，并且结合高校、企业以及科研院所等打造 4 类共计 14 个创新知识集群，以支撑都市圈产业的创新发展。成都都市圈则以区域创新共同体的建设为依托，推动不同城市院校、企业及科研院所的协同创新，推进产学研一体化，并用以支撑电子信息、装备制造、航空航天、新能源汽车、轨道交通、医药健康及先进材料七大先进产业在整个都市圈范围内的协同创新发展。从现有都市圈的规划实践来看，都市圈的产业协同与创新协同往往是密不可分的，这也反映出加强产业链供应链与创新链结合以及强化它们的空间匹配已经成为未来都市圈高质量发展的必然趋势。

4. 轨道交通的跨界协同

轨道交通是强化都市圈城际联系与协同发展的有力支撑，是都市圈多层次交通网络协同建设的重要组成部分，但由于轨道交通制式及标准不统一、利益边界与行政边界捆绑导致利益分配冲突、跨行政边界协调沟通困难等问题，轨道交通的跨界协同建设也一直是都市圈交通网络建设的难点，不过近年来我国都市圈在推动轨道交通跨界协同方面已经逐渐取得了一些成果。上海大都市圈加快推进都市圈轨道网络建设，提出到 2050 年基本实现县级单元与乡镇轨道全覆盖，目前已经取得了诸如上海—苏州地铁实现对接并即将投入运营等成果。在首都都市圈，北京首条跨省域轨道交通地铁 22 号线目前已经开工建设，它将北京中心城区与通州、北三县联系起来，对于加强首都都市圈跨界通勤能力与效率具有重要意义。成都都市圈规划并加快推进成都到资阳、德阳以及眉山的城际铁路建设，诸如连接成都与德阳的市域铁路 S11 线项目已经成功启动建设，加速了德阳融入成都"半小时经济圈"的进程。轨道交通的跨界协同除了要加强相关主体之间的协调沟通外，如何解决协同建设过程中遇到的利益冲突与利益分配问题也是其成功与否的关键所在，苏州和上海地铁能够成功对接，与相关主体彼此之间在利益方面的妥协与让步是分不开的。

5. 区域文化共保及文旅网络的协同共建

历史文化资源是区域文化与社会经过漫长的演变而形成的具有极强地域性的资源，它们之间往往存在较强的关联性，相互支持，相互影响（郑志明等，2020），这也是都市圈协同发展的内在基础之一，区域性文化资源保护受到行政区划的限制缺乏区域协同，往往脱离了原有的文化脉络（邵甬等，2016），因此加强都市圈的历史文化资源的协同保护已经逐渐成为都市圈规划的重要内容。西安都市圈以西安作为千年古都的关中历史文化为主线，将各时期的历史陵墓以及佛寺等在空间上组织串联，统筹保护都市圈的历史文化遗址，并结合旅游路线的设计试图打造世界级的文化旅游目的地。首都都市圈同样保存着众多历史悠久的文化资源，其中尤以京畿文化为核心，首都都市圈通过对不同历史文化的梳理与串联，结合自然生态资源，将多元文化网络的建构与旅游休闲结合在一起，有效促进了历史资源的协同保护以及旅游产业在都市圈层面的协同发展。以上规划实践进一步证明了都市圈内的文化资源脉络是一脉相承的特点，因此把握认识都市圈内部历史文化资源的共性是区域文化保护的关键，而促进历史文化保护与旅游产业协同发展更是赋予都市圈历史文化资源的新的价值。

四、结　　论

在我国特殊的行政管理体制下，我国城市相较于西方城市所指代的地域实体空间更偏向于城市区域，在特定的社会经济与历史背景下我国都市圈形成了与西方都市圈不同的特征，在发展过程中遇到的问题也更加复杂，这些特征和问题决定了我国现代化都市圈建设更加需要强化都市圈内各个城市之间协调与合作，在空间和机制创新方面加强协同与管控将有助于化解现阶段都市圈发展面临的各种难题。从目前来看，我国各大都市圈规划已经在相关层面作出了许多规划尝试，并取得了一些成果。但是从现实层面来看，跨行政区的协同管理工作仍存在诸多难以落实的情况，诸如协同管控中涉及的利益分配等方面的体制机制建设仍然存在不足，多元主体参与机制也并不完善，未来在现代化都市圈协同管控的道路上还有很多进步的空间。

参 考 文 献

[1] 陈小卉，钟睿. 跨界协调规划：区域治理的新探索——基于江苏的实证 [J]. 城市规划，2017，41（09）：24 – 29，57.

[2] 傅雨濛，任利剑，运迎霞. 都市区跨市交通协同发展模式对京津冀发展的启示 [C] //中国城市规划学会，重庆市人民政府. 活力城乡 美好人居——2019 中国城市规划年会论文集（16区域规划与城市经济）. 北京：中国建筑工业出版社，2019：8.

[3] 高国力，邱爱军，潘昭宇，等. 客观准确把握1小时通勤圈内涵特征 引领支撑我国现代化都市圈稳步发展 [J]. 宏观经济管理，2023，471（01）：26 – 32.

[4] 官卫华，叶斌，周一鸣，等. 国家战略实施背景下跨界都市圈空间协同规划创新——以南京都市圈城乡规划协同工作为例 [J]. 城市规划学刊，2015，225（05）：57 – 67.

[5] 黄艳，安树伟. 中国都市圈：识别、特征与发展态势 [J]. 中国投资（中英文），2022（02）：29 – 36.

[6] 刘珺. 技术理性与利益博弈：跨界地区协同规划思考 [J]. 上海城市规划，2022，164（03）：101 – 108.

[7] 邱凯付，陈少杰，罗彦. 治理视角下深圳都市圈协同发展探索 [J]. 规划师，2020，36（03）：24 – 30.

[8] 邵甬，胡力骏，赵洁. 区域视角下历史文化资源整体保护与利用研究——以皖南地区为例 [J]. 城市规划学刊，2016，229（03）：98 – 105.

［9］ 汪光焘，等. 新发展阶段的城镇化新格局研究：现代化都市圈概念与识别界定标准［M］. 北京：中国建筑工业出版社，2022：179.

［10］ 王德，顾家焕，晏龙旭. 上海都市区边界划分——基于手机信令数据的探索［J］. 地理学报，2018，73（10）：1896-1909.

［11］ 熊健，范宇，张振广，等. 区域协调与空间治理背景下的上海大都市圈空间协同规划编制创新探索［J］. 城市规划学刊，2022，268（02）：76-82.

［12］ 张菁菁，龙志刚. 都市圈建设背景下的郑州都市圈交通发展研究［C］//中国城市规划学会城市交通规划学术委员会. 绿色·智慧·融合——2021/2022 年中国城市交通规划年会论文集. 北京：中国建筑工业出版社，2022：10.

［13］ 张敏. 全球城市公共服务设施的公平供给和规划配置方法研究——以纽约、伦敦、东京为例［J］. 国际城市规划，2017，32（06）：69-76.

［14］ 张伟. 都市圈的概念、特征及其规划探讨［J］. 城市规划，2003（06）：47-50.

［15］ 郑文含. 跨界地区的空间治理诉求及协调路径［J］. 规划师，2019，35（02）：32-37.

［16］ 郑志明，焦胜，熊颖. 区域历史文化资源特征及集群保护研究［J］. 建筑学报，2020，21（01）：98-102.

［17］ 朱雷洲，黄亚平，丁乙宸，等. "通勤圈"还是"交通圈"：新时期都市圈内涵及范围划定再认知［J］. 城市发展研究，2022，29（10）：78-86.

新时代相对贫困治理的
重点领域和路径研究

一、引　言

习近平总书记在十九届中央政治局第八次集体学习时指出，2020 年全面建成小康社会之后，我们将消除绝对贫困，但相对贫困仍将长期存在。治理相对贫困问题已经成为新时代贫困治理的主要任务，也是实现"共同富裕取得更为明显的实质性进展"的关键环节。因此，探讨新时代相对贫困治理的重点领域和路径，具有重要的理论和现实意义。

二、相对贫困的内涵和认定标准

贫困是经济不平等的表现之一，既是一个社会问题，又是影响个人生活质量甚至国民经济的重要问题。对贫困的研究，可以追溯到古典经济学。第二次世界大战以后，随着发达国家纷纷建立福利社会、充分就业制度和调节机制，多数人乐观地认为贫困已经在发达国家中消除了，因为根据朗特里的最低营养标准，欧洲和北美都已经是"丰裕社会"，英国工党政府甚至宣布"不平等的分配已经终结"（Sen，1983）。但是，20 世纪 60 年代和 70 年代社会学家在许多发达国家"重新发现"了贫困。例如，70 年代中期欧共体国家的贫困人口就已达到 3000 万人，到 80 年代末90 年代初超过 5200 万人，占欧盟总人口的 15%（杨立雄和谢丹丹，2007）。这是因为，一方面，在 70 年代之后，发达国家的经济增长放慢，失业率上升，由此导致贫困的增加，被称为"新贫困"（Room and Laczko，1989）；另一方面，学术界对贫困的理解发生了范式革命，贫困不再基于最低生理需求，而是基于社会的比较，即相对贫困，拓展了贫困的概念和内涵。

关于贫困人口的概念，最为广泛接受的为诺兰和艾夫（Nolan and Ive，2009）所定义：贫困人口是指由于资源（包括物质、文化和社会）的限制而无法获得最低生活水平的人口、家庭和群体。要理解这个概念，我们应注意以下几点：第一，

---

[*] 秦淑娟，上海对外经贸大学马克思主义学院院长，教授；张耿庆，上海对外经贸大学马克思主义学院副教授。

贫穷是由于缺乏获得普遍社会生活的资源而引起的。缺乏普遍的社会生活是指绝对贫困和相对贫困。世界银行和其他机构目前的做法是将贫困分为三类:极端贫困、生存贫困和相对贫困。正如皮亚肖德(Piachaud,1987)指出的,确实存在接近生存水平的绝对最低限度,但除此之外,任何贫困标准都必须反映普遍的社会标准,它必须是相对标准。第二,相对贫困是随社会生活水平而变化的。最常见的做法是根据平均收入或中位数收入确定一个固定比例,例如50%或60%,划分贫困线,计算贫困发生率。表1显示了25个经合组织国家中低于平均可支配收入50%和60%的家庭比重,低于平均可支配收入50%的家庭比重为5%~22%不等,低于平均可支配收入60%的家庭比重为11%~29%不等。当然,如何衡量相对贫困,仍然存在着分歧。例如,森(1976)认为,贫困意味着贫困人口缺少获取和享有正常生活的"可行能力",而衡量"可行能力"的标准是绝对的,尽管它会随时空的变化而变化。他根据贫困人口收入向量分布的功能,提出了Sen指数。之后,托恩(Thon,1979)、夏洛克斯(Shorrocks,1995)对Sen指数进行改进和拓展,被称为Sen-Shorrocks-Thon指数或SST指数。SST指数涵盖三个方面:贫困发生率、贫困深度(不平等指数)和平均贫困差距率。第三,尽管存在差别,但相对贫困与收入不平等、社会歧视存在内在联系,收入不平等、社会歧视既是贫困人口无法获得相应资源的原因,也是穷人无力获得相应资源的体现。如果可支配收入的不平等程度很高,那么贫困发生率也往往很高(Brülle,2018)。从这个角度看,无论在哪个发展阶段,相对贫困总是存在的,相对贫困治理就成为国家治理的重要组成部分。

表1　　　　　　　　　　**2000 年前后经合组织国家贫困发生率**　　　　　　单位:%

国家或地区	低于中等收入50%的人口比率	低于中等收入60%的人口比率
澳大利亚(2001)	13.0	21.6
奥地利(2000)	7.7	13.4
比利时(2000)	7.9	16.1
加拿大(2000)	12.1	18.6
丹麦(2000)	5.4	13.1
爱沙尼亚(2000)	12.4	19.8
芬兰(2000)	5.4	12.4
法国(2000)	7.3	13.7
德国(2000)	8.4	13.4
希腊(2000)	14.3	21.4

续表

国家或地区	低于中等收入50%的人口比率	低于中等收入60%的人口比率
匈牙利（1999）	6.7	13.4
爱尔兰（2000）	16.2	22.5
意大利（2000）	12.8	20.0
卢森堡（2000）	6.1	12.4
墨西哥（2000）	21.5	28.1
荷兰（1999）	4.9	11.1
挪威（2000）	6.4	12.3
波兰（1999）	13.2	19.3
斯洛文尼亚（1999）	8.2	14.2
西班牙（2000）	14.2	20.8
瑞典（2000）	6.5	12.3
瑞士（2000）	7.6	14.4
英国（1999）	12.5	21.1
美国（2000）	17.7	24.2

资料来源：Brülle，J. Poverty Trends in Germany and Great Britain［M］. Wiesbaden：Springer VS, 2018：11 - 70.

三、中国相对贫困现状和根源

如上所述，国际相对贫困的发生率是指不到全国平均可支配收入50%或60%的人口比例。尽管中国没有相关的统计数据，但我们可以把统计年鉴中五等份收入分组中的低收入组（最低收入的20%人口）平均可支配收入与中间收入组平均可支配收入相比较。从表2中可知，2002~2018年城镇大部分低于50%，而且有下降的趋势。也就是说，城镇不足全国平均可支配收入50%的人口，大部分年份超过全部城镇人口的20%，而且有增加的趋势。低收入组平均可支配收入与中间收入组平均可支配收入相比较，农村大部分低于40%，全国大部分低于30%，而且有下降的趋势。显然，与表1中的经合组织国家相比，中国的相对贫困发生率在城镇、农村地区乃至整个国家都相当高，而农村地区的相对贫困发生率要高于城市地区。另外，根据五等份收入分组，分别计算城镇、农村、全国的基尼系数，也显示近年有反弹的迹象（见表3）。

表2　　　　五等份分组中低收入组平均可支配收入相当于中间收入组的百分比

年份	城镇			农村			全国		
	低收入组平均可支配收入（元）	中间收入组平均可支配收入（元）	低收入组/中间收入组（%）	低收入组平均可支配收入（元）	中间收入组平均可支配收入（元）	低收入组/中间收入组（%）	低收入组平均可支配收入（元）	中间收入组平均可支配收入（元）	低收入组/中间收入组（%）
2002	3020.6	6656.8	45.4	857.1	2164.1	39.6	—	—	—
2003	3050.3	5848.0	52.2	865.9	2273.1	38.1	—	—	—
2004	3631.1	6498.4	55.9	1006.9	2578.5	39.0	—	—	—
2005	3306.7	7308.1	45.2	1067.2	2851.0	37.4	—	—	—
2006	5974.2	10269.7	58.2	1182.5	3148.5	37.6	—	—	—
2007	7036.3	12042.3	58.4	1346.9	3658.8	36.8	—	—	—
2008	7925.6	13984.2	56.7	1499.8	4203.1	35.7	—	—	—
2009	8806.4	15399.9	57.2	1549.3	4502.1	34.4	—	—	—
2010	9986.3	17224.0	58.0	1869.8	5221.7	35.8	—	—	—
2011	11473.1	19544.9	58.7	2000.5	6207.7	32.2	—	—	—
2012	10488.0	22419.1	46.8	2316.3	7041.0	32.9	—	—	—
2013	9895.9	24172.9	40.9	2877.9	8438.3	34.1	4402.4	15698.0	28.0
2014	11219.3	26650.6	42.1	2768.1	9503.9	29.1	4747.3	17631.0	26.9
2015	12230.9	29105.2	42.0	3085.6	10310.6	29.9	5221.2	19320.1	27.0
2016	13004.1	31521.8	41.3	3006.5	11159.1	26.9	5528.7	20924.4	26.4
2017	13723.1	33781.3	40.6	3301.9	11978.0	27.6	5958.4	22495.3	26.5
2018	14386.9	35196.1	40.9	3666.2	12530.2	29.3	6440.5	23188.9	27.8

资料来源：根据历年《中国统计年鉴》计算得出。

表3　　　　　　　　　按照五等份分组计算的基尼系数

年份	城镇基尼系数	农村基尼系数	全国基尼系数	年份	城镇基尼系数	农村基尼系数	全国基尼系数
2002	0.55	0.57	—	2011	0.54	0.58	—
2003	0.53	0.58	—	2012	0.55	0.58	—
2004	0.53	0.57	—	2013	0.56	0.57	0.60
2005	0.58	0.57	—	2014	0.55	0.57	0.60
2006	0.54	0.57	—	2015	0.55	0.57	0.59
2007	0.54	0.57	—	2016	0.55	0.58	0.59
2008	0.55	0.57	—	2017	0.55	0.58	0.60
2009	0.54	0.58	—	2018	0.56	0.58	0.60
2010	0.54	0.58	—	—	—	—	—

资料来源：根据历年《中国统计年鉴》计算得出。

正如森（1983）指出的那样，贫困实质上是能力贫困，根本原因是缺乏社会"权利"。与绝对贫困相比，相对贫困产生的根源与制度关联性更大，而且具有路径依赖的特征（Heinz，2009）。这些制度包括两个方面：

第一，劳动力市场对相对贫困有重要影响。根据劳动力市场匹配模型，在一个完善的劳动力市场中，劳动力流动不仅可以改善劳动力资源的配置，而且可以缩小城乡和地区之间的收入差距。在不完善的劳动力市场上，市场是分散和多样化的。一些工人很容易找到工作，他们的收入可能更高。一些工人可能由于信息不足和其他因素而难以找到工作或只能找到低收入工作。因此，在不完善的劳动力市场上，工人之间的收入差距可能会扩大。在典型的不完善的劳动力市场中，有些人被排除在劳动力市场之外而成为"下层阶级"，有些人可能由于技能和其他因素而被界定为"工作不力"（Wright，1995），难以获得应有的收入。

第二，社会保险和社会福利制度对相对贫困有重要影响。社会保险和社会福利在消除绝对贫困和减少相对贫困方面起着重要作用。尽管有人担心高社会保险和社会福利对经济增长可能产生不利影响，但一些国家（主要是斯堪的纳维亚国家）却成功地将对劳动力市场灵活性与高水平的收入、就业保障很好地结合起来。

在这些制度变量中，劳动力市场是影响收入分配并解释相对贫困的最重要因素。这是因为，对于大多数家庭来说，劳动收入是他们家庭收入的最大部分。因此，大多数贫困理论都是从劳动力市场开始的。中国的劳动力市场也是最重要的制约因素之一。例如，在长三角地区，根据不同地区商品价格计算得出的市场趋同指数，变异系数从 2008 年的 0.036 下降至 2017 年的 0.017（林善浪，2020），经济学的"一价定律"（the law of one price）正快速实现，市场一体化快速发展。但是，与商品流动相比，劳动力等要素市场流动面临更多的障碍，受传统的行政条块分割和政策制约更为明显。以上海为典型，户籍制度还是严管严控的领域，普通劳动者即使在上海工作几十年也难以落户，而背后的根源是户籍背负地区之间差距很大的社会福利、社会保险、教育资源等利益。杭州、南京、苏州、宁波等大城市都存在相同的问题。近几年所谓的户籍制度改革，更多的是针对本科以上的劳动者，还难以惠及普通劳动大众。近年来，长三角地区一些地方的劳动力市场分割指数还出现反弹的趋势，地区之间劳动力市场分割指数的差距也出现了扩大的趋势（林善浪，2020）。因此，我国相对贫困的发生率和发生深度，除受技能因素形成的收入差距影响外，还受很深的城乡之间、区域之间收入差距的影响。

四、新时代相对贫困治理的重点领域

绝对贫困治理和相对贫困治理的差别，在于针对贫困的程度不同，前者针对的是无法满足经济意义上最低生理需要的贫困人口；后者则在此基础上针对收入处于社会最底层的贫困人口。绝对贫困和相对贫困的原因具有共同性，这使得相对贫困和绝对贫困的治理具有共同性。因此，我国在完成脱贫攻坚任务以后，针对绝对贫困治理的相关政策仍然需要延续到相对贫困治理上，实现"三个衔接"。在此基础上，把相对贫困治理覆盖到城镇低收入人口，创新城镇相对贫困治理机制。

第一，相对贫困的治理仍应集中在农村地区。城乡二元结构的转变对中国相对贫困的发生产生了深远的影响。通过实施"惠农政策"和"乡村振兴战略"，城乡居民可支配收入差距继续缩小，但城乡差距仍然很大。2013~2019年，农村居民可支配收入在城市居民可支配收入中所占的百分比从35.6%增长到37.8%（见表4），城乡差距有所缩小，但仍远远小于美国（75%）和韩国（>100%）（曾国安和胡晶晶，2008）。因此，在扶贫过程中，农村发展和扶贫政策仍需继续。

表4　　　　　　　　　　中国城乡居民可支配收入比较

年份	城镇居民可支配收入（元）	农村居民可支配收入（元）	农村/城镇（%）
2013	26467.0	9429.4	35.6
2014	28843.9	10488.9	36.4
2015	31194.8	11421.7	36.6
2016	33616.2	12363.4	36.8
2017	36396.2	13432.4	36.9
2018	39250.8	14617.0	37.2
2019	42358.8	16020.7	37.8

资料来源：根据历年《中国统计年鉴》计算得出。

第二，相对贫困的治理仍应着眼于西部。中国相对贫困的发生率还受到地区经济差异的影响。中国区域经济发展的差异不仅表现为区域经济总量的差异，而且表现为不同地区居民可支配收入的差异。通过实施西部大开发战略和14个连续贫困地区的扶贫开发，区域之间的可支配收入差距正在缩小，但差距仍然较大。2013~2019年，中部地区居民可支配收入占东部地区的比例从64.5%增长到66.0%；西部地区居民可支配收入占东部地区比例从58.8%增长到60.8%。[①] 因此，在相对贫困治理过程中，西部大开发的政策仍需继续。

第三，相对贫困治理仍应侧重于农村低收入人口。一方面，贫困地区，特别是14个连片特困地区，自然条件恶劣，基础设施薄弱，基本公共服务水平低下，农民增收困难；另一方面，中国农业现代化基础还是比较薄弱的，农业生产是高风险产业，必须面对自然风险，又要面对市场风险和技术风险，农村地区仍然是低收入群

---

① 根据历年《中国统计年鉴》计算得出。

体的主要集中地区。因此，"六个精准和五个一批"机制应继续作为相对贫困治理的长效机制。

第四，相对贫困的治理应覆盖城市低收入群体。国家统计局数据显示，到2019年，仍有861万人生活在城市最低生活水平，并且还有一定数量的贫困工人家庭不包括在最低生活保障中。在城市贫困家庭中，是因为患有严重的疾病和遇到意外事故。同时，城镇农民工还存在二元结构问题。因此，在以上"三个衔接"的基础上，相对贫困的治理应覆盖城市低收入人群。与农村居民不同，城镇居民以工商业为主要收入来源，相对贫困治理也应侧重于改善城镇居民的就业安全和就业能力。

五、新时代相对贫困的治理路径

在新时代新征程，推进共同富裕取得实质性进展，必须调整居民之间的收入分配关系，相对贫困治理则是不二选择。除了个人所得税、转移支付等财税手段，更重要的是推进相关的制度创新。

第一，优化公共服务结构，提高居民的消费能力和期望。大量研究文献表明，社会保险和社会福利在提高居民的消费能力和期望中起着重要作用。尽管社会保险和社会福利在消除贫困和提高消费能力方面的作用因国家体制的不同而不同，但它们发挥了积极作用，特别是对贫困儿童、老人和其他低收入者而言（Tsakloglou and Papadopoulos，2002）。尽管中国政府的公共支出在GDP中所占的比例远低于西欧和福利国家，但已明显高于绝大多数很多新型工业化国家（焦长权和董磊明，2022）。从结构上看，社会保障支出占公共支出的比重也不够高。优化中国政府公共支出的结构涉及一系列深层次的制度改革。首要任务是加快公共事业单位和群众组织的机构改革，缩小财政支出范围。二是调整产业政策，减少产业补贴。只有这样，我们才能创造条件，增加社会保险和社会福利在公共支出中的比重。

第二，要促进劳动力流动，缩小城乡之间、地区之间的收入差距。加利（Gallie，2007）认为，经济增长是否有助于减少贫困的发生以及劳动力市场是否完善是关键因素。对德国和英国的研究发现，劳动力市场的灵活性有助于缩小城乡之间以及地区之间的收入差距（Brülle，2018）。受户籍制度等因素的影响，我国区域之间、城乡之间的劳动力市场仍然存在差距，劳动力流动不足。促进地区之间、城乡之间劳动力市场一体化和劳动力流动，必须下决心推进户籍制度及社会保险、社会福利、教育体制改革，实现社会保险、社会福利跨地区便利转移接续、教育资源的公平配置，为人口自由迁徙和劳动力跨地区自由就业创造条件。打破现有的以学校排名为依据，以高学历、高职称为中心的落户政策和歧视的就业政策，加快公平就业立法，推动公平就业。

第三，大城市要在国家治理相对贫困中发挥示范作用。长期以来，我国大城市，尤其是特大城市，在户籍制度改革方面总是以各种理由拖后腿。根据现行的政策法规，参加城镇企业职工基本养老保险的农民工只能转移12%的单位缴费，88%的单位缴费要留给城市政府，成为支撑已经严重老年化的大城市社会保障的重要资金来源。这个政策的反面是牺牲了农民工的养老保险。因此，面向新发展格局的相对贫困治理，大城市户籍制度及社会保障、社会福利制度改革是突破口。通过发挥大城市的表率作用，以此推动全国相对贫困的长效治理。

第四，创造机会均等的体制机制，畅通代际流动性。收入差距与经济增长之间的关系是由机会均等中介传导的，尤其是代际流动性（Aiyar and Ebeke, 2020）。如果机会均等，那么一定的收入差距将有利于经济增长；相反，它不利于经济增长。在代际僵化的经济体，收入不平等会产生持续影响，阻碍了低收入人群的人力资本积累，从而阻碍经济增长。此外，机会不平等可能会中介传导收入不平等对经济增长的边际影响。例如，僵化的劳动力市场结构导致内部人和外部人的就业不平等，以及高收入和低收入群体的信贷机会不平等，所有这些都阻碍了劳动力和资本要素的有效分配，不利于经济增长。为了创造平等机会并促进代际流动，我们必须继续促进平等教育机会、公平就业和信贷公平。目前，尤其要引起关注的是各地纷纷出台以名校毕业生为选调对象的政策，不问能力和品德，显然不符合公平就业基本原则。加快推进公平就业立法，对建立相对贫困治理的长效机制，具有十分重要的作用。

参 考 文 献

［1］焦长权，董磊明. 迈向共同富裕之路：社会建设与民生支出的崛起［J］. 中国社会科学，2022（06）：139－160，207－208.

［2］林善浪. 在新发展格局下推进长三角一体化高质量发展［J］. 人民论坛，2020，687（32）：56－61.

［3］杨立雄，谢丹丹. "绝对的相对"，抑或"相对的绝对"——汤森和森的贫困理论比较［J］. 财经科学，2007（01）：59－66.

［4］曾国安，胡晶晶. 城乡居民收入差距的国际比较［J］. 山东社会科学，2008，158（10）：47－53.

［5］Aiyar, S., Ebeke, C. Inequality of opportunity, inequality of income and economic growth［J］. World Development, 2020（136）：105－115.

［6］Brülle, J. Poverty Trends in Germany and Great Britain［M］. Wiesbaden：Springer VS, 2018：11－70.

［7］Gallie, D. Production regimes and the quality of employment in Europe［J］. Annual Review of Sociology, 2007（33）：85－104.

［8］Heinz, J. Factors that contribute to long-term engagement in poverty alleviating campaigns：a study of experiences［J］. 2009.

［9］Nolan, B., Marx, I. Economic inequality, poverty, and social exclusion［M］//The Oxford Handbook of Economic Inequality. Oxford, 2009: 315 – 341.

［10］Piachaud, D. Problems in the definition and measurement of poverty ［J］. Journal of Social Policy, 1987, 16（02）: 147 – 164.

［11］Room, G. , Lawson, R. & Laczko, F. 'New poverty' in the European Community ［J］. Policy & Politics, 1989, 17（02）: 165 – 176.

［12］Schwartz, C. R. Trends and variation in assortative mating: causes and consequences ［J］. Annual Review of Sociology, 2013（39）: 451 – 470.

［13］Sen, A. Poor, relatively speaking ［J］. Oxford Economic Papers, 1983, 35（02）: 153 – 169.

［14］Sen, A. Poverty: an ordinal approach to measurement ［J］. Econometrica: Journal of the Econometric Society, 1976: 219 – 231.

［15］Shorrocks, A. F. Revisiting the Sen poverty index ［J］. Econometrica, 1995, 63（05）: 1225 – 1230.

［16］Thon, D. On measuring poverty ［J］. Review of Income and Wealth, 1979, 25（04）: 429 – 439.

［17］Tsakloglou, P. , Papadopoulos, F. Identifying population groups at high risk of social exclusion: evidence from the ECHP ［J］. Social Exclusion in European Welfare States, 2002: 135 – 169.

［18］Wright, E. O. The class analysis of poverty ［J］. International Journal of Health Services, 1995, 25（01）: 85 – 100.

淘宝村集聚能促进家庭农场发展吗？

——以我国长三角地区为例

林玉妹　李承翰　伍阳阳　王婧霞[*]

一、引　言

"十四五"规划纲要指出，"发展多种形式适度规模经营，加快培育家庭农场、农民合作社等新型农业经营主体，健全农业专业化社会化服务体系，实现小农户和现代农业有机衔接"[①]。习近平总书记在党的二十大报告中指出，"巩固和完善农村基本经营制度，发展新型农村集体经济，发展新型农业经营主体和社会化服务，发展农业适度规模经营"[②]。以家庭为经营单位、家庭成员为主要劳动力并且土地经营达到一定规模的家庭农场作为新型农业经营主体的核心（郜亮亮，2020），对于保障农产品有效供给、建设现代农业发挥着越来越重要的促进和支撑作用（张红宇等，2017）。近年来随着城镇化和工业化进程的加快，非农就业机会不断增加，农村劳动力向城市转移的程度提高，为了不让土地撂荒同时又能获得土地收益，农民选择将自有土地以各种方式流转出去（林善浪等，2010）。推进家庭农场的发展是推进农村土地流转，实现农业现代化（韩朝华，2017），促进农民增收（许庆等，2011），解决"三农"问题、实现农村可持续发展的有效途径（易朝辉等，2020）。为此，中国政府不断推进家庭农场的发展。"家庭农场"一词在 2008 年被写入党的十七届三中全会通过的《中共中央关于推进农村改革发展若干重大问题的决定》。2013 年，中央一号文件首次明确提出家庭农场概念。2014 年，农业部印发《关于促进家庭农场发展的指导意见》，引导家庭农场的发展。在此背景下家庭农场数量飞快上涨，截至 2020 年底，全国家庭农场名录系统填报数量超过 300 万个，2019 年全国县级及以上示范家庭农场数量达 11.7 万个。[③]

"十四五"规划纲要强调"加快发展智慧农业，推进农业生产经营和管理服务数字化改造"。习近平总书记在党的二十大报告中指出，"加快发展数字经济，促进数

---

　*　林玉妹，上海对外经贸大学马克思主义学院副教授；李承翰、伍阳阳、王婧霞，上海对外经贸大学马克思主义学院硕士研究生。

　①　中共中央关于制定国民经济和社会发展第十四个五年规划和二〇三五年远景目标的建议［N］. 人民日报，2020 – 11 – 04.

　②　习近平. 高举中国特色社会主义伟大旗帜 为全面建设社会主义现代化国家而团结奋斗——在中国共产党第二十次全国代表大会上的报告（2022 年 10 月 16 日）［N］. 人民日报，2022 – 10 – 26.

　③　农业农村部《对十三届全国人大四次会议第 7309 号建议的答复》。

字经济和实体经济深度融合，打造具有国际竞争力的数字产业集群"。农业农村数字化是顺应时代变革的必然趋势，为农业农村发展带来了巨大变革（殷浩栋等，2020）。具体体现在三个方面：第一，数字基础设施建设水平大幅提升。自2019年5G商用以来，我国已建成全球最大的5G网络，5G基站超71.8万个，5G终端连接数突破2亿个，5G技术得到大范围普及。① 截至2021年12月，我国农村网民规模为2.84亿人，占网民整体的27.6%。农村地区互联网普及率为57.6%。② 第二，数字技术在农业农村的融合与应用初见成效。精准农业和智慧农业采用区块链、人工智能、遥感和传感器等数字技术，在生产环节的应用程度愈发成熟，有助于加速农业生产方式变革，促进农业生产提质增效。第三，农村电子商务加速发展，成为促进农业农村数字化的重要载体。以淘宝村为代表的农村电子商务快速发展，从2009年的3个发展为2020年的5425个，③ 成为促进现代农业发展，改善农村生活水平的新动能。

本文选择中国长三角地区的淘宝村和家庭农场作为研究对象，分析淘宝村集聚对家庭农场发展的影响。从理论上厘清家庭农场的发展机制，为当前推进数字乡村战略和打赢脱贫攻坚战提供经验支持。长三角地区作为中国经济最发达的区域之一，农村电子商务基础设施发达，农业劳动力转移快，土地流转和农产品商品化程度较高（陈德仙等，2021），成为淘宝村集聚和家庭农场发展最快的地区，具有典型性。本文期望抓住地域差异的驱动因素和形成机制，发现规律性的结论，并形成相应的规划策略，为淘宝村集聚和家庭农场的进一步可持续发展提供有力参考。

二、理论分析与机制

（一）理论分析

1. 缓解信息不对称

电子商务的发展有助于缓解信息不对称（邱子迅等，2014）。农村电子商务给乡村地区带来了技术的进步、多样化的市场需求以及信息不对称的不断降低，为草根创业提供了良好的企业家环境（Huang et al.，2018）。家庭农场借助农村电子商务这一媒介，将原本局限于特定地区的销售和购买行为扩展到了全国范围从而避免了市场分割，避免了供需市场的信息不对称，尤其是相对弱势的农户，农村电子商务有助于削弱供应链失真的长尾效应，从而减少生产的盲目性，保障了农产品尤其是易腐农产品的销售。

① 工业和信息化部《2020年通信业统计公报》。
② 第49次《中国互联网络发展状况统计报告》。
③ 阿里研究院《2021年中国淘宝村研究报告》。

2. 降低交易成本

首先，家庭农场可以通过它们的在线电子商店直接向消费者出售它们的产品，绕开了多层的批发分销平台，有效地降低了销售成本，使消费最终价格甚至要低于大型零售超市，降低了销售与消费之间的相互搜寻成本（孙浦阳等，2017）。其次，由于季节和环境的限制，以及部分农产品易腐烂、仓储成本高，电商可以降低销售风险（Lin et al.，2020）。最后，在订单农业中，小农户安排生产，并根据签订的合同以事先商定的价格将初级产品出售给加工或分销公司，避免了盲目生产，降低了生产和交易成本。

据此，本文提出假说1：淘宝村集聚对家庭农场的发展有显著促进作用。

（二）理论机制

淘宝村集聚对家庭农场的影响还会产生间接效应。马歇尔外部性理论能够解释产业集聚的原因。具体包括三方面内容：一是地方化的劳动力市场或劳动力蓄水池效应；二是中间投入共享；三是基于人力资本积累和面对面交流累积所引发的知识溢出。因此本文探究淘宝村集聚是否通过知识溢出、设施共享和劳动力匹配三个外部性影响家庭农场的发展。

1. 知识溢出

首先，淘宝村集聚促进区域内形成学习效应，加快新知识和新技术在地区内和区域间的传播、扩散及应用，有利于家庭农场标准化经营。其次，在"淘宝村"的形成中，村民最初了解该经营模式，大部分是受村内电商创业带头人的影响，这一先锋示范成为农村创业集聚的原始动力。越来越多的农户通过模仿展开邻里交流，以低成本的方式学习典型成果案例的经验与技术。同时农村居民处于高度交织的社会网络中，社会网络又促进了创业集聚（刘杰等，2011）。农村居民与亲戚、朋友、各行业关系的人打交道的频率高，信息传播速度快，好的创业项目极容易传播（Ye et al.，2020），"互联网＋农业"的发展前景吸引更多的农户参与进来，开展家庭农场模式。最后，农村电子商务带动网点建设和品牌培育促进农民增收（唐跃桓等，2020）。农村电子商务店铺的建设带动了农产品的宣传，促进了更多消费者了解当地农产品，提高了农产品声誉和销量，提升了市场竞争力，进而推动农业规模化发展。

2. 设施共享

农村电子商务的迅速发展，使得农村地区的互联网、电信和公路等基础设施也得到了巨大改善。淘宝村的集聚，进一步带动了本地相关产业的增长，例如制造、物流、加工等发展，通过共享区域内的数字基础设施，包括农业生产设施、物流设施等，有利于家庭农场降低农业生产成本，实现规模化经营。

3. 劳动力匹配

淘宝村集聚能够实现工人和企业间、关联产业的企业间、卖家和买家间、企业家与资本市场间的更好匹配。在淘宝村经营模式下，从事生产、包装、销售、运输、售后等环节在内的劳动力，通过技能匹配为家庭农场的专业化人才需求提供更多的技术指导。淘宝村集聚为草根创业提供了良好的环境，随着农业劳动力转移和非农就业，加上地方政府推动促进土地流转加速，有利于农业规模化经营。

据此，本文提出假说2：淘宝村集聚通过知识溢出、设施共享和劳动力匹配效应对家庭农场的发展有显著影响。

三、方法和数据

（一）计量模型构建

本文基准回归模型构建如下：

$$Farm_{it} = \beta_0 + \beta_1 Tb_{it} + \beta_2 X_{it} + \mu_i + \lambda_t + \varepsilon_{it} \tag{1}$$

其中，i、t 分别表示城市和年份；$Farm_{it}$ 为因变量，表示城市 i 在 t 年的省级示范家庭农场数量；Tb_{it} 为核心解释变量，表示城市 i 在第 t 年的淘宝村数量；X_{it} 表示一系列随时间变化、影响家庭农场产生的控制变量，包括农业发展、资源消耗、金融发展和农业经营规模；μ_i 表示地区固定效应，λ_t 表示时间固定效应，β_0、β_1 和 β_2 为待估系数，ε_{it} 为随机干扰项。

为了检验本文的机制作用，借鉴温忠麟等（2004）的方法，建立中介效应模型。

$$Farm_{it} = \alpha_0 + \alpha_1 Tb_{it} + \alpha_2 X_{it} + \mu_i + \lambda_t + \varepsilon_{it} \tag{2}$$

$$Med_{it} = \lambda_0 + \lambda_1 Tb_{it} + \lambda_2 X_{it} + \mu_i + \lambda_t + \varepsilon_{it} \tag{3}$$

$$Farm_{it} = \eta_0 + \eta_1 Tb_{it} + \eta_2 Med_{it} + \eta_3 X_{it} + \mu_i + \lambda_t + \varepsilon_{it} \tag{4}$$

其中，式（2）探究淘宝村集聚对家庭农场的影响；式（3）探究淘宝村集聚对中介变量知识溢出、设施共享和劳动力匹配的影响；式（4）则探究淘宝村集聚与中介变量知识溢出、设施共享和劳动力匹配同时对家庭农场的影响。

（二）变量构造

1. 被解释变量

本文以长三角地区所在城市的省级示范家庭农场数量（Farm）指代。

2. 核心解释变量

本文以长三角地区所在城市的淘宝村数量（Tb）指代。淘宝村是"互联网＋三农"的典型产物（曾亿武等，2016），根据阿里研究院的认定标准，淘宝村需要符合以下三个条件：（1）经营场所：在农村地区，以行政村为单元；（2）销售规模：电子商务年销售额达到1000万元；（3）网商规模：本村活跃网店数量达到100家，或活跃网店数量达到当地家庭户数的10%。

3. 机制变量

（1）知识溢出（Patent）。参考何雄浪等（2021）方法，本文用发明专利授权数量表征知识溢出。（2）设施共享（*Infra*）。参考许庆等（2022）的方法，本文简化指标，用农村人均用电量（*Elect_per*）、农村每万人拥有邮政快递站数量（*Courier_per*）、人均农业机械总动力（*Machine_per*）和农村每万人拥有医生数量（*Medical_per*）四项指标分别指代四个维度，并利用熵值法衡量农村基础设施水平。（3）劳动力匹配（*Labor*）。参考苏丹妮等（2022）和王俊（2021）的方法，本文用交通运输、仓储和邮电业从业人员数量指代。

4. 控制变量

包含农业发展、资源消耗、土地资源禀赋、金融发展，本文分别用农业增加值（*Agri_av*）、农村用电量（*Rul_elect*）、人均农作物播种面积（*Crop_per*）、人均城市金融机构人民币贷款余额（*Finance_per*）指代。

（三）数据描述

本文使用的面板数据，其中主要变量来自《中国城市统计年鉴》；部分缺失数据通过各省、市统计公报和统计年鉴的数据补全。相关变量的描述性统计如表1所示。

表1　　　　　　　　　　　　描述性统计

变量	观测数	均值	标准差	最小值	最大值
Farm	246	25.98	17.50	2	115
Tb	246	34.41	67.50	0	365
Agri_av	246	214.3	126.4	47.24	718.7
Rul_elect	246	971111	$1.731e+06$	25195	$9.744e+06$
Finance_per	246	10.90	8.037	1.459	41.11
Crop_per	246	1.616	0.900	0.232	4.492
Patent	246	2679	4263	66	24208
Infra	246	0.154	0.161	0.0114	0.905
Labor	246	4.088	8.47	0.278	62.866
Elect_per	246	4020	7785	172	43619
Courier_per	246	0.679	0.388	0.214	2.98
Machine_per	246	1.218	0.801	0.272	9.437
Medical_per	246	0.0057	0.0051	0.0013	0.0431

四、结果与分析

（一）基准回归结果

本文利用 2015～2020 年中国长三角地区 41 个城市的面板数据探究淘宝村集聚对家庭农场发展的影响。经过 LM 检验、豪斯曼（Hausman）检验，本文在双向固定效应基础上使用地区聚类稳健标准误进行回归估计。具体操作通过 Stata17 命令完成。

表 2 报告了淘宝村集聚水平与家庭农场的回归结果。第（1）列在控制个体固定效应和年份固定效应的基础上，仅包括淘宝村集聚这一变量，结果显示淘宝村集聚对家庭农场有显著正向影响，且在 1% 统计意义上显著。第（2）~（5）列逐步加入控制变量，与第（1）列估计相比，淘宝村的估计系数和统计显著性没有显著变化。回归结果支持了理论假说 1，即淘宝村集聚对家庭农场的发展有显著促进作用。

表 2   基准回归结果

变量	(1) Farm	(2) Farm	(3) Farm	(4) Farm	(5) Farm	(6) Farm
Tb	0.093 *** (4.54)	0.097 *** (4.72)	0.092 *** (4.52)	0.085 *** (4.18)	0.082 *** (4.08)	0.129 ** (2.18)
Tb^2						−0.000 (−0.84)
$Agri\_av$		0.081 ** (2.05)	0.097 ** (2.43)	0.107 *** (2.72)	0.090 ** (2.25)	0.084 ** (2.06)
Rul_elect			0.000 ** (2.08)	0.000 * (1.87)	0.000 * (1.91)	0.000 * (1.68)
$Finance\_per$				1.290 *** (2.66)	1.387 *** (2.86)	1.283 ** (2.56)
$Crop\_per$					13.307 * (1.93)	13.121 * (1.90)
样本数	246	246	246	246	246	246
城市固定效应	YES	YES	YES	YES	YES	YES
年份固定效应	YES	YES	YES	YES	YES	YES
R^2	0.733	0.738	0.744	0.753	0.757	0.758

注：*、**、*** 分别表示 10%、5%、1% 的显著性水平；括号内的数值为 t 统计量。

表 2 中的第（6）列加入了淘宝村集聚的二次项 Tb^2。从中可知，Tb^2 对家庭农场发展影响估计系数不显著，而一次项 Tb 的估计系数显著为正，反映出淘宝村集聚对家庭农场发展的影响并未呈现倒 U 型路径，的原因是目前中国农村电商可能暂未出现过度集聚情形，从而使得淘宝村集聚与家庭农场的关系没有呈现出明显的非线性特征。

（二）机制分析

由表3可知，机制一存在中介效应所占比例为20.05%，这与理论预期相一致。可能的原因是一方面淘宝村集聚促进了区域内先进技术和网店管理经验的传播，提高了家庭农场的标准化经营水平；另一方面淘宝村集聚带动农产品建设，提高了农产品声誉和销量，促进农业规模化经营，进而推动家庭农场发展。这一结论与吴一平等（2022）和唐跃桓等（2020）的研究相符合。

表3 中介效应检验结果

变量	基准回归	机制一		机制二		机制三	
	Farm	*Patent*	*Farm*	*Infra*	*Farm*	*Labor*	*Farm*
Tb	0.082 ***	6.972 ***	0.066 ***	−0.000 **	0.077 ***	0.005 ***	0.075 ***
	(4.08)	(4.15)	(3.18)	(−1.99)	(3.80)	(2.70)	(3.66)
Patent			0.002 ***				
			(2.80)				
Infra					−85.247 *		
					(−1.86)		
Iabor							1.404 **
							(2.00)
样本数	246	246	246	246	246	246	246
城市固定效应	YES	YES	YES	YES	YES	YES	YES
年份固定效应	YES	YES	YES	YES	YES	YES	YES
R^2	0.757	0.972	0.767	0.968	0.762	0.976	0.762
中介效应比重（%）		20.05			6.48		9.38

注：* 、** 、*** 分别表示10% 、5% 、1%的显著性水平；括号内的数值为 *t* 统计量。

机制二存在中介效应所占比例仅为6.48%，且农村基础设施对家庭农场的发展具有一定的抑制作用，这与理论预期不一致。可能的原因是本文基于数据的可得性，使用农业机械总动力、农村用电量作为部分分维度指标来衡量农村基础设施水平，目前中国农业生产仍处于粗放型向集约型转变的过程中，随着农业机械的使用和资源的消耗，会增加农用柴油的使用量，导致农业环境污染，降低农业生产效益，进而不利于农业规模经营。

机制三存在中介效应所占比例为9.38%。可能的原因是淘宝村集聚带动了交通运输、仓储和邮电业的就业，一方面吸引农村劳动力转移，创造更多就业岗位，另一方面为家庭农场的农产品销售开拓了渠道，缓解市场的信息不对称，同时非农就业造成的农业劳动力减少和地方政府的推动又促进了土地流转加速，进而促进农业规模化经营，因此有利于家庭农场的发展。这一结论与秦芳等（2022）和王俊（2021）的研究相符合。

综上来看，淘宝村集聚通过知识溢出、设施共享和劳动力匹配对家庭农场的发展有显著影响。回归结果支持了理论假说2。

五、结论和政策建议

本文利用2015～2020年中国长三角地区41个城市的面板数据，实证检验了淘宝村集聚对家庭农场发展的影响。研究结果表明，淘宝村集聚对家庭农场的发展具有显著的促进作用。此外，基于中介效应检验显示，淘宝村集聚通过知识溢出、设施共享和劳动力匹配对家庭农场的发展具有显著影响。

当前，我国农业正处于转型升级的特殊时期。结合电子商务的优势发展家庭农场为农业高质量发展、土地规模化经营提供了新思路。基于此，本文提出以下政策建议：第一，加大农村数字基础设施建设投入。推进"宽带乡村"工程建设，加大5G技术普及力度，提高农村互联网普及率，消除数字鸿沟。第二，加强数字技术在农业农村的融合与应用。利用区块链、无人机、遥感等技术发展智慧农业和精准农业，提高农业产量和质量，促进农民增收，实现农业数字化转型。第三，提高农村劳动力素质，克服信息获取不平等。提升农村人力资本水平，共享数字红利。

参 考 文 献

[1] 陈德仙，胡浩，黄中伟，等. 现阶段家庭农场的生产经营特征分析——基于长江中下游地区的监测数据 [J]. 农业经济问题，2021（08）：73－82.

[2] 郜亮亮. 中国种植类家庭农场的土地形成及使用特征——基于全国31省份2014～2018年监测数据 [J]. 管理世界，2020，36（04）：181－195.

[3] 郭厦，王丹，高舸桅. 示范家庭农场认定标准评析 [J]. 西部论坛，2022，32（03）：32－45.

[4] 韩朝华. 个体农户和农业规模化经营：家庭农场理论评述 [J]. 经济研究，2017，52（07）：184－199.

[5] 何雄浪，王舒然. 产业集聚、知识溢出与中国区域经济增长 [J]. 云南财经大学学报，2021，37（09）：15－30.

[6] 林善浪，王健，张锋. 劳动力转移行为对土地流转意愿影响的实证研究 [J]. 中国土地科学，2010，24（02）：19－23.

[7] 刘杰，郑风田. 社会网络，个人职业选择与地区创业集聚——基于东风村的案例研究 [J]. 管理世界，2011（06）：132－141，151.

[8] 秦芳，王剑程，胥芹. 数字经济如何促进农户增收？——来自农村电商发展的证据 [J]. 经济学（季刊），2022，22（02）：591－612.

[9] 邱子迅，周亚虹. 电子商务对农村家庭增收作用的机制分析——基于需求与供给有效对接的

微观检验 [J]. 中国农村经济, 2021 (04)：36 - 52.

[10] 苏丹妮, 盛斌. 产业集聚、集聚外部性与企业减排——来自中国的微观新证据 [J]. 经济学（季刊）, 2021, 21 (05)：1793 - 1816.

[11] 孙浦阳, 张靖佳, 姜小雨. 电子商务、搜寻成本与消费价格变化 [J]. 经济研究, 2017, 52 (07)：139 - 154.

[12] 唐跃桓, 杨其静, 李秋芸, 朱博鸿. 电子商务发展与农民增收——基于电子商务进农村综合示范政策的考察 [J]. 中国农村经济, 2020 (06)：75 - 94.

[13] 王俊. 经济集聚、技能匹配与大城市工资溢价 [J]. 管理世界, 2021, 37 (04)：83 - 98.

[14] 温忠麟, 张雷, 侯杰泰, 刘红云. 中介效应检验程序及其应用 [J]. 心理学报, 2004 (05)：614 - 620.

[15] 吴一平, 杨芳, 周彩. 电子商务与财政能力：来自中国淘宝村的证据 [J]. 世界经济, 2022, 45 (03)：82 - 105.

[16] 许庆, 刘进, 熊长江. 中国农村基础设施发展水平、区域差异及分布动态演进 [J]. 数量经济技术经济研究, 2022, 39 (02)：103 - 120.

[17] 易朝辉, 段海霞. 家庭农场创业瓶颈及实现路径——基于湖南省八地区的实地调研 [J]. 农业经济问题, 2020 (02)：126 - 134.

[18] 殷浩栋, 霍鹏, 汪三贵. 农业农村数字化转型：现实表征、影响机理与推进策略 [J]. 改革, 2020 (12)：48 - 56.

[19] 曾亿武, 郭红东. 农产品淘宝村形成机理：一个多案例研究 [J]. 农业经济问题, 2016, 37 (04)：39 - 48, 111.

[20] 张红宇, 杨凯波. 我国家庭农场的功能定位与发展方向 [J]. 农业经济问题, 2017, 38 (10)：4 - 10.

[21] Huang, B., Shaban, M., Song, Q. et al. E-commerce development and entrepreneurship in the People's Republic of China [R]. ADBI Working Paper, 2018.

[22] Lin, J., Li, L., Luo, X. R. & Benitez, J. How do agribusinesses thrive through complexity? the pivotal role of e-commerce capability and business agility [J]. Decision Support Systems, 2020 (135)：113342.

[23] Ye, Z., Zheng, J. & Tu, R. Network evolution analysis of e-business entrepreneurship: big data analysis based on taobao intelligent information system [J]. Information Systems and e-Business Management, 2020 (18)：665 - 679.

低碳技术创新与中国绿色转型发展
——基于绿色经济效率的视角

任慧敏　谷国锋　周宏浩[*]

一、引　　言

当前，污染排放和生态破坏引致的气候变化是全球面临的重大挑战，绿色发展理念已成为各经济体的发展共识，中国推进绿色发展势在必行。一方面，中国是世界上最大的能源消费国和碳排放国，2021 年能源消费产生的碳排放量达到 108.67 亿吨，约占全球碳排放量的 1/3。[②] 另一方面，最新发布的《2022 年全球环境绩效指数报告》显示，中国在 180 个国家中位列第 160 名。由此可见，中国生态环境保护趋势性压力尚未缓解，污染排放和生态破坏的严峻形势没有根本改变（孙金龙和黄润秋，2021），亟须转向综合考虑经济增长、环境保护和资源节约的增长方式（林伯强和谭睿鹏，2019）。党的二十大提出推动绿色发展，强调绿水青山就是金山银山、人与自然和谐共生等理念。在此背景下，如何破解经济增长的长期困局是当前中国紧迫解决的现实问题。

绿色经济效率是在考虑资源消耗和环境污染的基础上，综合评估一个国家或地区的经济效率（钱争鸣和刘晓晨，2013），是衡量绿色发展水平极为重要的指标。那么，如何通过长效机制提高绿色经济效率就显得尤为重要。创新是引领发展的第一动力，党和政府将创新驱动发展战略的部署工作提升到了前所未有的高度，积极推动绿色低碳技术创新。低碳技术创新在引领绿色发展中发挥着至关重要的作用（王为东等，2018），低碳专利申请数大幅增加，但也存在着市场需求不确定、中端技术锁定、"创新假象"和专利泡沫等问题（张杰等，2016），低碳渗透度和成果转化率尚未可知。因此，低碳技术创新对绿色经济效率的影响研究是当下值得深入研究的重要议题，对推动减污降碳协同增效、促进全面绿色转型具有重大现实意义。

二、文献综述

近年来有关于绿色经济效率的研究可以概括为以下三种研究范式：一是如何测

---

* 任慧敏，东北师范大学经济与管理学院，博士研究生；谷国锋，东北师范大学地理科学学院教授；周宏浩，东北师范大学地理科学学院博士研究生。

② 《世界能源统计年鉴（2022）》。

度绿色经济效率。大多数学者采用基于投入产出框架的非期望产出数据包络分析（data envelopment analysis，DEA）模型来测度绿色经济效率，其中考虑了投入产出变量松弛性的 SBM（slacks-Based measure）模型最为常用（Tone，2002；刘强等，2022）。二是关于绿色经济效率的区域差异研究。不少研究发现中国绿色经济效率存在显著的区域不平衡，呈现出由东南沿海地区向西北地区的阶梯状递减规律（周亮等，2019；斑斓和袁晓玲，2016）。也有一些学者认为绿色经济效率值的排名依次是东部、西部、中部地区，东部地区表现出领先优势，而中部地区增长带来的环境代价是最大的（袁润松等，2016；聂玉立和温湖炜，2015）。三是识别绿色经济效率的影响因素研究。学界考察了环境规制（钱争鸣和刘晓晨，2015）、人力资本（赵领娣等，2016）、外商投资（黄磊和吴传清，2021）、产业集聚（胡安军等，2018）、技术创新（Popp，2006）等多种因素对中国绿色经济效率的驱动作用。其中，技术创新是促进绿色转型发展的根本途径已成为共识。

技术创新的经济效应一直以来都是经济学领域研究的热点议题。现有文献就技术创新对经济增长的重要影响已经提供了充分的实证经验，普遍认为技术创新可以通过技术溢出（王小鲁等，2009）、合作创新（洪银兴，2013）、要素流动（郑江淮和戴玮，2021）等对经济增长产生"技术红利"。随着资源约束愈发趋紧，一些学者探讨了技术创新对碳排放、碳生产率、能源效率等的作用。以上两组文献为开展技术创新对绿色发展的影响研究提供了有益参考。关于技术创新与绿色发展之间关系的争论由来已久。一种观点认为企业倾向于研发投入环境偏向的技术来节约成本，以期通过提高能源效率和催生绿色产业带来绿色发展效应。而另一种观点认为技术创新主要以生产或能源偏向为主，在增加经济产出的同时部分甚至完全抵消所节省的能源，导致能源消费的"回弹效应"（Brannlund et al.，2007）。作为一种新的创新模式，低碳技术创新能实现经济增效和节能减排的双赢（Albino et al.，2014），为应对绿色转型的长期困境提供了有效路径。

学界对低碳技术创新与气候变化之间关系的研究成果较为丰富，但少有文献系统考察低碳技术创新对绿色发展的贡献。低碳技术创新本身存在的外部性特征会引发技术就近转移，尤其是相邻省份之间的转移，最终导致整个国家低碳技术创新要素的重新配置，对绿色发展存在区域联动性和空间溢出效应。而本地的低碳技术创新如何影响邻地绿色发展的研究知之甚少，仅有少量文献从绿色技术创新视角进行了相关研究（Wang et al.，2021）。

不容忽视的一个事实是，不同区域低碳技术创新的偏向和研发能力并非同步，这导致低碳技术创新对绿色发展的影响存在区域差异，增加了考察低碳技术创新对区域绿色发展影响的难度。一些文献从国家、区域层面开展了相关研究。以 75 个低、中、高收入国家为例，研究发现技术创新只能促进高收入国家的绿色发展，而对低收入国家的绿色发展没有显著影响（Omri，2020）。

文献评述可知，现有研究重点关注了低碳技术创新对气候变化的影响，所选的考核标准大都与能源、碳排放指标相关，鲜有研究从更深层面挖掘低碳技术创新对绿色发展的助推作用。既有文献对不同子样本的异质性分析关注不足，不能清晰地揭示低碳技术创新的空间异质特征。此外，少有文献识别低碳技术创新影响绿色发展的作用机制。本文的边际贡献主要有三个方面：（1）将低碳技术创新和绿色经济效率纳入一个研究框架，实证分析低碳技术创新与绿色经济效率的"本地—邻地"效应。（2）从不同低碳技术和区域划分验证低碳技术创新与绿色经济效率之间的关系，拓展低碳技术创新对绿色发展的异质性影响研究。（3）基于资源配置、节能减排和市场需求三个视角，检验低碳技术创新诱发绿色经济效率的作用机制，为实现绿色转型发展提供科学依据。

三、研究设计

（一）基于非期望产出的 Super-SBM 模型

传统的 DEA 模型存在投入要素松弛性的问题，SBM 模型难以区分效率为 1 的决策单元之间的差异，二者均不能准确测算绿色经济效率。托恩（Tone）提出了非期望产出的超效率 Super－SBM 模型，不仅有效地解决了以上两个问题，还考虑到了经济生产过程中的非期望产出。因此，本文使用基于非期望产出的 Super-SBM 模型测算中国绿色经济效率，具体模型如下：

$$\rho^* = \min \frac{\frac{1}{m} \sum_{i=1}^{m} \frac{\bar{x}_i}{x_{i_0}}}{\frac{1}{s_1 + s_2} \left(\sum_{r=1}^{s_1} \frac{\bar{y}_r^g}{y_{r_0}^g} + \sum_{r=1}^{s_2} \frac{\bar{y}_r^b}{y_{r_0}^b} \right)}, \tag{1}$$

$$\text{s. t. } \bar{x} \geq \sum_{j=1, j \neq 0}^{n} \lambda_j x_j$$

$$\bar{y}^g \leq \sum_{j=1, j \neq 0}^{n} \lambda_j y_j^g$$

$$\bar{y}^b \geq \sum_{j=1, j \neq 0}^{n} \lambda_j y_j^b$$

$$\bar{x} \geq x_0, \bar{y}^g \leq \bar{y}_0^g, \bar{y}^b \geq \bar{y}_0^b, \lambda \geq 0$$

其中，ρ^* 为绿色经济效率值，m、s_1 和 s_2 分别为投入、期望产出、非期望产出，x、y^b、y^g 分别为投入矩阵、期望产出矩阵和非期望产出矩阵，λ 为权重向量。ρ^* 值越大说明绿色经济发展水平越高。

（二）空间计量模型设定

空间计量模型将空间因素纳入到传统回归模型中，能有效识别空间单元之间的空间交互关系。依据空间依赖性的不同，空间计量模型通常被划分为空间滞后模型（SLM）、空间误差模型（SEM）和空间杜宾模型（SDM）。本文构建了低碳技术创新对绿色经济效率影响的空间计量模型，模型设定为：

$$GEE_{it} = \alpha + \rho \sum_{j=1}^{n} W_{ij} GEE_{jt} + \beta_1 LCTI_{it} + \theta_1 \sum_{j=1}^{n} W_{ij} LCTI_{it} + \beta_2 X_{it}$$
$$+ \theta_2 \sum_{j=1}^{n} W_{ij} X_{it} + \mu_i + \delta_t + \varepsilon_{it} \qquad (2)$$

其中，i、j 代表省份，t 代表年份，GEE 为绿色经济效率向量，$LCTI$ 为低碳技术创新向量，X 为控制变量向量。$\rho WGEE$ 和 $\theta WLCTI$ 分别为被解释变量和解释变量的空间滞后项。μ_i、δ_t 分别为个体效应和时间效应，ε_{it} 为服从独立同分布的随机误差项。当 $\theta = 0$、$\rho \neq 0$ 时，SDM 模型转化为 SLM 模型；当 $\theta + \rho\beta = 0$ 时，SDM 模型转化为 SEM 模型。模型的选择则需根据 LM 和 LR 检验的结果来确定。W 为空间权重矩阵。本文构建了地理距离权重矩阵（W_1）、经济距离权重矩阵（W_2）和地理经济嵌套权重矩阵（W_3）。其中，W_1 为地理距离平方的倒数，W_2 为人均 GDP 之差绝对值的倒数，$W_3 = \theta \times W_1 + (1 - \theta) \times W_2$，参考邵帅等（2022）$\theta$ 取值为 0.5。

由于空间计量模型中存在空间滞后项，各变量的回归系数并不能直接反映低碳技术创新对绿色经济效率的实际影响，只分析其回归系数可能会导致模型估计偏误（LeSage and Pace，2009）。因此，本文采用偏微分法进行空间效应分解，实证考察低碳技术创新对绿色经济效率的本地效应和邻地效应，公式如下：

$$Y = (I_n - \rho W)^{-1}(X\beta + WX\theta) + (I_n - \rho W)^{-1}\varepsilon \qquad (3)$$

对式（3）各变量求偏导数得到的偏微分方程矩阵如下：

$$\left(\frac{\partial Y}{\partial x_{1k}} \quad \frac{\partial Y}{\partial x_{2k}} \quad \cdots \quad \frac{\partial Y}{\partial x_{nk}} \right) = \begin{pmatrix} \frac{\partial Y_1}{\partial x_{1k}} & \frac{\partial Y_1}{\partial x_{2k}} & \cdots & \frac{\partial Y_1}{\partial x_{nk}} \\ \frac{\partial Y_2}{\partial x_{1k}} & \frac{\partial Y_2}{\partial x_{2k}} & \cdots & \frac{\partial Y_2}{\partial x_{nk}} \\ \vdots & \vdots & \ddots & \vdots \\ \frac{\partial Y_n}{\partial x_{1k}} & \frac{\partial Y_n}{\partial x_{2k}} & \cdots & \frac{\partial Y_n}{\partial x_{nk}} \end{pmatrix}$$
$$= (I - \rho W)^{-1} \begin{pmatrix} \beta_k & w_{12}\theta_k & \cdots & w_{1n}\theta_k \\ w_{21}\theta_k & \beta_k & \cdots & w_{2n}\theta_k \\ \vdots & \vdots & \ddots & \vdots \\ w_{n1}\theta_k & w_{n2}\theta_k & \cdots & \beta_k \end{pmatrix} \qquad (4)$$

其中，等式右端矩阵中的对角线元素为本地效应；等式右端矩阵中的非对角线元素则为邻地效应。

（三）变量说明

1. 被解释变量

本文的被解释变量为绿色经济效率（*GEE*），使用各省份绿色经济效率的自然对数予以度量。绿色经济效率由投入、期望产出和非期望产出等要素计算得到。投入要素主要包括劳动力、资本、能源。本文选取各地区年末总就业人口数作为劳动力投入。参考张军等（2004）研究选取资本存量作为资本投入，资本存量采用永续盘存法和9.6%的固定资产折旧率计算得到。选取能源消费总量作为能源投入。期望产出使用各省份2004年不变价格的实际 GDP 来表征，非期望产出为工业废气中 SO_2 排放量、工业废水中 COD 排放量、CO_2 排放量和 PM2.5 年均值。

2. 解释变量

本文采用每万人低碳专利申请量对低碳技术创新（*LCTI*）予以度量，主要出于以下考虑。相较于研发支出（R&D）和全要素生产率指标，专利申请指标能通过国际专利分类号识别低碳技术创新活动，并排除其他技术创新活动的干扰，且专利申请数据比授权数据更稳定、及时（刘金科和肖翊阳，2022）。此外，人口规模较大省份的专利数量相对更多，本文使用人均专利来剔除省份规模导致的创新分化（段文斌等，2016）。为深入揭示不同低碳技术创新对绿色发展的异质性影响，本文以欧洲专利局和美国专利局联合发布的合作专利分类系统（CPC）为依据，按最新的 Y02 检索编码将低碳技术创新进一步分为8类：农牧业与经济活动类（*AE*）、建筑类（*BD*）、温室气体处理类（*GT*）、信息与通信类（*IC*）、能源类（*EG*）、商品生产与处理类（*CP*）、交通类（*TP*）和污水与污染物处理类（*ST*）。本文进一步将低碳技术创新按照专利类型分为低碳实质性创新（*SUB*）和低碳策略性创新（*STRA*）。其中，发明专利为低碳实质性创新；实用型专利为低碳策略性创新。

3. 控制变量

（1）经济发展水平（*GDP*）。选用各省份人均 GDP 的自然对数来表征经济发展水平。（2）人口密度（*PD*）。采用单位面积人口数量的自然对数来表示人口密度。（3）产业结构（*IS*）。产业结构会影响地区绿色经济效率，若第二产业比重越高，则越会对绿色经济效率产生负面影响，使用第二产业增加值与 GDP 之比的自然对数进行衡量产业结构。（4）城镇化水平（*UR*）。城市规模扩大引发的"阻塞效应"会阻碍绿色经济效率的提高，选用城镇人口占总人口比重的自然对数来表征城镇化。（5）对外开放（*FDI*）。一个地区的对外开放程度通过"污染光环"或"污染天堂"影响其绿色经济效率，采用实际利用外资占 GDP 比重的自然对数来反映对外开放。（6）所有制结构（*OS*）。所有权是影响绿色经济效率的重要变量，用国有控股企业固定资产占固定资产比重的自然对数予以度量。

4. 机制变量

为剖析低碳技术创新是否能通过资源配置效应、节能减排效应和市场需求效应等传导机制来提升绿色经济效率，本文采用科教支出占政府财政总支出比重（SE）和从事 R&D 人员数占劳动人数比重（RD）作为资源配置效应的代理变量。选取碳强度（CI）和煤炭消费与能源消费总量之比的自然对数（ES）来衡量节能减排效应。使用出口总额占 GDP 比重的自然对数（EG）作为国外市场需求的代理变量。借鉴段文斌等（2016）的测度方法，本文采用生产需求和消费需求之和的自然对数值来刻画国内市场需求（DP），其计算公式为 $dp_r = \sum_{j \neq r}(y_{pj}/d_{rj})/d_{rj} + y_{pr}/d_{rr} + \sum_{j \neq r}(y_{cj}/d_{rj})/d_{rj} + y_{cr}/d_{rr}$。其中，$y_{pj}$ 为工业总产值；y_{cj} 为社会消费品销售总额；d_{rr} 表示各地区的内部距离；$d_{rr} = 2/3\sqrt{area/\pi}$，$area$ 为省份的面积。

（四）数据来源

考虑到数据的可得性及统计口径的一致性，本文选取 2004~2019 年中国 30 个省份（不包括西藏、港澳台地区）作为研究样本进行实证分析。低碳技术创新数据根据 Incopat 专利数据库手动收集整理得到。PM2.5 数据来源于哥伦比亚大学社会经济数据和应用中心公布的基于卫星监测的全球 PM2.5 浓度年均值的栅格数据。碳排放量来源于中国碳排放数据库（CEADs）中的中国省级碳排放清单。年降水量数据来源于国家气象科学数据中心。其他数据来自历年《中国统计年鉴》《中国环境统计年鉴》《中国能源统计年鉴》，以及各省级统计年鉴和统计公报。涉及经济的变量数据均以 2004 年为基年进行平减处理，外商投资数据以当年外汇均价进行换算。部分指标的缺失值采用均值法和线性插值法予以补齐。

四、结果分析

（一）基准回归分析

本文依次对式（2）进行 LM 检验、LR 检验和豪斯曼（Hausman）检验，确定空间计量模型的具体估计形式。

检验结果显示（见表 1），在 3 种空间权重矩阵的设定下，无论是 LM 检验还是 Robust LM 检验均显著地通过了检验，LR 检验结果均拒绝了原假设，表明 SDM 模型不可简化为 SLM 或 SEM 模型，具有个体和时间联合显著性。Hausman 检验结果表明拒绝随机效应的原假设。基于以上检验结果，本文选择时间和空间固定效应的 SDM 模型。值得注意的是，由于空间滞后项的存在，回归模型估计可能会造成空间回归系数和标准误估计结果不一致，而极大似然估计法可以通过雅可比项有效控制被解释变量空间滞后项引起的模型内生性问题。因此，本文采用偏误修正的准极大似然估计法对双固定的 SDM 模型进行估计。

表 1　　　　　　　　　　空间计量模型检验结果

检验类型	W_1	W_2	W_3
LM lag	11.622 ***	130.799 ***	124.436 ***
Robust LM lag	9.378 ***	54.994 ***	51.270 ***
LM error	44.384 ***	82.338 ***	78.854 ***
Robust LM error	42.141 ***	6.534 **	5.687 **
LR lag	45.59 ***	25.56 ***	129.07 ***
LR error	46.77 ***	30.54 ***	137.66 ***
LR spatial	94.62 ***	111.65 ***	47.88 ***
LR time	687.31 ***	1231.49 ***	977.93 ***
Hausman	21.65 ***	147.90 ***	35.63 ***

注：*、**、*** 分别表示10%、5%、1%的显著性水平。

　　表2报告了SDM回归模型的参数估计结果。考虑空间效应后，低碳技术创新对绿色经济效率的估计系数变大，说明没有考虑到空间效应的传统面板模型回归估计结果值偏小。从第（2）~（4）列可以看出，在三种空间权重矩阵下低碳技术创新对本地的绿色经济效率产生了显著的正向影响，而在地理权重矩阵下低碳技术创新对绿色经济效率的邻地效应不显著，意味着经济发展程度较接近地区比地理邻近地区的低碳技术创新对本地绿色经济效率的影响更为显著。由于控制变量不是本文的分析重点，其对绿色经济效率的影响和空间效应不作详细分析。

表 2　　　　　　　　　　基准回归模型估计结果

变量	（1）OLS	（2）W_1	（3）W_2	（4）W_3
LCTI	0.076 ** (2.193)	0.141 *** (7.994)	0.084 *** (4.971)	0.096 *** (5.689)
GDP	0.173 ** (2.033)	0.404 *** (3.439)	0.469 *** (5.260)	0.471 *** (5.276)
PD	0.217 *** (11.792)	0.147 (0.679)	−0.138 (−0.959)	−0.122 (−0.850)
IS	−0.118 (−1.260)	0.070 (0.888)	−0.068 (−0.906)	−0.079 (−1.055)
UR	−0.273 (−1.308)	−0.173 (−1.107)	0.047 (0.382)	0.035 (0.287)
FDI	0.195 *** (5.371)	−0.046 ** (−2.222)	−0.013 (−0.745)	−0.012 (−0.664)
OS	0.340 *** (5.708)	0.103 *** (2.963)	0.104 *** (3.582)	0.107 *** (3.688)

续表

变量	（1）OLS	（2）W_1	（3）W_2	（4）W_3
$W \times LCTI$		0.040 (1.119)	0.091** (2.164)	0.076* (1.807)
ρ		0.287*** (3.939)	0.166** (2.281)	0.167** (2.278)
constant	−3.635*** (−3.848)			
log-lik		357.119	422.060	421.236
控制变量	控制	控制	控制	控制
R^2	0.530	0.587	0.693	0.692
N	480	450	450	450

注：*、**、*** 分别表示10%、5%、1%的显著性水平；括号内的数值为 t 统计量。

从参数估计结果来看（见表3），无论是本地效应还是邻地效应，低碳技术创新对绿色经济效率的系数均显著为正。这意味着低碳技术创新不仅会促进本地的绿色经济效率，而且会通过地理或经济上的关联，显著改善邻近省份的绿色经济效率。从系数大小来看，地理关联下低碳技术创新对绿色经济效率的本地效应明显高于邻地效应；经济关联下则反之。绿色经济效率正向的邻地效应可归因于：在中央政府"双碳"减排目标和创新驱动绿色发展的背景下，地方政府在绿色转型过程中"力争上游"不断显现，一些省份低碳技术创新的成功经验通过技术扩散、人才流动和信息交流等对周边地区产生示范效应。另外，随着省份间、区域间的经济社会联系和环境治理活动日益增多，一些地区的低碳技术创新通过产业关联扩散到地理关联或经济关联的地区，带动区域间的绿色协同发展。

表3　　　　低碳技术创新对绿色经济效率的本地效应和邻地效应

变量	本地效应			邻地效应		
	W_1	W_2	W_3	W_1	W_2	W_3
LCTI	0.147*** (8.120)	0.087*** (5.112)	0.099*** (5.797)	0.107** (2.383)	0.120*** (2.823)	0.105** (2.477)
GDP	0.369*** (3.352)	0.475*** (5.629)	0.478*** (5.645)	−0.711*** (−4.329)	0.418** (2.281)	0.436** (2.331)
PD	0.096 (0.467)	−0.148 (−1.065)	−0.134 (−0.964)	−1.501*** (−3.750)	−0.847* (−1.862)	−0.921** (−2.005)
IS	0.090 (1.181)	−0.067 (−0.935)	−0.078 (−1.087)	0.424** (2.284)	0.034 (0.239)	0.040 (0.287)

续表

变量	本地效应			邻地效应		
	W_1	W_2	W_3	W_1	W_2	W_3
UR	-0.144 (-0.950)	-0.040 (-0.342)	-0.052 (-0.443)	0.414 (0.997)	-4.181*** (-8.386)	-4.213*** (-8.325)
FDI	-0.045** (-2.233)	-0.012 (-0.708)	-0.011 (-0.623)	0.004 (0.073)	0.024 (0.612)	0.025 (0.626)
OS	0.106*** (2.895)	0.105*** (3.449)	0.108*** (3.551)	0.080 (0.866)	0.062 (0.749)	0.065 (0.776)

注：*、**、***分别表示10%、5%、1%显著性水平；括号内的数值为 t 统计量。

（二）稳健性检验

为减弱变量遗漏、样本选择偏差和测量误差对回归估计结果的影响，本文采用以下四种方式对基准回归结果进行稳健性检验。（1）增加控制变量。本文在基准模型中加入了年降水量、PM2.5浓度和森林覆盖率等自然要素作为控制变量。表4结果显示，基准回归结果并没有因加入自然因素而发生变化。（2）改变解释变量度量方式。低碳专利申请数占专利申请总数比重指标能有效剔除同时影响分子和分母的混淆因素，本文将该指标作为解释变量进行稳健性检验。替换解释变量后本地效应的回归系数在显著性和作用方向上没有改变。（3）更换空间权重矩阵。本文构建了技术距离权重矩阵作为新的空间权重矩阵进行回归。其计算公式为：$W = W_1 \cdot diag(\overline{M_1}/\overline{M}, \overline{M_2}/\overline{M}, \cdots, \overline{M_3}/\overline{M})$，其中 $\overline{M_n}$ 为考察期内第 n 省专利申请数的均值；$\overline{M}$ 为考察期内总样本专利申请数的均值。结果显示，低碳技术创新对绿色经济效率的本地效应和邻地效应仍显著为正，表明更换空间权重矩阵后本文的主要结论依然成立。（4）排除其他替代性解释。为了缓解可能存在的双向因果导致的内生性问题，本文采用低碳技术创新的滞后一期作为解释变量进行空间回归。结果表明低碳技术创新的滞后项对当期的绿色经济效率依然与前文主要结论近似一致。

表4 稳健性检验估计结果

变量	增加控制变量		改变解释变量度量方式		更换空间权重矩阵		排除其他替代性解释	
	本地效应	邻地效应	本地效应	邻地效应	本地效应	邻地效应	本地效应	邻地效应
LCTI	0.130*** (7.219)	0.123** (2.367)	0.086*** (3.032)	-0.015 (-0.276)	0.113*** (6.331)	0.068** (2.342)		
L. LCTI							0.123*** (6.595)	0.101* (1.837)
控制变量	控制	控制	控制	控制	控制	控制	控制	控制
R^2	0.597		0.552		0.625		0.585	

注：*、**、***分别表示10%、5%、1%的显著性水平；括号内的数值为 t 统计量。

（三）机制检验

为检验低碳技术创新促进的绿色经济效率是在既有创新活动基础上叠加的杠杆效应，还是对其他技术创新的挤出效应，参考刘金科和肖翊阳（2022）的研究，在模型（2）的基础上进行拓展，构建了低碳技术创新对绿色经济效率的传导机制，模型如下：

$$Z_{it} = \alpha + \rho \sum_{j=1}^{n} W_{ij}Z_{jt} + \beta_1 LCTI_{it} + \theta_1 \sum_{j=1}^{n} W_{ij}LCTI_{it} + \beta_2 X_{it}$$
$$+ \theta_2 \sum_{j=1}^{n} W_{ij}X_{it} + \mu_i + \delta_t + \varepsilon_{it} \tag{5}$$

其中，Z_{it}代表低碳技术创新影响绿色经济效率的机制变量，其余变量含义与模型（2）一致。机制检验主要关注低碳技术创新对本地绿色经济效率的影响，本文着重分析本地效应。

表5为机制检验的回归估计结果。第（1）~（2）列的结果显示，低碳技术创新不仅显著提高了省份的科研投入，还促进了人力资本的优化配置，这意味着低碳技术创新能诱发资金和人才流向低碳技术创新部门，为绿色经济效率提供充足的资金保障和智力支持。第（3）~（4）列的结果显示，低碳技术创新可通过降低碳强度和煤炭消费占比诱发绿色经济效率。作为一种环境友好型的技术创新活动，低碳技术创新通过温室气体和污染物处理、产业结构升级和引导居民低碳消费等多方面平衡经济发展与环境保护。第（5）~（6）列结果表明，低碳技术创新对国外市场需求产生显著的负面影响，但对国内市场需求的影响不显著。这可能是由于蓬勃兴起的国外市场需求重塑了消费观念，倒逼企业在利润最大化驱使下加快迎合创新需求变化，不利于绿色经济效率（段文斌等，2016）。可见，资源配置效应和节能减排效应是碳技术创新推动绿色发展的有效路径。

表5　　　　　　　　　机制检验估计结果

矩阵	效应	(1) SE	(2) RD	(3) CI	(4) ES	(5) EG	(6) DP
W_1	本地效应	0.005** (2.151)	0.001*** (9.015)	-0.189*** (-6.683)	-0.277*** (-10.717)	-0.156*** (-3.742)	-0.000 (-0.703)
	邻地效应	-0.019* (-1.666)	0.001** (2.214)	0.029 (0.426)	0.096** (2.000)	0.303*** (2.755)	-0.006*** (-3.322)
W_2	本地效应	0.004* (1.813)	0.001*** (4.521)	-0.160*** (-5.262)	-0.367*** (-12.930)	-0.122*** (-2.627)	-0.000 (-0.479)
	邻地效应	-0.063*** (-5.349)	0.002*** (5.213)	0.018 (0.311)	0.182*** (3.088)	-0.280** (-2.291)	-0.004** (-2.389)

续表

矩阵	效应	(1) SE	(2) RD	(3) CI	(4) ES	(5) EG	(6) DP
W_3	本地效应	0.004 ** (1.997)	0.001 *** (4.921)	−0.169 *** (−5.564)	−0.364 *** (−13.002)	−0.127 *** (−2.749)	−0.000 (−0.458)
	邻地效应	−0.065 *** (−5.403)	0.002 *** (5.175)	0.031 (0.533)	0.194 *** (3.377)	−0.266 ** (−2.171)	−0.005 ** (−2.552)
控制变量		控制	控制	控制	控制	控制	控制

注：*、**、***分别表示10%、5%、1%的显著性水平；括号内的数值为 t 统计量。

（四）异质性分析

本文从不同低碳技术创新类别和不同区域两个方面，考察其对绿色经济效率的异质性影响。其中，低碳技术创新根据前文所述划分为低碳实质性创新和低碳策略性创新、八个子类；区域按照传统的东、中、西部地区划分方式。

表6列出不同类型低碳技术创新的空间回归结果。低碳实质性创新带来的本地效应和邻地效应对经济关联和经济地理关联地区的绿色经济效率优于策略性创新。从低碳技术创新八个子类的回归系数来看，除了农牧业与经济活动类低碳技术创新对绿色经济效率的本地效应部分不显著外，其余七类均显著为正。其中，温室气体处理类低碳技术创新对绿色经济效率的本地效应最大，说明短期内企业生产设备难以更新换代，末端治理的低碳技术创新带来的效果较明显。能源类低碳技术创新的正向作用最小，这可能因为企业以传统能源为主导的路径依赖和较大的投资风险限制了能源类低碳技术创新。农牧业与经济活动类、商品生产与处理类、污水与污染物处理类等低碳技术创新对绿色经济效率的邻地效应显著为正，温室气体处理和能源类低碳技术创新的邻地效应仅对经济关联和经济地理关联地区显著。

表6　　　　　　　　　　　　异质性低碳技术创新回归结果

矩阵	效应	SUB	STRA	AE	BD	GT	IC	EG	CP	TP	ST
W_1	本地效应	0.216 *** (7.668)	0.310 *** (7.172)	0.401 *** (3.681)	1.616 *** (10.119)	10.653 *** (3.861)	3.138 *** (6.784)	0.291 *** (7.629)	0.579 *** (7.714)	1.019 *** (7.120)	1.086 *** (5.101)
	邻地效应	0.287 *** (3.735)	0.073 (0.746)	0.794 *** (3.329)	0.624 (1.565)	4.259 (0.655)	0.019 (0.012)	0.127 (1.356)	0.856 *** (3.779)	0.440 (1.488)	2.446 *** (5.201)
W_2	本地效应	0.146 *** (6.080)	0.110 ** (2.418)	0.114 (1.152)	1.057 *** (6.526)	7.900 *** (3.617)	2.364 *** (6.955)	0.165 *** (4.555)	0.375 *** (5.837)	0.661 *** (4.711)	0.552 *** (2.765)
	邻地效应	0.274 *** (4.003)	0.206 ** (2.117)	1.104 *** (4.800)	0.652 * (1.685)	31.406 *** (3.613)	−0.922 (−0.522)	0.218 ** (2.246)	0.622 *** (3.776)	0.073 (0.163)	2.098 *** (4.576)

续表

矩阵	效应	SUB	STRA	AE	BD	GT	IC	EG	CP	TP	ST
W_3	本地效应	0.164 *** (6.839)	0.131 *** (2.853)	0.149 (1.490)	1.125 *** (6.972)	9.070 *** (4.137)	2.560 *** (7.428)	0.190 *** (5.276)	0.415 *** (6.428)	0.739 *** (5.386)	0.596 *** (2.970)
	邻地效应	0.254 *** (3.750)	0.182 * (1.846)	1.061 *** (4.614)	0.559 (1.438)	29.196 *** (3.306)	-0.888 (-0.485)	0.179 * (1.838)	0.584 *** (3.549)	-0.041 (-0.091)	2.093 *** (4.552)
控制变量		控制	控制	控制	控制	控制	控制	控制	控制	控制	控制

注：*、**、*** 分别表示10%、5%、1%的显著性水平；括号内的数值为 t 统计量。

由表7可知，东部地区低碳技术创新对绿色经济效率的本地效应显著为正，而正向的邻地效应主要作用于与其经济关联的地区。究其原因，低碳技术创新的研发一般会和与之互补的其他技术创新建立联系，绿色发展水平较高的东部地区获得了其他创新的互补性支持，从而促进了其绿色经济效率的提高。中部地区低碳技术创新对其绿色经济效率的本地效应不显著甚至显著为负，而邻地效应显著为正。可能的解释是西部地区柔性的人才引进和创新激励政策吸纳了低碳人才和技术跨区转移，在一定程度上促进了本地的绿色发展。同时，西部地区周边省份的低碳技术创新对西部地区绿色发展的带动效应受到行政边界分割和空间衰减边界的双重阻碍。

表7　　　　　　　　　　区域异质性回归结果

地区	本地效应			邻地效应		
	W_1	W_2	W_3	W_1	W_2	W_3
东部地区	0.154 *** (8.928)	0.064 *** (3.310)	0.078 *** (3.991)	0.023 (0.517)	0.086 * (1.721)	0.061 (1.194)
中部地区	-0.080 ** (-2.449)	0.024 (0.772)	0.024 (0.772)	0.889 *** (8.346)	0.392 *** (3.215)	0.386 *** (3.172)
西部地区	0.064 (1.164)	0.097 ** (2.357)	0.097 ** (2.319)	-0.704 *** (-5.477)	-0.490 *** (-2.905)	-0.532 *** (-3.101)
控制变量	控制	控制	控制	控制	控制	控制

注：*、**、*** 分别表示10%、5%、1%的显著性水平；括号内的数值为 t 统计量。

五、研究结论与政策建议

（一）研究结论

本文利用2004~2019年省级面板数据，实证考察了低碳技术创新对绿色经济效率的空间影响、作用机制和异质性特征。主要结论为：（1）低碳技术创新不仅会促

75

进本地的绿色经济效率，还会通过地理和经济上的关联改善邻地的绿色经济效率。经过一系列稳健性检验后，上述结果依然成立。（2）机制检验发现低碳技术创新诱发绿色经济效率并非挤出其他技术创新的结果，而是源于优化资源配置和加快节能减排产生的杠杆效应。（3）低碳实质性创新带来的本地效应和邻地效应大部分都优于策略性创新。除了农牧业与经济活动类低碳技术创新的本地效应部分不显著外，其余七类均显著为正。与产业相关的三类低碳技术创新的邻地效应不显著甚至显著为负。（4）低碳技术创新对绿色经济效率存在显著的区域差异，东部地区的本地效应大于中西部地区，中部地区的邻地效应最大。

（二）政策建议

提高低碳技术创新能力，重视低碳技术进步对绿色发展的杠杆作用。一方面，强化低碳相关技术的支持力度，为低碳专利提供相应的优惠政策、财政贴息和财政奖励，完善低碳技术创新融资综合服务平台，设立国家低碳技术创新专项基金，加快低碳核心技术突破。另一方面，协同发挥环境规制和碳交易市场对绿色发展的促进作用，通过提高污染治理成本和发挥市场机制优势倒逼企业大力发展低碳技术创新。

跟踪低碳技术创新的重点领域，制定差异化的低碳技术研发顺序。在低碳技术创新驱动绿色发展的过程中，政府、企业和科研机构应依据每个低碳技术子类的具体情况，从本地效应和邻地效应两个方面来综合评判哪些低碳技术创新更适合提升绿色经济效率，动态调整以节能减排为重点的低碳技术创新推荐目录。此外，政府应加大对低碳前沿技术的科研经费和人力资本投入，推动低碳成熟技术的再创新，拓展低碳雏形技术的市场需求。

建立低碳技术创新跨区域跨部门的协调机制，形成绿色发展的行动合力。首先，政府应打破行政边界分割的阻碍，鼓励省份间的低碳技术共享共建，建立区域间权威的低碳技术知识共享平台，打造低碳技术领域高层次人才流动机制，形成产学研用深度融合的低碳技术创新体系。其次，应充分考虑到东、中、西部地区的发展差异，因地施策，在空间衰减范围内加强东中部、中西部地区的技术交流，促进绿色低碳生产要素和创新要素跨区域流动。

参 考 文 献

[1] 斑斓，袁晓玲.中国八大区域绿色经济效率的差异与空间影响机制［J］.西安交通大学学报（社会科学版），2016，36（03）：22-30.

[2] 段文斌，刘大勇，皮亚彬.现代服务业聚集的形成机制：空间视角下的理论与经验分析［J］.世界经济，2016（03）：144-165.

[3] 洪银兴.论创新驱动经济发展战略［J］.经济学家，2013（01）：5-11.

[4] 胡安军，郭爱君，钟方雷，等.高新技术产业集聚能够提高地区绿色经济效率吗？［J］.中国人口·资源与环境，2018，28（09）：93-101.

［5］黄磊，吴传清．外商投资、环境规制与长江经济带城市绿色发展效率［J］．改革，2021（03）：94－110．

［6］林伯强，谭睿鹏．中国经济集聚与绿色经济效率［J］．经济研究，2019，54（02）：119－132．

［7］刘金科，肖翊阳．中国环境保护税与绿色创新：杠杆效应还是挤出效应？［J］．经济研究，2022，57（01）：72－88．

［8］刘强，马彦瑞，徐生霞．数字经济发展是否提高了中国绿色经济效率？［J］．中国人口·资源与环境，2022，32（03）：72－85．

［9］聂玉立，温湖炜．中国地级以上城市绿色经济效率实证研究［J］．中国人口·资源与环境，2015，25（01）：409－413．

［10］钱争鸣，刘晓晨．环境管制与绿色经济效率［J］．统计研究，2015，32（07）：12－18．

［11］钱争鸣，刘晓晨．中国绿色经济效率的区域差异与影响因素分析［J］．中国人口·资源与环境，2013，23（07）：104－109．

［12］邵帅，范美婷，杨莉莉．经济结构调整、绿色技术进步与中国低碳转型发展——基于总体技术前沿和空间溢出效应视角的经验考察［J］．管理世界，2022，38（02）：4－10，46－69．

［13］孙金龙，黄润秋．建设人与自然和谐共生的现代化［N］．人民日报，2021－03－03．

［14］王为东，卢娜，张财经．空间溢出效应视角下低碳技术创新对气候变化的响应［J］．中国人口·资源与环境，2018，28（08）：22－30．

［15］王小鲁，樊纲，刘鹏．中国经济增长方式转换和增长可持续性［J］．经济研究，2009，44（01）：4－16．

［16］袁润松，丰超，王苗，等．技术创新、技术差距与中国区域绿色发展［J］．科学学研究，2016，34（10）：1593－1600．

［17］张杰，高德步，夏胤磊．专利能否促进中国经济增长——基于中国专利资助政策视角的一个解释［J］．中国工业经济，2016（01）：83－98．

［18］张军，吴桂英，张吉鹏．中国省际物质资本存量估算：1952—2000［J］．经济研究，2004（10）：35－44．

［19］赵领娣，张磊，徐乐，等．人力资本、产业结构调整与绿色发展效率的作用机制［J］．中国人口·资源与环境，2016，26（11）：106－114．

［20］郑江淮，戴玮．中国技术空间雁行式变迁缩小了地区经济差异吗——基于地区间技术邻近度的假说和实证［J］．财贸经济，2021，42（12）：133－149．

［21］周亮，车磊，周成虎．中国城市绿色发展效率时空演变特征及影响因素［J］．地理学报，2019，74（10）：2027－2044．

［22］Albino, V., Ardito, L., Dangelico, R. M. & Petruzzelli, A. M. Understanding the development trends of low-carbon energy technologies: a patent analysis［J］. Applied Energy, 2014（135）：836－854.

［23］Brannlund, R., Ghalwash, T., Nordstrom, J. Increased energy efficiency and the rebound effect: effects on consumption and emissions［J］. Energy Economics, 2007, 29（01）：1－17.

［24］LeSage, J. P., Pace, R. K. Spatial econometric models［M］. Handbook of Applied Spatial Analysis: Software Tools, Methods and Applications. Berlin, Heidelberg: Springer Berlin Heidelberg, 2009.

［25］ Omri, A. Technological innovation and sustainable development: does the stage of development matter? ［J］. Environmental Impact Assessment Review, 2020, 83 (07): 1 – 10.

［26］ Popp, D. International innovation and diffusion of air pollution control technologies: the effects of NO_X and SO_2 regulation in the US, Japan, and Germany ［J］. Journal of Environmental Economics and Management, 2006, 51 (01): 46 – 71.

［27］ Tone, K. A slacks-based measure of super-efficiency in data envelopment analysis ［J］. European Journal of Operational Research, 2002, 143 (01): 32 – 41.

［28］ Wang, H., Cui, H., Zhao, Q. Effect of green technology innovation on green total factor productivity in China: evidence from spatial durbin model analysis ［J］. Journal of Cleaner Production, 2021 (288): 125624.

"一带一路"交通基础设施联通
与亚欧大陆经济地理重塑

许翔宇　程钦良　许培源*

一、引　言

　　早期，麦金德的"世界岛"理论和斯皮克曼的"边缘地带"理论便指出，亚欧大陆是世界大陆板块的中心地带，是"世界岛"或"旧大陆"。铁路等交通基础设施网络的形成和联通是发挥地理中心性、形成"世界岛"的关键。亚欧大陆拥有世界最大的土地面积和最多的人口分布，市场需求巨大，是当前全球区域经济发展最具潜力和活力的中心地带，其交通基础设施联通将重塑世界经济地理格局。自2008年金融危机以来，国际社会开始深刻反思虚拟经济过度繁荣的风险，欧盟及北美各国更加注重实体经济的发展，采取了制造业回流和供应链保护等政策，对亚欧大陆的发展中国家和新兴经济体的发展造成了极大的困扰。亚欧大陆各国在推进工业化的同时逐步寻求新的合作伙伴，日本"雁阵模式"和中国"世界工厂"的同时存在以及两国的外向型经济发展策略促进了"关联亚洲"的形成。但以中亚为核心的亚欧大陆"心脏地带"交通基础设施发展水平落后、联通度低，[①] 导致"世界岛"并未形成。即便如此，由于"世界岛"关系到全球的地缘政治、经济与稳定，主要大国在"心脏地带"的角力从未中断。近年来，中国的交通基础设施建设技术取得了重大突破，高铁、桥梁、隧道技术全球领先，高速路、隧道建设实现了无人化施工。2013年习近平主席提出了共建"一带一路"倡议，推动新亚欧大陆桥等六大国际经济合作走廊的建设，使得联通"心脏地带"形成"世界岛"成为可能。与此同时，已经成长为世界第二大经济体的中国经济也提高了亚欧大陆占世界GDP的份额，提升了"世界岛"的分量和意义。

　　作为一个亚欧大陆区域经济合作倡议，"一带一路"旨在发挥中国在基础设施建设、工业制造领域的强大优势（"中国建造"和"中国制造"的优势），以中国和亚欧大陆各次区域交通基础设施互联互通为先导，以产业投资尤其是中国在各次区域的制造业投资为核心，借鉴中国基础设施先行、工业制造引领的经济发展模式，推

　　* 许翔宇，卡迪夫大学商学院、华侨大学海上丝绸之路研究院；程钦良，华侨大学经济与金融学院；许培源，华侨大学海上丝绸之路研究院。

　　① 依据《全球竞争力报告》，2018年巴基斯坦、哈萨克斯坦、吉尔吉斯斯坦、塔吉克斯坦的道路联通度得分依次为80.2、79.3、59.6、35.8，在世界141个国家中排名第52、56、110、137位。

动沿线国家完善基础设施、实现工业化和现代化，同时推动亚欧大陆一体化，打造亚欧大陆各国的利益共同体和命运共同体。从国际区域经济地理的视角，以六大国际经济合作走廊建设为核心的交通基础设施联通，在连接亚欧大陆两大经济圈的同时，能够极大地提高中亚等地交通设施联通度，推动亚欧大陆形成一个"自我循环"经济圈（李兴，2017），促进"世界岛"的形成。

从本质上看，交通基础设施联通亚欧大陆、重塑经济地理的经济学机理是微观经济主体的投资区位选择问题。因此本文关心"一带一路"交通基础设施联通如何影响跨国企业的投资区位选择，引发生产和投资的跨区域转移，改变生产国际分布的空间格局，重塑国际区域经济地理。依据新经济地理学区域经济演化与均衡的分析框架，若劳动力在区域间不流动，交通运输成本降低将导致生产资本的跨区域转移，在需求关联和成本关联的循环累积因果机制作用下，市场规模较大的区域将获得更多的投资份额，形成中心—外围结构，因此亚欧大陆交通基础设施互联互通在推动亚欧大陆一体化的同时，将在区域内外引发集聚效应，改变国际区域经济地理格局。

二、文献综述

全球开放经济环境下，海洋、港口等在洲际的空间分布是影响国际区域经济地理的天然因素（或"第一自然因素"），但交通基础设施联通条件作为后天因素（或"第二自然因素"）对经济活动的空间分布和经济往来有着重要影响，尤其在天然联通环境存在"瓶颈"时，交通基础设施建设与联通将成为改变国际区域经济地理的关键。"一带一路"六大经济走廊横跨东西、纵贯南北，通过交通基础设施建设突破沿线共建国家发展对外经济的"瓶颈"，势必带来全球区域经济地理格局的变化。

早在20世纪初，学者们便已经认识到交通基础设施建设对经济活动空间分布的影响。古典工业区位理论、增长极理论以及"生长轴"理论都对此作出了阐述。韦伯在其1909年出版的《工业区位论》中研究了企业生产区位和城市规模与运输价格的关系，指出交通基础设施作为一个与地域空间经济结构紧密联系的重要的区位因素，其在经济活动的区位决策中起到了关键作用。胡佛（Hoove，1948）在论述经济活动的区位分布时也暗示，交通基础设施建设体系影响区域经济集聚的形成，交通枢纽具有区位发展优势。弗朗索瓦（Francois，1950）提出的增长极理论认为，经济增长不可能同时出现在所有地方，它们在空间上呈非均衡发展，制造业集聚程度或城镇化率较高的地方会首先出现经济增长，形成一系列增长点或增长极，并以此为基础从不同渠道向周围扩散，交通基础设施则是影响扩散方向和后期经济区位的主要因素。同期，以维尔纳·桑巴特（Werner Sombart）为代表的德国科学家提出了"生长轴"理论，将交通基础设施建设体系与经济区位直接相连，认为交通基础设施枢纽及相应主干线的建设将极大地降低沿线地区运输成本，便于经济要素流动，形成良好的区位条件和投资环境，进而促进了人口和产业围绕交通主干线集聚，形成新经济增长带（张文尝等，2002）。

新经济地理学将交通基础设施建设的研究拓展到空间领域，阐释了交通基础设施联通等"第二自然因素"对区域经济地理格局形成的作用机制。很多学者从空间经济地理视角探索了交通基础设施联通对企业选址、生产和投资空间分布的影响，认为交通基础设施联通会打破区域经济原有向心力和离心力的平衡，改变要素流向、影响经济地理格局（Fujita et al.，1999；Ottaviano et al.，2002；Holl，2004）。具体而言，交通基础设施联通会改变"冰山运输成本"，当运输成本较低时，对规模经济的追求将导致经济集聚的发生，实证分析验证了这一结论（Tsekeris and Vogiatzoglou，2014；唐红祥，2018；宗刚等，2018）；当运输成本较高时，即使规模经济效应显著，但高昂的运输成本也会使企业选择分散分布。

共建"一带一路"倡议提出以来，其交通基础设施联通规划和建设项目受到了国内外政府的广泛关注，也引发了诸多学术研究和讨论，但基于经济空间区位或新经济地理理论的深度研究并不多。胡凤雅（2017）构建了一个两国、两部门、两要素的新经济地理学模型，探讨了交通设施建设与联通导致的贸易自由度提高对沿线共建国家资本份额和产业份额的影响，认为共建"一带一路"倡议通过"亚投行"支持沿线共建国家交通基础设施建设，提高了基础设施相关产品的支出份额，必然会吸引相关资本向沿线共建国家流动，并最终形成产业集聚。段巍和吴福象（2018）构建了两国四地区的新经济地理学模型，分析了"一带一路"建设对我国经济地理格局的影响，发现"一带一路"开辟了我国对外贸易的新通道，可使国内产业趋于分散分布，并且随着"一带一路"交通基础设施联通度的提高，集聚的外部性会越来越强，产业分布均衡度也将提高。

值得注意的是，即便这些研究探讨了交通基础设施联通重塑经济地理的空间经济效应，但其研究视野局限于"一带一路"区域，而实际上，"一带一路"交通基础设施联通促进亚欧大陆一体化也会对世界经济地理格局产生深远影响。具体的，以"一带一路"沿线共建国家为主体的亚欧大陆拥有全世界最多的人口，市场需求广阔，交通基础设施建设将降低亚欧大陆国家间运输成本、密切区域内尤其是相对落后的内陆次区域之间的经贸联系、形成规模经济，在规模经济和本地市场放大效应作用下，会吸引世界其他国家生产、投资和贸易的转移，重塑国际和区域经济地理。现有研究缺乏对这一问题的深度分析。

本文的研究弥补了这一缺陷。文章的边际贡献主要有两点：一是基于新经济地理学框架，构建了"一带一路"交通基础设施联通促进亚欧大陆一体化进而重塑世界经济地理格局的理论模型，揭示"一带一路"交通基础设施联通对世界及亚欧大陆经济地理格局的影响，并阐释其内在机制；二是基于理论模型，依据"一带一路"、中国、世界其他区域的市场规模和设施联通度事实，设定经济特征参数，数值模拟以生产、投资和贸易份额体现的经济地理格局的动态演化，并实证检验引发这些变化的内在机制。

<h1 style="text-align:center">三、理论模型与研究假说</h1>

"'一带一路'—交通基础设施联通—'世界岛'"联系起来的内在逻辑，恰恰是近年来兴起的新经济地理学的研究和分析逻辑。

按照新经济地理学的多区域自由资本模型（MFC 模型），如果将世界划分为"一带一路"区域、中国、世界其他区域，那么，"一带一路"和中国两区域交通基础设施联通形成一个整体的亚欧大陆区域，该区域作为世界的大区域或大市场，在本地市场放大效应作用下，世界其他区域的生产资本将趋向该区域集聚，即需求关联和成本关联的循环累积因果机制最终使该区域成为世界工业品生产和出口的核心区域，亚欧大陆成为"世界岛"。此为第一层次的生产、投资和贸易转移效应。与此同时，"一带一路"区域与中国之间的交通基础设施联通将提升二者间的贸易自由度，运输成本从而分散力的下降使两区域中生产资本份额更大的区域的集聚力占据主导地位，区域均衡被打破，另一区域或世界其他区域的生产资本将进一步向该区域集聚，在本地市场放大效应和循环累积因果机制作用下，该区域最终成为工业品生产和出口的核心区域。此为第二层次的生产、投资和贸易转移效应。双层集聚效应的逻辑链条可以概括为：（1）"一带一路"交通基础设施联通—亚欧大陆大区域、大市场形成—本地市场放大效应—生产、投资及贸易转移—世界产业和贸易经济地理重塑—"世界岛"形成；（2）"一带一路"交通基础设施联通—"一带一路"（或中国）市场放大效应—生产、投资及贸易转移—亚欧大陆内部的产业和贸易经济地理重塑—内部核心区形成。此双层集聚效应即为"一带一路"交通基础设施联通促进经济地理重塑的内在机制。

（一）基本模型

依据上述"一带一路"交通基础设施联通促进亚欧大陆经济地理重塑的内在机制，构建模型如下：首先，假设世界由 3 个区域组成，分别是"一带一路"区域（B）、中国（C）及世界其他区域（O），各区域具有相同的消费偏好和技术条件，其中 B—O 区域间、C—O 区域间的运输成本为 τ，B—C 区域间的运输成本为 τ'；各区域均含有农业和制造业两个生产部门，农业部门符合瓦尔拉斯一般均衡特征且只使用劳动力一种生产要素，制造业部门具有 Dixit-Stiglitz 的规模报酬递增和垄断竞争特征，且同时使用劳动力和资本两种生产要素；农产品的跨区贸易无运输成本，工业品的跨区交易存在"冰山运输成本"。其次，根据消费者效用最大化及生产者成本最小化两个条件，可得短期内 3 个区域的代表性厂商的利润函数分别为：

$$\pi^B = \frac{\mu}{\sigma} \cdot \frac{E^w}{K^w} \left(\frac{s_E^B}{\Delta^B} + \phi' \frac{s_E^C}{\Delta^C} + \phi \frac{s_E^O}{\Delta^O} \right) \qquad (1)$$

$$\pi^C = \frac{\mu}{\sigma} \cdot \frac{E^w}{K^w} \left(\phi' \frac{s_E^B}{\Delta^B} + \frac{s_E^C}{\Delta^C} + \phi \frac{s_E^O}{\Delta^O} \right) \qquad (2)$$

$$\pi^O = \frac{\mu}{\sigma} \cdot \frac{E^w}{K^w} \left(\phi \frac{s_E^B}{\Delta^B} + \phi \frac{s_E^C}{\Delta^C} + \frac{s_E^O}{\Delta^O} \right) \qquad (3)$$

$$\Delta^B = s_n^B + \phi' s_n^C + \phi s_n^O \qquad (4)$$

$$\Delta^C = \phi' s_n^B + s_n^C + \phi s_n^O \qquad (5)$$

$$\Delta^O = \phi s_n^B + \phi s_n^C + s_n^O \qquad (6)$$

其中，E^w 和 K^w 分别为世界的总支出与总资本存量；s_E^B、s_E^C、s_E^O 为各区域支出占世界总支出的份额，在消费偏好相同的条件下也表示各区域的市场规模；s_n^B、s_n^C、s_n^O 为各区域的工业资本份额；$\phi = (\tau)^{1-\sigma}$，为 B—O 区域间、C—O 区域间的贸易自由度，$\phi' = (\tau')^{1-\sigma}$，为 B—C 区域间的贸易自由度，$\sigma$ 表示工业品间的替代弹性。根据 $s_E^B + s_E^C + s_E^O = 1$、$s_n^B + s_n^C + s_n^O = 1$ 及区域均衡条件（$\pi^B = \pi^C = \pi^O$），可解得：

$$s_n^B = \frac{(1+\phi'-2\phi^2)\left[s_E^B + (s_E^B - s_E^C)(\phi'-\phi)/(1-\phi')\right]}{(1-\phi)(1+\phi'-2\phi)} - \frac{\phi}{1+\phi'-2\phi} \qquad (7)$$

$$s_n^C = \frac{(1+\phi'-2\phi^2)\left[s_E^C + (s_E^C - s_E^B)(\phi'-\phi)/(1-\phi')\right]}{(1-\phi)(1+\phi'-2\phi)} - \frac{\phi}{1+\phi'-2\phi} \qquad (8)$$

$$s_n^O = \frac{(1+\phi'-2\phi^2)s_E^O}{(1-\phi)(1+\phi'-2\phi)} - \frac{\phi}{1-\phi} \qquad (9)$$

将式（7）中包含 s_E^B 的归为一项①，不难发现 s_E^B 前的系数为 $\frac{1+\phi'-2\phi^2}{(1-\phi')(1+\phi'-2\phi)}$，由于 $1+\phi'-2\phi^2$ 始终大于 $1+\phi'-2\phi$，因此 $\frac{1+\phi'-2\phi^2}{(1-\phi')(1+\phi'-2\phi)} > 1$，即 s_E^B 变化将引起 s_n^B 更大比例的变化，体现本地市场放大效应。同理，式（8）s_E^C 前的系数及式（9）s_E^O 前的系数均大于 1，亦表示存在本地市场放大效应。

（二）"一带一路"交通基础设施联通、生产投资集聚与经济地理重塑

1. 生产和投资转移效应

上述模型中，假定每个厂商使用一单位资本作为固定成本进行生产②，因此某一区域的产业份额 s_n^i 也代表其生产资本份额。若 s_n^i、s_n^{i*} 分别表示交通基础设施联通前后

---

① 化简得 $s_n^B = \frac{(1+\phi'-2\phi^2)s_E^B - (1+\phi'-2\phi^2)s_E^C(\phi'-\phi)/(1-\phi')}{(1-\phi')(1+\phi'-2\phi)}$。

② 企业的成本函数为 $c = \pi + a_m w_L x$，π 为固定资本，a_m 为单位产品劳动力投入量，w_L 为劳动力报酬，x 为产品产量。这样，随着产出增加固定资本分摊，生产表现为规模报酬递增。

该区域的产业资本份额，则 $\Delta s = s_n^{i*} - s_n^{i}$ 表示运输成本变化导致国际生产和投资转移。下面考察"一带一路"交通基础设施联通在亚欧大陆内外形成的双层生产和投资转移效应。

首先考察交通基础设施联通对世界其他区域生产和投资份额的影响，即第一层次的投资转移效应。将式（9）中的 ϕ' 替换为 ϕ，可得"一带一路"交通基础设施联通（联通度提升）后世界其他区域的生产和投资份额，进一步求其差额，得：

$$\Delta s_n^O = s_n^{O*} - s_n^O = \frac{2\phi(\phi - \phi') s_E^O}{(1 - \phi)(1 + \phi' - 2\phi)} < 0 \tag{10}$$

式（10）表明，"一带一路"区域与中国间的交通基础设施联通将导致世界其他区域的生产和投资向亚欧大陆转移，转移规模大小受 ϕ'、ϕ 和 s_E^O 三个因素影响。"一带一路"设施联通度 ϕ' 越高，边际生产和投资转移效应越大[①]；若 B—O 区域间、C—O 区域间的贸易自由度 ϕ 不变，则 $\phi - \phi'$ 越大，生产和投资转移的规模也越大；s_E^O 越大，生产和投资转移的规模越大。

结论1："一带一路"区域与中国间的交通基础设施联通（或联通度提高）将促进亚欧大陆一体化，形成大市场，引发世界生产和投资向亚欧大陆转移，促进"世界岛"的形成；并且，联通度提高越多（ $\phi - \phi'$ 越大），边际生产和投资转移效应越大。

其次，考察亚欧大陆内部"一带一路"区域与中国之间的生产和投资转移，即第二层次的生产和投资转移效应。由式（7）和式（8）可得，"一带一路"交通基础设施联通前 B、C 两区域生产和投资份额差异为：

$$s_n^B - s_n^C = \frac{(1 + \phi' - 2\phi^2)(s_E^B - s_E^C)}{1 - \phi} \tag{11}$$

联通后 B、C 两区域生产和投资份额差异为：

$$s_n^{B*} - s_n^{C*} = \frac{(1 + \phi - 2\phi^2)(s_E^B - s_E^C)}{1 - \phi} \tag{12}$$

比较式（11）和式（12）有：

$$\Delta(s_n^B - s_n^C) = \frac{(\phi - \phi')(s_E^B - s_E^C)}{1 - \phi} \tag{13}$$

不难发现，若 $s_E^B - s_E^C > 0$，则式（11）~式（12）均大于0，即市场规模大的区域将拥有更多的生产和投资分布（式（11）、式（12）），也将获得更多的生产和投

[①] 因为 $\frac{\partial \Delta s_n^O}{\partial \phi'} = \frac{2\phi s_E^O}{(1 + \phi' - 2\phi)^2} > 0$，故而 ϕ' 越大，边际生产和投资转移效应也越大。

资转移（式（13））。

结论2："一带一路"区域与中国间的交通基础设施联通（或联通度提高）使得亚欧大陆获得更多生产和投资分布的同时，也改变了亚欧大陆内部的生产和投资布局，在本地市场效应作用下，市场规模大的区域将成为生产和投资集聚的核心区域①。

2. 贸易转移效应

上述"一带一路"区域与中国间交通基础设施联通促进亚欧大陆一体化、重塑世界产业地理格局，也必然影响贸易地理格局，产生贸易转移效应。以贸易平衡（贸易顺差）表示该效应，则区域i的贸易平衡为②：

$$TB^i = EX^i - IM^i = s_n^i - s_E^i \tag{14}$$

同样的，可以在前文双层集聚效应的空间经济分析框架下考察贸易转移效应。首先是B、C两区域交通基础设施联通对O区域贸易平衡的影响，即第一层次的贸易转移效应。结合式（14），B、C两区域交通基础设施联通前后，O区域的贸易平衡变化为③：

$$\Delta TB^o = \frac{\phi(2(1-\phi^2)+(1+\phi'-2\phi^2))(s_E^{o*}-s_E^o)}{(1-\phi)(1+\phi'-2\phi)} + \frac{2\phi(\phi'-\phi)}{(1-\phi)(1+\phi'-2\phi)}s_E^{o*} \tag{15}$$

式（15）表明，O区域贸易平衡的变动主要取决于B、C两区域支出份额的变动与运输成本（贸易自由度）的变化。

结论3："一带一路"区域与中国间的交通基础设施联通促进生产投资向亚欧大陆转移的同时，也改善了亚欧大陆的贸易平衡（贸易顺差），且联通度提升越多，贸易平衡好转程度越大④。

接着分析第二层次的贸易转移效应。根据式（7）、式（8）及式（14）可得B、C两区域的贸易平衡情况：

---

① 在双层生产和投资转移效应共同作用下，市场规模小的区域的生产和投资份额可能增加，也可能减少。

② 一区域制造业生产份额大于支出份额的部分即为净出口。

③ 根据式（14），B、C两区域交通基础设施联通前后，O区域的贸易平衡分别为：$TB^o = \frac{(1+\phi'-2\phi^2)s_E^o}{(1-\phi)(1+\phi'-2\phi)} - s_E^o - \frac{\phi}{1-\phi} = \frac{[2\phi+\phi(1+\phi')-4\phi^2]s_E^o}{(1-\phi)(1+\phi'-2\phi)} - \frac{\phi}{1-\phi}$、$TB^{o*} = \frac{(1+\phi-2\phi^2)s_E^{o*}}{(1-\phi)(1+\phi-2\phi)} - s_E^{o*} - \frac{\phi}{1-\phi} = \frac{[2\phi+\phi(1+\phi)-4\phi^2]s_E^{o*}}{(1-\phi)(1+\phi-2\phi)} - \frac{\phi}{1-\phi}$，故贸易平衡变化$\Delta TB^o = TB^{o*} - TB^o$如式（15）所示。

④ 对式（15）关于ϕ'求偏导有：$\frac{\partial \Delta TB^o}{\partial \phi'} = \frac{2\phi(1-\phi)[\phi^2-\phi-(1-\phi^2)]}{(1-\phi)^2(1+\phi'-2\phi)^2}(s_E^{o*}-s_E^o) + \frac{2\phi(1-\phi)^2 s_E^{o*}}{(1-\phi)^2(1+\phi'-2\phi)^2} > 0$，故而$\phi'$越大，边际贸易转移效应也越大。

$$TB^B = \frac{(1+\phi'-2\phi^2)\left[s_E^B + (s_E^B - s_E^C)(\phi'-\phi)/(1-\phi')\right]}{(1-\phi)(1+\phi'-2\phi)} - \frac{\phi}{1+\phi'-2\phi} - s_E^B \quad (16)$$

$$TB^C = \frac{(1+\phi'-2\phi^2)\left[s_E^C + (s_E^C - s_E^B)(\phi'-\phi)/(1-\phi')\right]}{(1-\phi)(1+\phi'-2\phi)} - \frac{\phi}{1+\phi'-2\phi} - s_E^C \quad (17)$$

进一步可得"一带一路"交通基础设施联通前 B、C 两区域的贸易平衡差额为：

$$TB^B - TB^C = \frac{(\phi+\phi'-2\phi^2)(s_E^B - s_E^C)}{1-\phi} \quad (18)$$

联通后 B、C 两区域的贸易平衡差额为：

$$TB^{B*} - TB^{C*} = \frac{2(\phi-\phi^2)(s_E^{B*} - s_E^{C*})}{1-\phi} \quad (19)$$

从而有：

$$\Delta(TB^B - TB^C) = \frac{(\phi+\phi'-2\phi^2)\Delta(s_E^B - s_E^C)}{1-\phi} + \frac{(\phi-\phi')(s_E^{B*} - s_E^{C*})}{1-\phi} \quad (20)$$

其中，$\Delta(s_E^B - s_E^C) = (s_E^{B*} - s_E^{C*}) - (s_E^B - s_E^C) = (s_E^{B*} - s_E^B) - (s_E^{C*} - s_E^C)$。分析式（20）可得出如下结论：

结论4："一带一路"区域与中国间的交通基础设施联通使市场规模大的区域拥有更大的生产和投资份额的同时，也引发贸易转移，改善市场规模大的区域的贸易平衡[①]。

四、实证检验

（一）参数设置与数值模拟

1. 参数设置

上述新经济地理学理论模型的分析显示，"一带一路"交通基础设施联通重塑世界及亚欧大陆经济地理格局，其机理在于本地市场效应等非均衡力及其作用形成的循环累积因果关系，而运输成本（贸易自由度）和市场规模是决定生产、投资和贸易转移效应的主要因素。因此，本文首先依据经济特征事实对这两个重要参数进行设定，进而在此基础上进行数值模拟分析。

（1）市场规模s_E^i的设定。理论模型中的市场规模指工业品的支出份额，由于假定各区域居民的消费偏好一样，该份额也是 GDP 份额。以共建"一带一路"倡议提出后的 2019 年为基期，"一带一路"区域、中国、世界其他区域的市场规模分别为

---

① 在双层生产和投资转移效应共同作用下，市场规模小的区域生产和投资份额可能增加也可能减少，从而贸易平衡可能改善也可能恶化。

$s_E^B = 0.44$，$s_E^C = 0.16$，$s_E^O = 0.40$。

（2）贸易自由度ϕ'的设定。贸易自由度是运输成本的函数（$\phi' = (\tau')^{1-\sigma}$），交通基础设施联通度越高，运输成本$\tau'$越小，贸易自由度$\phi'$越大。本文采用《全球竞争力报告》中的交通基础设施质量指数来衡量，对利用交通基础设施质量指数计算而来的各国贸易自由度，借鉴许培源和魏丹（2015）的方法进行归一化处理，得出2019年三区域的贸易自由度分别为：0.32、0.35和0.33。考虑到各区域的贸易自由度均已大于0.3，且即使交通基础设施联通度很高也不可能完全消除运输成本，因此模拟过程中将贸易自由度的取值范围限定为（0.3，0.8）。

2. 数值模拟

首先，考虑B—O区域间、C—O区域间贸易自由度$\phi = 0.34$保持不变①，B—C区域间交通基础设施联通导致贸易自由度ϕ'提高的情形。此时三区域的生产和投资份额的变化如图1所示，贸易平衡的变化如图2所示。

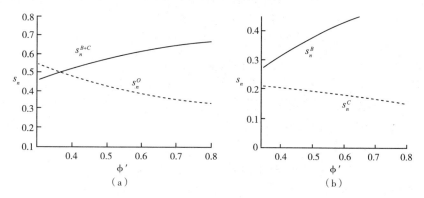

图1　"一带一路"交通基础设施联通导致生产投资份额的变化

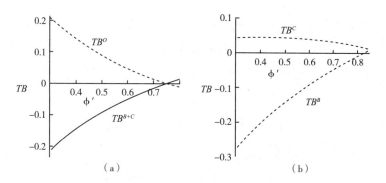

图2　"一带一路"交通基础设施联通导致贸易平衡的变化

---

① 这里贸易自由度为ϕ取B—O区域间、C—O区域间贸易自由度的均值。

图 1（a）显示，随着"一带一路"区域与中国间的交通基础设施联通度 ϕ' 不断提高，亚欧大陆制造业生产份额 s_n^{B+C} 上升，世界其他区域的制造业生产份额 s_n^O 则下降，国际生产和投资转移效应显著，并且呈加速变化趋势（图中 s_n^{B+C} 曲线向上弯曲，s_n^O 曲线向下弯曲），前文理论分析的结论 1 成立。即"一带一路"交通基础设施联通促进世界其他区域的生产和投资向亚欧大陆转移，联通度提升越大，转移的规模越大，此为第一层次的生产和投资转移效应。图 1（b）显示，在亚欧大陆内部，"一带一路"区域的制造业生产份额 s_n^B 不断上升，而中国的制造业生产份额 s_n^C 在 $\phi' = 0.37$ 以后开始逐渐下降，第二层次的生产和投资转移效应显著①。在双层集聚效应共同作用下，亚欧大陆内部拥有较大市场规模的"一带一路"区域成为世界生产和投资的集聚区，前文理论分析的结论 2 成立。

图 2（a）表明，随着"一带一路"区域与中国间的交通基础设施联通度不断提高，亚欧大陆区域的贸易平衡不断改善，世界其他区域的贸易平衡趋于恶化，前文理论分析的结论 3 成立。图 2（b）表明，在亚欧大陆内部，"一带一路"区域的贸易平衡不断改善，中国的贸易平衡在 $\phi' = 0.37$ 以后逐渐趋于恶化，前文理论分析的结论 4 成立②。

尽管上述分析已经表明，"一带一路"交通基础设施联通会推动亚欧大陆一体化，在本地市场效应作用下会吸引世界其他区域的生产、投资和贸易转移，助推亚欧大陆成为世界的经济中心（"世界岛"），但上述分析未能体现循环累积因果机制作用中的本地市场放大效应——s_E^i 变化引起 s_n^i 更大比例的变化，也未能体现这种变化是市场规模扩大与运输成本下降两种集聚力作用的结果，因此下文构建计量模型进行检验和分析。

（二）实证检验

1. 模型设计

依据前文的理论分析（式（7）、式（8））和数值模拟分析（见图 1），"一带一路"交通基础设施联通对国际生产投资转移的影响——各区域的生产投资份额 s_n^i，主要受市场规模 s_E^i 和贸易自由度 ϕ'（$\phi' = (\tau')^{1-\sigma}$，$\tau'$ 为运输成本）影响，因此建立如下计量模型：

$$s_n^{i,t} = \beta_0 + \beta_1\, \phi'_{i,t} + \beta_2\, s_E^{i,t} + \beta_4\, \phi'_{i,t} \times s_E^{i,t} + \sum \beta_j\, Con_{ju} + \delta_t + \phi_i + \varepsilon_{i,t} \quad (21)$$

其中，$s_n^{i,t}$ 为 i 区域 t 年的生产投资份额，选取制造业份额、外资流入份额两个指标衡量，即以制造业增加值占比和外国直接投资流入占比衡量，数据分别来源于世界银

---

① 如前文所述，市场规模小的区域生产和投资份额可能增加也可能减少。

② 如前文所述，市场规模小的区域贸易平衡可能改善也可能恶化。

行数据库和 UNCTAD 数据库[①]。$s_E^{i,t}$ 为 i 区域 t 年的市场规模，以实际 GDP 份额衡量。实际 GDP、制造业增加值均采用美元不变价计算。$\phi_{i,t}'$ 为 i 区域 t 年交通基础设施联通情况决定的贸易自由度情况，借鉴何敏（2020）的研究，采用《全球竞争力报告》中的交通基础设施质量指数来衡量，该指数越大，运输成本越低、贸易自由度越大。$\phi_{i,t}' \times s_E^{i,t}$ 为贸易自由度与市场规模的交互项。Con_{jit} 为一系列控制变量，包括投资开放度（FDI_D）、资源禀赋（$Resorce$）和劳动力禀赋（$Labour$），其中投资开放度以美国传统基金会（The Heritage Foundation）公布的投资自由度（Investment Freedom）来衡量，资源禀赋以矿石、金属及燃料的出口占比衡量，劳动力禀赋以劳动力人数占比衡量，后两者数据来源于世界银行。δ_t 为时间固定效应，ϕ_i 为区域固定效应。$\varepsilon_{i,t}$ 为随机误差项。

同理，依据前文的理论分析（式（7）、式（8）、式（16）及式（17））和数值模拟分析（见图2），"一带一路"交通基础设施联通对贸易转移 TB^i 的影响也主要受市场规模 s_E^i 和贸易自由度 ϕ' 的影响，因此建立如下计量模型：

$$TB^{i,t} = \beta_0 + \beta_1\, \phi_{i,t}' + \beta_2\, s_E^{i,t} + \beta_3\, \phi_{i,t}' \times s_E^{i,t} + \sum \beta_j\, Con_{jit} + \delta_t + \phi_i + \varepsilon_{i,t} \quad (22)$$

其中，$TB^{i,t}$ 为 i 区域 t 年工业品出口占世界工业品出口的比重[②]，数据来源于世界贸易组织（https：//data. wto. org/en）；Con_{jit} 同样为一系列控制变量，包括是否为内陆国（$Landlock$）、世界其他区域的经济规模（s_E^O）和贸易开放度（$Trade\_D$），其中是否为内陆国来源于 The World Fact Book 公布的世界内陆国清单，贸易开放度以美国传统基金会公布的贸易自由度（Trade Freedom）来衡量；其他变量的含义与模型（21）相同。

2. 样本选择

本文将研究样本集中于"一带一路"区域，原因在于：依照前文分析，"一带一路"交通基础设施联通产生的双层生产和投资转移效应在各区域并不相同——"一带一路"区域的第一、二层次效应的作用均为正（双重集聚效应），中国的第一层次效应作用为正、第二层次效应作用为负，世界其他区域的第一、二层次效应的作用均为负，因此实证模型难以同时包含两个或三个区域。基于此，结合数据可得性，本文最终选取了"一带一路"区域的 47 个国家为研究样本。此外，考虑数据缺失情况及变量的连续性，研究时段选取 2013～2019 年。

3. 估计结果分析

首先，对考察生产和投资转移效应的模型（式（21））进行估计。被解释变量制造业份额、外资流入份额与核心解释变量市场规模间可能存在内生性，需要先对

[①] 借鉴黄群慧等（2017），少数国家个别年份制造业增加值数据缺失，以工业增加值替代。
[②] "一带一路"区域工业品出口能力较差，贸易平衡多为负数（苏庆义和靳航，2017），无法计算各国在全球的份额，因此本文采用工业品出口份额反映其贸易平衡改善情况。

这种内生性进行检验。Hausman 检验的结果显示，生产转移效应下的 p 值为 0.0005，接受不存在内生性的假设，投资转移效应下的 p 值为 0.1143，拒绝不存在内生性的假设。因此本文利用 OLS 对生产转移效应模型进行估计，利用 2SLS 对投资转移效应模型进行估计。2SLS 估计中以变量 s_E 的一阶滞后项为工具变量克服内生性。估计结果如表 1 所示。

表 1　　　　"一带一路"交通基础设施联通引发生产和投资转移的检验结果

变量	生产份额表示的 s_n		投资份额表示的 s_n
	固定效应	随机效应	
ϕ'	0.0071 (0.0081)	0.0058 (0.0064)	0.0612 (0.1128)
s_E	0.6157 *** (0.0671)	0.6351 *** (0.0604)	0.4174 *** (0.0518)
$\phi' \times s_E$	0.0782 *** (0.0098)	0.0765 *** (0.0091)	0.1917 * (0.1162)
FDI_D	0.0009 *** (0.0003)	0.0009 *** (0.0003)	0.0031 (0.0025)
$Resoruce$	0.0002 ** (0.0001)	0.0003 ** (0.0001)	0.0012 (0.0014)
$Labour$	0.0891 ** (0.0441)	0.0678 ** (0.0335)	0.0529 ** (0.0265)
C	− 1.1949 (0.7038)	− 0.8545 (0.5416)	− 0.6524 *** (0.4751)
$sigma\_u$	0.4673	0.4879	
$sigma\_e$	0.0270	0.0269	
rho	0.9967	0.9970	
Hausman 检验 p 值	0.9851		
Kleibergen-Paap rk LM 统计量			185. 369 ***
Cragg-Donald Wald F 统计量			530
观测组	31	31	31

注：* 、** 、*** 分别表示 10%、5%、1% 的显著性水平；括号内的数值为系数稳健标准误。

　　表 1 的生产和转移效应估计结果中，Hausman 检验显示应在固定效应下的模型估计结果更优，但固定效应和随机效应估计结果并无较大差别，因此也使用随机效

应模型进行估计。由表 1 可知,以生产份额(制造业份额)表示的 s_n 对贸易自由度 ϕ' 求偏导,固定效应和随机效应下的结果分别为 $\frac{\partial s_n}{\partial \phi'} = 0.0071 + 0.0782 s_E$、$\frac{\partial s_n}{\partial \phi'} = 0.0058 + 0.0765 s_E$,系数 0.0071 和 0.0058 大于 0,变量 s_E 前的系数(交互项的系数)分别为 0.0782 和 0.0765,大于 0 且均通过 1% 显著性水平检验,一方面表明"一带一路"交通基础设施联通通过降低运输成本、提高贸易自由度促进制造业企业向"一带一路"区域集聚,带来生产份额增加,生产转移效应显著;另一方面表明交通基础设施联通度提升程度相同时,拥有较大市场规模(s_E)的地区将获得更多的生产转移,本地市场放大效应显著,即更大的市场规模通过需求关联和成本关联渠道形成的规模经济效应和生活成本效应使得该生产区位更具吸引力,导致生产进一步向该区域集聚。

类似地,以投资份额(外国直接投资流入份额)表示的 s_n 对贸易自由度 ϕ' 求偏导,有 $\frac{\partial s_n}{\partial \phi'} = 0.0612 + 0.1917 s_E$,系数 0.0612 大于 0,变量 s_E 前的系数 0.1917 大于 0 且通过 10% 显著性水平检验。该结果表明,"一带一路"交通基础设施联通促进国际直接投资向大市场集聚的机理与制造业企业向大市场集聚的机理内在一致。事实上,恰恰是国际直接投资向"一带一路"区域转移提升了"一带一路"区域的制造业份额。

综合上述分析,"一带一路"交通基础设施联通降低了运输成本、提高了贸易自由度,促进世界其他国家的生产和投资向"一带一路"区域转移,在本地市场放大效应作用下,市场规模较大的国家将获得更多的生产和投资转移,前文理论分析的结论 1 和结论 2 及其形成机制得到验证。

此外,模型结果还显示,"一带一路"的投资开放度对世界生产、投资转移的影响不显著,而资源禀赋和劳动力禀赋有利于吸引世界生产和投资,这说明丰富的资源、相对廉价的劳动力仍然是"一带一路"区域吸引外国投资的重要因素。

其次,对模型(22)进行估计,分析"一带一路"交通基础设施联通引发生产转移从而产生的贸易转移——工业品出口效应。模型(22)中,工业出口份额与市场规模间可能存在内生性,导致 OLS 估计失效,需要先对这种内生性进行检验。Hausman 检验的 p 值为 0.1011,拒绝不存在内生性的假设,因此同样采用变量 s_E 的一阶滞后项为工具变量克服这一内生性,运用 2SLS 对模型进行估计。结果如表 2 所示。

表 2 中,列(a)是仅考虑交通基础设施联通、市场规模及其交互项时的估计结果;列(b)、列(c)、列(d)是依次加入控制变量后的估计结果。列(a)至列(d)的结果显示,变量 ϕ'、s_E 和 $\phi' \times s_E$ 前的估计系数均大于 0,且分别通过 10% 或 1% 显著性水平检验。进一步依据列(d)对工业品出口份额 TB 关于贸易自由度 ϕ'

求偏导，可得$\frac{\partial TB}{\partial \phi'} = 0.1075 + 2.3706\, s_E$。该结果表明"一带一路"交通基础设施联通引发的生产和投资向"一带一路"区域集聚必然会扩大"一带一路"区域的工业品出口，改善其贸易平衡。并且，本地市场规模越大的地区，生产和投资转移效应越显著，贸易平衡改善也越明显，前文理论分析的结论 3 和结论 4 及其机理得到验证。

表 2　　　　　"一带一路"交通基础设施联通引发贸易转移的检验结果

变量	工业品出口 TB			
	(a)	(b)	(c)	(d)
ϕ'	0.0771 (0.1509)	0.0766 (0.1509)	0.1062 (0.1519)	0.1075 (0.1625)
s_E	2.2028 *** (0.3251)	2.1928 *** (0.3262)	2.2915 *** (0.3333)	2.2900 *** (0.3405)
$\phi' \times s_E$	2.4426 *** (0.3998)	2.4663 *** (0.4049)	2.3703 *** (0.4097)	2.3706 *** (0.4099)
s_E^O		0.0463 (0.1267)	0.0391 (0.1262)	0.0382 (0.1334)
Landlock			0.5712 (0.4387)	0.5714 (0.4388)
Trade_D				− 0.0003 (0.0157)
C	0.2718 (0.1670)	− 2.9583 (8.8404)	− 2.5123 (8.8070)	− 2.4196 (9.7741)
Kleibergen-Paap rk LM 统计量	221.465 ***	221.461 ***	221.433 ***	221.408 ***
Cragg-Donald Wald F 统计量	900	890	840	800
观测组	37	37	37	37

注：* 、** 、*** 分别表示 10% 、5% 、1% 的显著性水平；括号内的数值为系数稳健标准误。

控制变量的估计结果显示，世界其他区域的支出份额 s_E^O 前的估计系数为负，表明世界其他区域的市场规模越大，则向"一带一路"区域的生产和贸易转移越不容易发生，这从另一个侧面阐释了本地市场效应（世界其他区域的大市场效应）。

归结起来，随着"一带一路"交通基础设施联通度的不断提升，亚欧大陆一体化会加速推进，在强大的本地市场效应作用下亚欧大陆会逐渐成为世界新的生产、投资和贸易中心，亚欧大陆板块的地理中心性凸显，"世界岛"逐渐形成。

4. 稳健性检验

为了提高模型估计结果的稳健性，下文进一步通过缩短时间窗口和更换工具变量进行稳健性检验。

（1）缩短时间窗口的稳健性检验。尽管 2013 年中国与"一带一路"沿线共建国家间已合作建设一些交通基础设施项目，但项目较少，且严格来说 2013 年并非完全处于共建"一带一路"倡议的实施期间；2018 年和 2019 年交通基础设施统计口径发生变化，通过趋势外推得到。因此，借鉴王雄元和卜落凡（2019）的研究，压缩时间窗口，剔除 2013 年、2018 年及 2019 年的样本数据进行稳健性检验，结果如表 3 所示。表 3 的生产转移效应、投资转移效应和工业品出口效应的估计结果显示，核心解释变量 ϕ'、s_E 和 $\phi' \times s_E$ 前的估计系数正负号和显著性未发生明显变化，说明本文的实证检验结果是稳健的，即"一带一路"交通基础设施联通将在亚欧大陆内外两个层面产生生产、投资和贸易转移效应——随着交通基础设施联通度的不断提升，国际生产、投资和贸易将向亚欧大陆集聚和转移，形成亚欧大陆对外围的核心—边缘结构，推动了亚欧大陆"世界岛"的形成。并且，亚欧大陆内部拥有较大市场规模的"一带一路"区域将会获得更多的生产、投资和贸易份额，形成亚欧大陆内部的核心—边缘结构。

表3 缩短时间窗口的稳健性检验结果

变量	生产份额表示的 s_n	投资份额表示的 s_n	工业品出口 TB
ϕ'	0.0087 (0.0081)	0.4071 *** (0.0601)	0.4581 * (0.2659)
s_E	0.8056 *** (0.0968)	0.1173 (0.1138)	2.4221 *** (0.3395)
$\phi' \times s_E$	0.0558 *** (0.0114)	0.2257 * (0.1299)	1.4781 *** (0.4597)
控制变量	控制	控制	控制
Kleibergen-Paap rk LM 统计量		123.614 ***	147.669 ***
Cragg-Donald Wald F 统计量		400	630
$sigma\_u$	0.4667		
$sigma\_e$	0.0264		
rho	0.9968		
观测组	31	31	37
Hausman 检验 p 值	0.9993		

注：*、**、*** 分别表示 10%、5%、1% 的显著性水平；括号内的数值为系数稳健标准误。

（2）更换工具变量的稳健性检验。前文采用变量s_E的滞后项作为工具变量进行估计，严格来看，该工具变量外生性不足，仍然可能因存在内生性问题导致模型估计结果偏误。为此，本文进一步构建新的工具变量进行稳健性检验。具体地，以1960年各国人口占世界人口的比重为市场规模的工具变量。一方面，人口是拉动经济增长的关键，一般而言，人口数量越多的国家GDP总量将越大，市场规模较大，满足工具变量相关性的需求；另一方面，较早历史期的人口分布不会影响当前生产、投资份额及进出口贸易，满足工具变量的排他性要求。但是，该工具变量是一个截面数据，不适用于面板回归分析，因此需要进一步引入一个随时间变化的变量来构造面板工具变量，本文以上一年居民最终品消费支出①乘以1960年各国人口占比作为工具变量。工具变量合宜性检验发现，Kleibergen-Paap rk LM 的 p 值均为0.000，拒绝工具变量的不可识别性；Cragg-Donald Wald F 检验的值均大于临界值10，不存在弱工具变量问题，工具变量的选择是有效的。因此，可以利用该工具变量对模型（21）和模型（22）进行估计，估计结果如表4所示。与前文的实证结果对比，核心解释变量的显著性和作用方向未发生根本性变化，因此本文的实证结果是稳健的。

表4　　　　　　　　　　　**更换工具变量的稳健性检验结果**

变量	生产份额表示的s_n	投资份额表示的s_n	工业品出口 TB
ϕ'	0.2623 *** (0.0771)	0.4529 *** (0.0808)	0.3676 * (0.1899)
s_E	1.5892 *** (0.2478)	0.0599 (0.2596)	4.3800 *** (0.4233)
$\phi' \times s_E$	0.6613 *** (0.2039)	0.3285 * (0.2130)	0.5682 ** (0.2852)
控制变量	控制	控制	控制
Kleibergen Paap rk LM 统计量	27.422 ***	27.422 ***	190.670 ***
Cragg-Donald Wald F 统计量	30.376	30.376	703.138
观测组	31	31	37

注：*、**、*** 分别表示10%、5%、1%的显著性水平；括号内的数值为系数稳健标准误。

---

① 以2015年美元不变价居民最终消费支出额为具体衡量指标，单位为万亿美元。

五、研究结论及政策启示

推动亚欧大陆一体化、促进经济地理重塑是共建"一带一路"倡议的主要内涵之一，交通基础设施联通是这一过程的关键。本文基于新经济地理学视角，构建了一个包含"一带一路"区域、中国和世界其他区域的三区域非对称自由资本模型，从理论层面诠释了"一带一路"交通基础设施联通改变世界经济地理格局的内在机制，数值模拟了其引发的生产、投资和贸易转移效应，并且进一步利用"一带一路"区域的生产、投资和贸易流量数据进行了实证分析，得出主要结论如下：

第一，理论上，"一带一路"交通基础设施联通会在亚欧大陆内外两个层面产生生产、投资和贸易转移效应，改变世界经济地理格局。第一层面的效应发生在亚欧大陆与世界其他区域之间，交通基础设施联通导致世界其他区域的生产和投资向"一带一路"区域和以中国为主体的亚欧大陆转移，联通度越高，生产和投资转移效应越大，亚欧大陆的工业品出口能力和贸易平衡也会得到改善，经济活动的空间集聚将推动亚欧大陆"世界岛"的形成；第二层面的效应发生在亚欧大陆内部的"一带一路"区域和中国之间，交通基础设施联通促进生产和投资向市场规模相对更大的"一带一路"区域转移，该区域的贸易平衡也得到进一步的改善。

第二，数值模拟和实证分析均表明，两个层面的生产、投资和贸易转移的机制均在于本地市场放大效应，即更大市场规模的区域通过需求关联和成本关联渠道形成的循环累积因果机制诱发生产和投资从而贸易向大市场的区域进一步集聚，进而改变世界产业经济地理和贸易经济地理，双重集聚的逻辑推演（"一带一路"交通基础设施联通—亚欧大陆大区域、大市场形成—本地市场放大效应—生产、投资及贸易转移—世界产业和贸易经济地理重塑—"世界岛"形成；"一带一路"交通基础设施联通—"一带一路"市场放大效应—生产、投资及贸易转移—亚欧大陆内部的产业和贸易经济地理重塑——内部核心区形成）得到经济事实的验证。

当然，现实中的"一带一路"区域并不是一个严格的类单一国家区域，而是由不同的次区域和国家组成，并且，除了交通基础设施联通障碍外，还存在着政治、制度、法律、文化等非经济壁垒，因而亚欧大陆的一体化很难达到欧盟一样的水平。但是这并不妨碍本文研究结论的正确性，因为本文所关注的制造业，产品内分工、"任务贸易"和全球价值链已经成为现实，本文理论模型所描述的规模经济、产品差异化和"冰山运输成本"已经成为国际生产和投资区位选择的核心考量。另外，交通基础设施联通初期，"一带一路"区域的一体化程度不高，仍然处于次区域（如中亚、东南亚、南亚、西亚、中东欧、独联体区域）分割状态，此时中国拥有比任何一个次区域更大的市场份额，也将获得更多的生产、投资和贸易转移。但从长期来看，本文的理论和实证分析得出的结论是发展的大趋势，也符合经济地理重塑的动态演化和突变规律。

本文的研究结论具有明显的政策意涵：

其一，交通基础设施联通能够促进亚欧大陆一体化、改变世界经济地理格局，改善亚欧大陆国家经济发展的空间条件，提升其发展能力，加速其发展进程，因此加强交通基础设施建设尤其是联通薄弱但市场规模较大国家的交通基础设施建设，是"一带一路"的"设施联通"取得成效的关键。"一带一路"六大国际经济合作走廊中，途经国家的市场规模越大，走廊交汇的重要交通线路越多，经济走廊建设的空间经济效应将越大，其建设阻力也越小。并且，随着交通设施网络的逐步形成，其空间经济效应和经济地理重塑将经历一个加速过程。

其二，推动"关联亚洲"向"关联亚欧"发展是"一带一路"交通基础设施联通的必要考量。亚欧大陆的大市场在亚欧大陆板块的两端——东亚和西欧，因此"关联亚欧"比单一的"关联亚洲""关联欧洲"的交通基础设施投资更具市场规模扩大效应，贯穿以中亚为代表的"心脏地带"的交通线路如新亚欧大陆桥经济走廊和中国—中亚—西亚经济走廊，是推动亚欧大陆一体化、重塑世界经济地理、形成"世界岛"的有效举措。

参 考 文 献

[1] 阿尔弗雷德·韦伯. 工业区位论 [M]. 李刚剑，等译. 北京：商务印书馆，1997.

[2] 段巍，吴福象. 开放格局、区域一体化与重塑经济地理——基于"一带一路"、长江经济带的新经济地理学分析 [J]. 国际贸易问题，2018（05）：103 – 115.

[3] 何敏. 设施联通与区域一体化——基于我国与"一带一路"国家的实证分析 [J]. 中国流通经济，2020，34（07）：34 – 42.

[4] 胡凤雅. "一带一路"能够促进互惠共赢吗？——基于新经济地理的理论研究 [J]. 社会科学家，2017（07）：88 – 93.

[5] 黄群慧，黄阳华，贺俊，江飞涛. 面向中上等收入阶段的中国工业化战略研究 [J]. 中国社会科学，2017（12）：94 – 116.

[6] 李兴. 论"一带一路"框架下互联互通与实现亚欧发展共同体的建设 [J]. 东北亚论坛，2017，26（04）：42 – 52.

[7] 苏庆义，靳航. "一带一路"沿线国家出口能力差异性分析 [J]. 海外投资与出口信贷，2017（05）：32 – 36.

[8] 唐红祥. 西部地区交通基础设施对制造业集聚影响的 EG 指数分析 [J]. 管理世界，2018，34（08）：178 – 179.

[9] 王雄元，卜落凡. 国际出口贸易与企业创新——基于"中欧班列"开通的准自然实验研究 [J]. 中国工业经济，2019（10）：80 – 98.

[10] 许培源，魏丹. TPP 的投资区位效应及非 TPP 亚太国家的应对措施——基于多国自由资本模型的分析 [J]. 财经研究，2015，41（03）：77 – 87.

[11] 张文尝，金凤君，樊杰. 交通经济带 [M]. 北京：科学出版社，2002.

[12] 宗刚, 张雪薇, 张江朋. 空间视角下交通基础设施对经济集聚的影响分析 [J]. 经济问题探索, 2018 (08): 67 – 74.

[13] Francois, P. Economic spaces: theory and application [J]. Quarterly Journal of Economics, 1950, 64 (01): 89 – 104

[14] Fujita, M., Krugman, P., Venables, A. J. The Spatial Economy: Cities, Regions, and International Trade [M]. Cambridge: MIT Press, 1999.

[15] Holl, A. Manufacturing location and impacts of road transport infrastructure: empirical evidence from Spain [J]. Regional Science and Urban Economic, 2004, 25 (02): 73 – 76.

[16] Hoover, E. M. The Location of Activity [M]. New York: Mc Graw-Hill Book Company, 1948.

[17] Ottaviano, G. I. P., Tabuchi T., Thisse J. Agglomeration and trade revisited [J]. International Economic Review, 2002, 43 (02): 409 – 436.

[18] Tsekeris, T., Vogiatzoglou, K. Public infrastructure investments and regional specialization: empirical evidence from Greece [J]. Regional Science Policy and Practice, 2014, 45 (03): 265 – 298.

通达性对金融集聚的影响：以上海为例

胡狄瑞[*]

一、引　　言

随着中国经济结构由工业经济主导型向服务经济主导型转变，越来越多的城市重视服务业的发展和集聚，并正在成长为全球金融格局中的重要节点（Bassens et al.，2013；Pan et al.，2018）。除了30多个直辖市、省会城市、计划单列市规划建设金融中心外，不少二三线城市也加入到规划建设区域金融中心的行列中。上海是被国家规划为国际金融中心，在全国金融中心格局中占有非常独特的地位，得到了广泛的认可。上海金融服务业空间布局的演进，尤其是对交通通达性的要求，对各地正在建设中的金融中心规划布局具有重要借鉴意义。

金融活动的集聚在国际金融公司中很常见，反映了向心力和离心力之间的平衡（Cook et al.，2007）。但是，国内外学者对产业集聚的研究主要集中在制造业，关于金融业集聚的文献比较有限。经济学家鲍威尔（Powell，1915）首先开始研究金融聚集现象，并描述了伦敦城市银行集群和其他金融机构的演变。戴维斯（Davis，1988）基于企业区位理论提出，金融企业应考虑资金供给和产品需求，包括生产要素供给和金融服务需求。戈里格（Gehrig，2015）认为，规模经济、信息溢出效应和市场的流动性是金融集聚的向心因素，而市场准入限制、政府直接干预和企业垄断是离心因素。泰勒等（Taylor et al.，2003）从利弊上对伦敦金融集聚现象进行了实证分析。结果表明，良好的信誉、专业的高素质人才、与客户的距离等因素推动了伦敦金融产业集群的不断发展，另外交通和官僚主义是主要威胁。国内学者比较关注金融集聚的影响，如刘军等（2007）、王如玉等（2019），而关于金融集聚动因和机制的文献比较有限（任英华等，2010），尤其是实证分析方面的文献更少。

国内外对金融集聚机制的研究，主要集中在两个方面。一是以信息或知识为视角。库克等（Cook et al.，2007）认为，面对面的交流至关重要，金融公司和机构之间的物理邻近关系使它们能够建立关系。车等（Che et al.，2014）认为，为规避信息不对称的影响，金融公司趋向更接近信息源。二是以社会网络关联为视角。外来劳动力对国际金融中心的形成具有重要影响（Beaverstock，2002）。福尔康布里奇

---

[*] 胡狄瑞，丽水市大花园建设发展中心区域合作处，副处长。

（Faulconbridge，2004）认为，在欧洲金融网络及其地理格局中，伦敦的主导地位、资金流动、贸易连接发挥了至关重要的作用。有一些文献对交通设施的发展与金融活动的关系进行分析，研究了互联网和电话银行的使用、交通设施的改善、居住区靠近地铁等交通要道等因素与金融排斥关系（Sarma and Pais，2011），地理距离与贷款价格的关系（钱雪松，2017），近代铁路对资本市场效率的影响（Atack et al.，2015）。但是，有关交通基础设施对金融空间布局的影响，却很少涉及。实际上，从古典区位论到新近的新经济地理学，交通运输费用一直是分析区位和集聚的基本因素。例如，克鲁格曼（Krugman，1991）就以"冰山成本"为参数，分析集聚的形成机制。

鉴于此，本文以通达性对金融集聚的影响为研究主题，以上海市市场监管局2016年统计信息为样本，开展实证检验。主要贡献有：一是首次以城市街道和镇为空间尺度，对金融集聚开展研究，而此前的文献都以城市为空间尺度进行研究。二是首次以通达性为切入点，对城市内部金融集聚进行分析，而以前文献仅仅涉及城市之间交通设施变化对金融活动的影响。

二、研究设计

（一）模型选择

在一个离散的城市空间中，可以观察到选择一个小区域的金融机构数量。由于在小空间尺度下一些区域可能根本没有要观察的金融机构，可能有太多的零计数，而普通最小二乘法（OLS）回归假定因变量正态分布，可能不适合小空间尺度下的金融机构数量分析。在离散模型下存在较多因变量为零时，通常可以采用 Tobit 模型。然而，应用多项 Logit 模型，必须考虑到违背无关选择独立性（IIA）假设的问题。当选择相关时，结果无法被正确解释。此外，当以小空间尺度为分析单元时，离散的城市空间代表了大量可用的选择，估计程序不太可能同时接纳所有的备选方案。因为这会造成令人望而生畏的计算负担（Shukla and Waddell，1991）。IIA 性质确保了从减少的选择集中对多项式 Logit 模型的一致估计。然而，如果 IIA 被违背，会导致有价值的信息丢失，因此有偏差的估计。

本文应用泊松回归模型来研究上海金融机构在各个街道或镇的空间分布，该模型适用于因变量与罕见事件的发生对应的非负整数值。例如，菲格雷多等（Figueire-do et al.，2002）研究美国制造业在县级空间单元区位选择，吕卫国和陈雯（2009）研究南京市制造企业区位选择，均应用了该模型。假定第 i 个研究单元内观测到的企业密度 Y_i 服从参数为 λ_i 的泊松分布，λ_i 取决于一系列解释变量 X_i，这里的解释变量 X_i 是一系列影响信息服务企业集聚的特征要素。根据泊松分布概率密度函数，某一研究单元内观测到的企业数为 y_i 的概率为：

$$P(Y_i = y_i | X_i) = \frac{e^{-\lambda}\lambda_i^{y_i}}{y_i!} \tag{1}$$

$$\lambda(X_i,\beta) \equiv E(Y_i | X_i,\beta) = e^{\beta X_i}, i = 1,2,3,4,\cdots,N \tag{2}$$

对式（2）两边取自然对数得 $\ln\lambda_i = \beta X_i$。

参数 β 的极大似然估计（MLE）通过如下的对数似然函数得到：

$$L(\beta) = \sum_{i=1}^{N} \left[y_i\ln\lambda_i - \lambda_i - \ln(y_i!) \right] \tag{3}$$

泊松模型的一个重要特征是因变量条件均值和条件方差相等，并且等于 λ_i，由以下等式来表示：

$$var(Y_i | X_i,\beta) = E(Y_i | X_i,\beta) = m(X_i,\beta) = \lambda_i = e^{\beta X_i} \tag{4}$$

如果式（4）不能满足，则模型被错误设定，实证研究中一般很难满足这一条件。本文采用以下方法检验模型是否满足条件式（4）并测量条件方差超出条件均值的程度。

首先假设第 i 个研究单元内观测到的企业数 Y_i 服从参数为 λ_i 的泊松分布，用式（3）估计方程，并得到 Y_i 的估计值 $\hat{y}_i$，由方程式（5）作辅助回归，获得回归系数并检验其显著性：

$$(y_i - \hat{y}_i)^2 - y_i = a\hat{y}_i^2 + \tau \tag{5}$$

其中，τ 为残差。

如果 a 显著大于零，原模型不能满足式（4），且 a 测量了方差超出条件均值的程度，用负二项模型代替泊松模型得到 β 的准极大似然估计（QMLE）；反之，原模型满足式（4），使用式（3）获得 β 的极大似然估计（MLE）。

（二）变量和数据来源

1. 金融集聚（FG）

本文将街道或镇内金融机构数量作为金融集聚程度的一个代理指标。上海共有218个街道和镇，街道和镇的资料来源于行政区划网和各区政府网站。金融机构样本数据来源于截至2016年的上海市工商局统计信息。参照《国民经济行业分类》（GB/T 4754－2002）中对金融行业的划分方法。去掉数据缺失或不完整的样本，根据国民经济行业分类整理出金融机构样本共15032个，其中货币金融服务业机构样本4009个；资本市场服务业机构样本4885个；保险业机构样本1216个；其他金融服务业机构样本4922个。

2. 通达性（TA）

通达性是本文研究的解释变量。本文选取人民广场（RG）、虹桥枢纽（HQ）、上海火车站（STA）、上海长途客运站（BUS）4个交通枢纽点，计算出这4个节点到街道和镇中心点的距离来衡量该区的通达性。每个交通节点到街道和镇中心点的距离即欧氏距离，用 ArcGIS 软件算出，加权评价为总通达性。计算方法参照林善浪和张惠萍（2011）。

3. 租金（REN）

根据区位理论，租金是影响企业选址的重要变量。根据阿隆索投标租金模型，距离市中心越近的位置土地租金越高，而距离越远则租金越低。本文用街道小区的房价来代理当地租金水平的高低，数据来源于安居客网站的房价数据。

4. 知识溢出和技术创新（PAT）

金融服务业属于知识密集型服务业，知识溢出和技术创新是重要影响因素（Cook et al.，2007）。本文采用上海市申请的专利数量来代理街道的知识溢出和技术创新水平。由于街道和镇层面的专利数据难以统计，本文采用区级的专利数量代理区内街道和镇的专利数量。

除了以上变量之外，引入以下 3 个虚拟变量：按照经济和联系强度将上海城区划分为中心城 7 区（CEN）和远郊区 9 区（SUB），以及区政府所在地（GOV）。

变量描述性统计如表 1 所示。

表1　　　　　　　　　　变量描述性统计

变量类型	变量名称	符号	观测数	均值	标准差	最小值	最大值
被解释变量	企业总数量	FG	218	68.32727	122.1835	2	1348
解释变量	通达性	TA	218	1	0.592393	0.382	2.840
	通达性（人民广场）	RG	218	0.865855	0.671098	0.009	2.678
	通达性（虹桥枢纽）	HQ	218	0.963288	0.608436	0.041	2.771
	通达性（长途客运站）	BUS	218	0.868076	0.675146	0.013	2.590
	通达性（火车站）	STA	218	0.877938	0.675384	0.019	2.543
控制变量	技术创新/知识溢出	PAT	218	4.417091	2.952334	0.581	9.461
	租金	REN	218	4.572418	2.486823	0.879	12.441
	中心城区虚拟变量	CEN	218	0.109091	0.312464	0	1
	远郊区虚拟变量	SUB	218	0.181818	0.386574	0	1
	区政府所在街道或镇	GOV	218	0.068182	0.252633	0	1

三、实证结果

通过计算各自变量之间的 Pearson 相关系数，结果表明变量间的相关性较高。为了消除多重共线性的影响，分别将上述变量单独引进模型中进行估计。本文所考察的核心内容为通达性对于金融机构集聚的影响，全样本回归中加入了主要的解释变量和控制变量。表2汇报了基本的估计结果。Model1汇报了总体通达性的回归结果，Model2至Model5分别汇报了以人民广场、虹桥枢纽、上海长途客运站和上海火车站节点测算的通达性的回归结果。

表2　　　　　　　　　　金融集聚影响因素的估计结果

变量	Model1 poisson	Model2 poisson	Model3 poisson	Model4 poisson	Model5 poisson
TA	−3.13 *** (−15.6)				
RG		−2.7 *** (−19.06)			
HQ			−0.15 * (−1.7)		
BUS				−2.07 *** (−15.68)	
STA					−2.3 *** (−16.77)
PAT	0.05 *** (4.96)	0.075 *** (7.29)	0.03 ** (2.44)	0.1 *** (8.91)	0.01 *** (8.99)
REN	0.13 *** (8.15)	0.12 *** (7.95)	0.32 *** (24.69)	0.2 *** (14.6)	0.17 *** (12.11)
CEN	0.28 *** (4.09)	0.18 *** (3.63)	0.41 *** (5.69)	0.37 *** (5.48)	0.31 *** (4.62)
GOV	0.45 *** (6.48)	0.4 *** (5.67)	0.4 *** (5.77)	0.46 *** (6.65)	0.45 *** (6.52)
SUB	0.71 *** (2.58)	0.97 *** (3.54)	−1.44 *** (−5.75)	0.51 * (1.86)	0.7 ** (2.56)
常数项	2.97	2.28	0.17	1.43	1.69
样本数	218	218	218	218	218
LR 统计量	2246.41	2401.84	1911.35	2247.46	2297.57
显著性	0.0000	0.0000	0.0000	0.0000	0.0000
R^2	0.57	0.61	0.48	0.57	0.58

注：*、**、***分别表示10%、5%、1%的显著性水平；括号内的数值为t统计量。

从结果中可以看出，通达性（TA）和集聚成反比，说明金融机构还是倾向于选择通达性状况较好的区位，通达性越好，企业越集中。同时，几个主要交通节点衡量的通达性在模型中均呈负值且高度显著，表明金融机构在选址时，充分考虑邻近这些交通便利的区域。对于人民广场这样的城市地理中心、政治中心、经济中心有较明显的区位倾向，对于上海火车站、上海长途客运站、虹桥枢纽这些方便企业对外交流的交通枢纽也有较明显的区位指向性。

控制变量知识溢出和技术创新在 5 个模型中的系数值均为正数而且高度显著，表明知识溢出和技术创新水平是金融集聚的一个重要影响因素。租金的系数在 5 个模型中都显著为正，且数值相近，表明租金带来的成本不是金融机构选址所考虑的重要影响因素。中心城区的系数显著为正值，而远郊区的系数也是显著为正，表明上海金融机构在中心城区呈现出集聚态势，但已经开始出现向郊区化分布的现象。区政府所在地的系数也显著为正，表明各区政府所在地也有利于金融机构集聚。

四、结论和启示

本文从上海市市场监管局 2016 年统计信息中提取金融服务企业，以上海城市街道和镇为空间尺度，应用泊松模型，实证研究通达性对金融集聚的影响，发现通达性对金融机构集聚具有显著影响，金融机构倾向于选择通达性好的区位。同时，知识溢出和技术创新对金融机构区位选择也有影响，但租金没有影响。金融机构在中心城区呈现出集聚态势，但已经开始出现向郊区化分布的现象。

本文研究对公共政策具有以下启示：

首先，注意优化金融集聚区或金融中心的选址。与其他知识密集型服务业类似，运输基础设施在促进金融集聚中发挥了极其重要的作用。地方政府在规划和建设金融集聚区或金融中心的过程中，要选择在交通便捷和知识技术机构密集的区域。部分地方政府在规划和建设金融集聚区或金融中心时，强调布局在城市新开发区域，或邻近经济开发区，但这些区域恰恰是交通设施配套、知识技术配套不完善的区域，不利于金融服务业的集聚。

其次，创造条件推动高端人才和资本等要素的自由流动。金融服务业本质上是市场经济的产物，人力资源、资本、信息、技术和其他要素的流动是区域金融集聚的基础。要在体制机制等方面打破区域分割，为高端要素流动创造条件，尤其是二三线城市更要把吸引高级人才、投资机构作为金融集聚区或金融中心建设的首要任务。除了支持传统金融发展，更重要的是吸引市场化程度更高的新兴金融服务业集聚。

最后，在金融服务业集聚区注重多种运输方式的综合配套，满足金融机构多种人才通勤和商务旅行需求。高铁、高速公路和航运等运输方式具有不同的技术和经济特征，对区域经济的影响层次和程度不同，有必要配套多种运输方式，建立综合运输体系，并协同多种交通方式之间、与公共交通之间的转驳和衔接，更好地发挥运输基础设施的空间效应。

参 考 文 献

［1］林善浪，张惠萍. 通达性、区位选择与信息服务业集聚——以上海为例［J］. 财贸经济，2011，354（05）：106 - 114，137.

［2］刘军，黄解宇，曹利军. 金融集聚影响实体经济机制研究［J］. 管理世界，2007，163（04）：152 - 153.

［3］吕卫国，陈雯. 制造业企业区位选择与南京城市空间重构［J］. 地理学报，2009，64（02）：142 - 152.

［4］任英华，徐玲，游万海. 金融集聚影响因素空间计量模型及其应用［J］. 数量经济技术经济研究，2010，27（05）：104 - 115.

［5］王如玉，王志高，梁琦，等. 金融集聚与城市层级［J］. 经济研究，2019，54（11）：165 - 179.

［6］Atack, J., Jaremski, M. S., Rousseau, P. L. Did railroads make antebellum US banks more sound? ［M］//Enterprising America：Businesses, Banks, and Credit Markets in Historical Perspective. University of Chicago Press, 2014：149 - 178.

［7］Bassens, D., Engelen, E., Derudder, B. & Witlox, F. Securitization across borders：organizational mimicry in Islamic Finance［J］. Journal of Economic Geography, 2013, 13（01）：85 - 106.

［8］Beaverstock, J. V. Transnational elites in global cities：British expatriates in Singapore's financial district［J］. Geoforum, 2002, 33（04）：525 - 538.

［9］Che, X., Bu, H. & Liu, J. J. A theoretical analysis of financial agglomeration in china based on information asymmetry［J］. Journal of Systems Science and Information, 2014, 2（02）：111 - 129.

［10］Cook, G. A., Pandit, N. R., Beaverstock, J. V., Taylor, P. J. & Pain, K. The role of location in knowledge creation and diffusion：evidence of centripetal and centrifugal forces in the City of London financial services agglomeration［J］. Environment and Planning A, 2007, 39（06）：1325 - 1345.

［11］Davis, E. P. Financial market activity of life insurance companies and pension funds［R］. BIS Economic Papers, 1988.

［12］Faulconbridge, J. R. London and Frankfurt in Europe's evolving financial centre network［J］. Area, 2004, 36（03）：235 - 244.

［13］Figueiredo, O., Guimaraes, P. & Woodward, D. Home-field advantage：location decisions of Portuguese entrepreneurs［J］. Journal of Urban Economics, 2002, 52（02）：341 - 361.

［14］Gehrig, T. P. Changing business models in banking and systemic risk［J］. Management of Permanent Change, 2015：145 - 160.

［15］Krugman, P. Increasing returns and economic geography［J］. Journal of Political Economy, 1991, 99（03）：483 - 499.

［16］Pan, F., Zhao, S. X. & Wójcik, D. The rise of venture capital centres in China：a spatial and network analysis［J］. Geoforum, 2016（75）：148 - 158.

［17］Powell, E. T. The Evolution of the Money Market (1385 - 1915)：An Historical and Analytical Study of the Rise and Development of Finance as a Centralised, Co - ordinated Force［M］. London：Cass, 1966.

［18］ Sarma, M. & Pais, J. Financial inclusion and development ［J］. Journal of International Development, 2011, 23 (05): 613 – 628.

［19］ Shukla, V. & Waddell, P. Firm location and land use in discrete urban space: a study of the spatial structure of Dallas-Fort Worth ［J］. Regional Science and Urban Economics, 1991, 21 (02): 225 – 253.

［20］ Taylor, A. J. , Beaverstock, J. V. , Cook, G. , Pandit, N. & Pain, K. Financial Services Clustering and Its Significance for London ［M］. London: Corporation of London, 2003.

人工智能应用对城镇劳动就业的影响研究

谢晓静　侯晓丹　王　健*

一、引　　言

党的二十大报告提出，"加快建设制造强国、质量强国、航天强国、交通强国、网络强国、数字中国"。随着数字经济的不断发展，人工智能逐渐出现与生产链相结合，成为生产过程中不可或缺的一部分。2021年工信部等15个部门联合印发《"十四五"机器人产业发展规划》，并在其中提出到2025年将实现中国制造业机器人密度翻番，届时，中国将成为全球机器人技术创新策源地、高端制造集聚地和集成应用新高地。人工智能的发展对我国劳动力就业的影响关系到整个经济社会的稳定发展。目前，我国正处于高质量发展的背景下，许多人担心人工智能的应用会大规模替代劳动力，造成"就业难"的局面。在此背景下，研究人工智能的应用对城镇劳动就业的影响，可以提前针对人工智能的发展对城镇劳动就业可能造成的负面影响做好准备，有针对性地提出政策建议，对于找到人工智能促进城镇劳动就业的合理区间，优化就业结构有重要意义。

随着信息技术的发展，人工智能的应用对劳动就业的影响引起了大量的学者关注。大量研究表明，人工智能的应用具有显著的溢出效应，可以创造更多的就业岗位，带来劳动就业数量的增加；同时也发现了人工智能应用数量的增加提高了劳动生产效率，造成部分失业。

一些学者认为人工智能的应用可以通过提高生产技术或者创造劳动就业岗位，从而增加就业数量。工业机器人的应用提高了全要素生产率，从而创造出更多的工业岗位，提升了就业水平（Berg et al.，2018）。陈晓等（2020）运用固定效应模型和中介效应模型实证得出结果，人工智能的应用可以增加高等技能劳动力需求，从而增加就业需求。徐志向等（2022）从政治经济学的角度剖析，人工智能作为以精准性和通融性为典型特征的战略性技术，对劳动就业产生了深刻的影响，人工智能技术的创造效应在一定程度上缓解了替代效应，创造出了新的就业岗位。陈志等（2022）利用中国省级层面的数据，构建了人工智能综合指标和就业质量综合指标，通过实证模型验证了人工智能不仅可以提高就业量，还可以通过提升劳动效率、优

* 谢晓静、侯晓丹，济南大学商学院硕士研究生；王健，济南大学商学院副教授，硕士生导师，管理学博士。

化产业结构和提升人力资本促进高质量就业。

一些学者持相反的观点。大卫（David，2017）认为超一半的工作会受到人工智能的冲击，尤其是临时工等非正式工作更容易受到人工智能应用规模扩大的影响。李晓华（2018）认为人工智能会不可避免地造成其广泛运用领域的结构性失业，而且这种工作一旦被替代，将会耗费大量的人力资本。李俊珏（2019）通过分析人工智能对劳动力供给的影响发现，工业智能化发展速度过快，科技发展淘汰了部分未能适应新技术产生带来的产业结构变革的劳动力，出现了"机器排人"的现象，引发了失业。闫雪凌等（2020）通过实证研究发现工业机器人使用对样本中我国制造业岗位数量产生了明显的负向影响，在考虑了劳动力市场反应滞后性后，工业机器人对我国制造业劳动力市场依然有很大的冲击。阿西莫格鲁等（Acemoglu et al.，2020）发现机器人对通勤区的就业和工资产生了强大的负面影响。张美莎等（2021）采用空间面板模型评估人工智能对劳动力市场就业的影响，发现人工智能的发展显著降低了就业水平，且这种效应具有明显的空间外溢性。

还有一些学者认为，机器人对劳动就业具有很大的异质性。奥拓（Autor，2015）认为工业机器人的使用使得劳动力市场出现两极分化的局面，高等技能劳动者数量增加而中等技能劳动者数量减少。孔高文等（2020）从地区和行业层面的分析发现，机器人应用规模的扩大对本地未来一年的就业水平有一定的冲击，但同时也具有显著的行业溢出效应，能够提高本地下游产业劳动力就业水平，中长期内会提高本地同行业劳动力就业水平和报酬水平。李磊等（2021）认为人工智能的应用对于就业水平既有替代作用，又有收入作用，其综合影响取决于二者效应的权衡比较。汪前元等（2022）认为工业智能化对于劳动者就业量的总效应具有很大的异质性，尤其是不同地区的劳动者就业量受技能、性别的影响很大。与西部地区相比，东部地区工业智能化水平的提高降低了低技能劳动者就业总量和中技能各类劳动者就业量，其中对女性劳动者的就业总量减少更突出。宋旭光等（2022）从微观企业层面和宏观行业层面考察工业机器人应用对制造业的就业变动情况的影响，研究发现工业机器人的应用会通过产业链传导效应抑制上游行业劳动力就业需求，但对下游行业企业的就业变动具有一定的正面影响。

尽管当前人工智能的广泛应用带动当地经济飞速发展，但人工智能对于就业的影响尚未有明确的答案。就业是民生之本，关系到每个家庭的基本生活，是社会稳定的基础。本文将基于 2008～2019 年中国 30 个省份的面板数据，深入研究人工智能的应用对城镇劳动就业的影响。

二、理论分析与研究假设

人工智能的应用对于城镇劳动就业的影响较为复杂。奥拓等（2013）在其研究中根据劳动力供给的技能偏向，将劳动岗位分为操作型工作岗位和认知型工作岗位。其中，操作型工作岗位偏向于体力劳动，其特点是程序简单、重复操作，例如流水线工人等；认知型工作岗位偏向于脑力劳动，需要进行思考和创作，主观能动性比较强。在人工智能应用的初期，生产环境比较复杂，人工智能没有系统地应用到生产过程中。为了维持正常的生产活动，出现人工智能与操作型就业岗位并存的现象。同时，大量的智能化设备的应用，部分企业需要对原有工作岗位上的人员进行培训，或者招聘有人工智能设备操作经验的员工，以最大限度释放人工智能的活力，刺激了对操作、维护、研发人工智能的认知型岗位的需求，从而导致城镇劳动就业的增加。伴随人工智能的不断完善，发展领域不断拓展，人工智能的替代属性逐渐加强，导致同行业劳动力就业规模下降，不仅体现在操作型岗位，而且一些认知型岗位也受到了冲击，一些人工智能的设备，不仅可以胜任简单的、重复性的工作，甚至可以完成超出劳动者体力和认知的工作。例如翻译软件的出现，其便捷、无成本的特点，使得大量翻译人员陷入失业的困境。在人工智能几乎全行业应用的情况下，人工智能的生产回报率更高，对于劳动力的替代效应越来越强，逐渐降低了城镇劳动就业人数。由此，本文提出假设：

人工智能对城镇劳动就业的影响呈现"倒 U 型"趋势，在人工智能应用的初期增加了城镇劳动就业人数，随着人工智能的进一步应用，城镇劳动就业人数反而减少。

三、模型设定与变量选取

为了考察人工智能的应用对城镇劳动就业的影响，本文构建以下模型：

$$cze_{it} = \alpha_0 + \alpha_1 robot_{it} + \alpha_2 robot_{it}^2 + \alpha_3 control_{it} + e_{it} \tag{1}$$

其中，i 表示省份，t 表示年份；cze_{it} 为城镇单位就业数量；$robot_{it}$ 为人工智能应用水平；$robot_{it}^2$ 为人工智能应用水平的平方项，用来验证人工智能与城镇劳动就业之间的非线性关系；$control_{it}$ 为控制变量；e_{it} 为误差项。本文具体的变量设计和构造如下：

被解释变量。本文的被解释变量为城镇就业水平（cze），用城镇单位就业数量的对数值来衡量，数据来自《中国统计年鉴》，采用该指标来衡量城镇劳动就业水平。核心解释变量为人工智能应用水平（robot），用各省份的机器人安装密度来测度，使用国际机器人联盟（IFR）报告中行业层面的机器人安装数据。控制变量为人均 GDP（pgdp），用各省人均 GDP 的对数值来衡量；产业结构（indus），用第三产业占比来衡量；劳动人口教育水平（hed），用劳动人口大专及以上人数占比来衡量。为了将各省份的机器人安装密度与城镇单位就业人数进行匹配，本文选取 2008 ~ 2019 年的省级面板数据，并剔除了西藏的数据样本。主要变量的描述性统计特征如表 1 所示。

表1 　　　　　　　　　　　　　　变量的描述性统计

变量	观测值	平均值	标准差	最小值	最大值
cze	360	6.03	0.77	3.85	7.63
robot	360	71.78	142.80	0.47	1435.62
hed	360	15.24	9.66	3.01	57.43
indus	360	0.48	0.09	0.30	0.84
pdgp	360	4.56	0.24	3.90	5.18

四、实证结果分析

（一）人工智能对城镇劳动就业的影响

为了考察人工智能对城镇劳动就业的影响，本文采用考虑双向固定效应模型进行估计。表2报告了模型设定的基准回归结果：列（1）只加入核心解释变量——人工智能应用水平，不包括其他任何控制变量；列（3）加入劳动人口教育水平、产业结构、人均GDP等控制变量。从列（1）的回归分析结果可以看出，机器人的应用能在1%显著性水平下增加城镇单位就业数量。从列（3）的回归结果看，加入控制变量后，机器人安装密度的系数有所增大，且依然显著为正。列（2）和列（4）引入了人工智能应用水平变量的平方项，发现人工智能应用水平的一次项系数显著为正，二次项系数显著为负，说明人工智能应用水平对城镇劳动就业水平存在非线性影响，二者呈现"倒U型"关系，这意味着人工智能应用水平对城镇单位就业数量有着促进作用，但随着人工智能应用水平进一步扩大，城镇单位就业数量反而进一步减少。在控制变量方面，不管是否引入平方项，劳动人口教育水平越高，第三产业占比越高的省份，城镇单位就业数量越高，而人均GDP与城镇单位就业数量呈显著的负相关关系。

表2 　　　　　　　　　人工智能影响城镇劳动就业的基准回归结果

变量	(1) *cze*	(2) *cze*	(3) *cze*	(4) *cze*
robot	0.6647 *** (14.3404)	1.2385 *** (11.8074)	0.6900 *** (14.6865)	1.2601 *** (11.8424)
robot^2		− 0.0005 *** (− 6.0256)		− 0.0005 *** (− 5.9027)
hed			2.9270 (1.2325)	0.5969 (0.2605)

续表

变量	(1) *cze*	(2) *cze*	(3) *cze*	(4) *cze*
indus			227.3972 (0.9450)	48.2519 (0.2092)
pgdp			$-5.0e+02$ *** (-3.3256)	$-4.1e+02$ *** (-2.8554)
年份固定效应	控制	控制	控制	控制
地区固定效应	控制	控制	控制	控制
观测值	360	360	360	360
调整 R^2	0.9529	0.9576	0.9540	0.9585

注：*、**、***分别表示10%、5%和1%的显著性水平；括号内的数值为省份和年份聚类稳健标准误。

（二）稳健性检验

在基准回归结果中，本文采用了各省份机器人安装密度作为核心解释变量，没有考虑基数问题，这里的稳健性检验采用各省份机器人新增安装密度替换原核心解释变量来衡量人工智能的发展水平。根据表3的回归结果，不管是否加入控制变量，人工智能发展水平与城镇劳动就业水平之间的"倒U型"关系依然显著，与基准回归结果一致，从而证明这一结论的稳健性。在控制变量方面，也与基准回归结果一致。

表3　　　　　　　　　替换核心解释变量的稳健性回归结果

变量	(1) *cze*	(2) *cze*	(3) *cze*	(4) *cze*
robot	3.2125 *** (19.0028)	5.3889 *** (14.5706)	3.3277 *** (19.6339)	5.4421 *** (14.6583)
$robot^2$		-0.0086 *** (-6.5176)		-0.0084 *** (-6.3107)
hed			2.4280 (1.1747)	0.3903 (0.1974)
indus			274.8955 (1.3121)	100.1057 (0.5015)
pgdp			$-5.3e+02$ *** (-4.0903)	$-4.3e+02$ *** (-3.4839)

续表

变量	（1） cze	（2） cze	（3） cze	（4） cze
年份固定效应	控制	控制	控制	控制
地区固定效应	控制	控制	控制	控制
观测值	360	360	360	360
调整 R^2	0.9636	0.9678	0.9652	0.9690

注：＊、＊＊、＊＊＊分别表示10％、5％和1％的显著性水平；括号内的数值为省份和年份聚类稳健标准误。

（三）异质性检验

为了研究人工智能的应用对城镇不同职业劳动就业水平的影响，本文选取农林牧渔业、制造业、住宿和餐饮业三个行业样本进行分组回归。由表4可知，人工智能对农林牧渔业、制造业、住宿和餐饮业城镇单位就业人数的影响均为"倒U型"，且对制造业城镇劳动就业的影响在1％显著性水平下显著。人工智能的应用初期会增加这三个行业的城镇单位就业人数，后期则不利于两个行业的城镇就业的增长，但最终的结果是人工智能的应用会显著增加城镇劳动就业。

表4　　　　　　　　　　　　职业特征异质性回归结果

变量	（1） 农林牧渔业	（2） 制造业	（3） 住宿和餐饮业
robot	0.0602＊＊ （2.3941）	2.4268＊＊＊ （11.0356）	0.0637＊＊＊ （6.7502）
$robot^2$	−0.0002＊ （−1.8821）	−0.0038＊＊＊ （−4.8196）	−0.0001＊＊ （−2.3681）
hed	0.2551＊ （1.9043）	−3.5984＊＊＊ （−3.0732）	0.1132＊＊ （2.2507）
indus	−40.9398＊＊＊ （−3.0268）	44.6851 （0.3780）	0.6781 （0.1336）
pgdp	−11.8537 （−1.4081）	$-1.4e+02$＊ （−1.8879）	−2.6757 （−0.8469）
年份固定效应	控制	控制	控制
地区固定效应	控制	控制	控制
观测值	360	360	360
调整 R^2	0.9271	0.9454	0.9570

注：＊、＊＊、＊＊＊分别表示10％、5％和1％的显著性水平；括号内的数值为省份和年份聚类稳健标准误。

五、结论与启示

（一）研究结论

本文基于 2008～2019 年中国各省份机器人安装密度，结合城镇单位就业数据，得出以下结论：第一，人工智能的应用对城镇劳动就业有着显著的非线性影响。人工智能对城镇劳动就业的影响呈"倒 U 型"趋势，在拐点之前，人工智能的应用可以提高城镇劳动就业水平，而在拐点之后，人工智能的发展对城镇单位就业起到抑制的作用。第二，人工智能的发展对城镇劳动就业有明显的异质性。人工智能对制造业的"倒 U 型"特征更为显著，且人工智能的应用对制造业城镇劳动就业的促进作用更强。

（二）对策建议

第一，合理发展人工智能。近些年随着研究的不断深入，人工智能的发展涌现出了众多不同的领域，例如模式识别、机器学习、深度学习和自动驾驶等，而且发展形式多种多样，过快或者过慢的发展都不能达到最佳效果，所以更加需要企业结合自身情况，合理地利用人工智能。在发展人工智能的过程中，不能盲目地扩张人工智能的投入资本，应注重资本与劳动力的融合。对于人工智能应用比较广泛的行业，政府也要多加关注，及时地解决相关失业问题，将失业人口引入其他行业，避免失业规模扩大，通过人工智能的发展增加就业岗位。

第二，因人而异。人工智能的发展具有很强的异质性，所以需要根据发展的地理位置，应用的职业、产业不同，因地制宜，进行合理的发展规划。就业是民生之本，政府应建立全国性的就业监测系统，实时监测受人工智能冲击大的行业和岗位，着重关注受人工智能发展冲击大的行业，对失业的劳动力进行技能职业培训，使失业人口能够快速地拥有一份对口的工作，尽可能地将人工智能的作用最大化。同时为当地政府提供就业预警，帮助失业人员迅速走出困境。

第三，技术优先。政府应着力开展专业人才培养，提高人才专业化技能，鼓励高校开展人工智能应用相关课程，根据市场的需求，有针对性地设置教学内容，确保学生在步入社会之前就能具备人工智能领域相关专业的技能，同时为人工智能教育科研提供更多的经费。对于已经参加工作的劳动力，鼓励其学习新技能。例如，公司可以对替代性比较强的岗位进行职业培训，使其在原有的工作技能基础上，发展其更高层次的工作能力，将其引到替代率较低的工作岗位，从内部缓解劳动力失业问题。除此之外，对积极提升自身人工智能技能的员工进行奖励，刺激其他员工学习人工智能技术的积极性。

参 考 文 献

[1] 陈晓，郑玉璐，姚笛. 工业智能化、劳动力就业结构与经济增长质量——基于中介效应模型

的实证检验 [J]. 华东经济管理, 2020, 34 (10): 56 – 64.

[2] 陈志, 程承坪, 陈安琪. 人工智能促进中国高质量就业研究 [J]. 经济问题, 2022 (09): 41 – 51.

[3] 孔高文, 刘莎莎, 孔东民. 机器人与就业——基于行业与地区异质性的探索性分析 [J]. 中国工业经济, 2020 (08): 80 – 98.

[4] 李俊珏. 人工智能对中国劳动力结构影响研究 [J]. 四川文理学院学报, 2019, 29 (02): 49 – 56.

[5] 李磊, 王小霞, 包群. 机器人的就业效应: 机制与中国经验 [J]. 管理世界, 2021, 37 (09): 104 – 119.

[6] 李晓华. 哪些工作岗位会被人工智能替代 [J]. 人民论坛, 2018 (02): 33 – 35.

[7] 宋旭光, 左马华青. 工业机器人如何影响制造业就业变动——基于上市公司微观数据的分析 [J]. 经济学动态, 2022 (07): 70 – 89.

[8] 汪前元, 魏守道, 金山, 陈辉. 工业智能化的就业效应研究——基于劳动者技能和性别的空间计量分析 [J]. 管理世界, 2022, 38 (10): 110 – 126.

[9] 徐志向, 罗冬霞. 人工智能促进共同富裕的政治经济学分析 [J]. 当代经济研究, 2022 (07): 34 – 44.

[10] 闫雪凌, 朱博楷, 马超. 工业机器人使用与制造业就业: 来自中国的证据 [J]. 统计研究, 2020, 37 (01): 74 – 87.

[11] 张美莎, 曾钰桐, 冯涛. 人工智能对就业需求的影响: 基于劳动力结构视角 [J]. 中国科技论坛, 2021 (12): 125 – 133.

[12] Acemoglu, D., Restrepo, P. Robots and jobs: evidence from US labor markets [J]. Journal of Political Economy, 2020, 128 (06): 2188 – 2244.

[13] Autor, D. H., Michael, H. Putting tasks to the test: human capital, job tasks, and wages [J]. Journal of Labor Economics, 2013, 31 (01).

[14] Autor, D. H. Why are there still so many jobs? the history and future of workplace automation [J]. Journal of Economic Perspectives, 2015, 29 (03): 3 – 30.

[15] Berg, A., Buffie, E. F. & Zanna, L. F. Should we fear the robot revolution? (The correct answer is yes) [J]. Journal of Monetary Economics, 2018 (97): 117 – 148.

[16] David, B. Computer technology and probable job destructions in Japan: an evaluation [J]. Journal of the Japanese and International Economies, 2017 (43): 77 – 78.

高速铁路对异质性城市经济增长的影响

孟雪辰*

一、引　言

作为大容量、快速度、高性价、安全性高、极端天气适应性较强的新型交通运输方式，高速铁路对于加快区域间人员的流动，改变城市间的经济关系发挥了重要作用。近年来，"高速铁路争夺战"逐步进入白热化，许多城市寄希望于高速铁路能打破旧有的区域经济格局，引领地方经济的发展。一些规模较大的城市，本身交通基础设施较好，开通高速铁路带来站点城市人员流动的增加。一些已经连接到高速铁路的小城市，秉承着"高铁通到哪里，工厂就开到哪里"的理念，纷纷建设高铁新城，尤其是一些经济、人口规模较小的县城，亦在大张旗鼓地进行高铁新城建设。这些城市的高铁站，离中心城区较远，很难集聚人气。高速铁路对区域经济发展的影响客观存在，但对站点城市，尤其是设站之间的影响存在争论，对"高速铁路争夺战"现象背后的理论机制鲜有讨论。高速铁路对城市经济发展影响的内在逻辑关系是怎样的？高速铁路开通究竟是扩大还是缩小了城市之间的差异？这些都是值得深入研究的问题。

从现有文献来看，由于学界使用的数据、方法上的差别，对于高速铁路开通到底是扩大还是缩小了区域经济差异，研究结论尚未统一。一种观点认为，高速铁路会扩大区域间的差异（Monzón et al.，2013；Ureña et al.，2009）。在韩国高速铁路网络的延伸对于可达性与空间公平性影响的研究中，发现可达性的改善对于改善区域不平衡有着不利影响，距离首尔较近的高速铁路带来的空间平等性下降（Kim et al.，2015）。从产业转型的角度研究了高速铁路建设是否会扩大还是缩小中心—边缘城市之间的差距问题。挑选了英国具有相似的产业轨迹和机会结盟的两地区数据，结论表明，高速铁路对于这两个地区的知识型产业发展的作用存在差异，对于中心区的转型升级刚刚发生，而边缘区转型能力较弱，说明高速铁路建设会扩大城市间的差异（Chen et al.，2012）。另一种观点认为，高速铁路不会扩大区域经济差异（Sasaki et al.，1997；Ortega et al.，2012；汪德根等，2015；陶卓霖等，2016）。

上文中提及的文献，虽然为本文的研究提供了很多参考价值，但不论从样本选

---

* 孟雪辰，上海大学经济学院讲师，经济学博士。

择还是数据方面，无法有全面的代表性，存在进一步拓展与改进的空间。与现有研究相比，本文的改进与创新之处在于：本文首次全面完整地进行全国范围内的实证检验，着重于解释高铁设站对城市的影响。

二、理论基础

交通基础设施水平的改善加快了城市间人员的流动，人员流动会对城市经济发展产生影响（Vickerman，1999；Redding et al.，2015）。然而，由于预期收益、预算限制、规划等方面的差异，高铁建设投资不均匀地分布在不同地区。接受更多高铁投资（设站）的地区可能会比投资较少（不设站）的地区受益更多。高铁通过以下机制，对设站地区产生影响：

第一，高铁开通影响了企业间面对面交流的可能性与灵活性，打破了知识溢出在空间范围上的限制。高铁设站地区有更多的机会面对面地观察与学习其他区域企业不同的生产过程，更易获得更多的"软信息"（Petersen et al.，2002；Loughran，2008；龙玉等，2017），本地企业利用其他地区溢出的知识进行学习的能力就会大大提高。产生正面的知识溢出效应，站点产出增加。

第二，高铁客流主要以商务办公、休闲旅游、信息交流活动为主，对不同产业、高技能与低技能劳动者吸引力存在差异。高铁降低了通勤成本，对于设站的城市，站点城市要素流入，产生了劳动力池效应，使得优质劳动力在高铁开通城市聚集，实现知识溢出与劳动力市场匹配，促进了优质企业在设站地区选址，有利于站点地区经济产出水平的增加。

第三，高铁通过集聚导致空间交互作用扩大与效率提高，减少了站点城市到其他城市的时间，扩大了市场范围，提高了分工与专业化水平，带来生产率正增长效应（Shao et al.，2017），产生负"邻近"效应，企业对劳动力需求的增加会大于劳动力供给的增加，导致地区工资的上升，有利于城市分工与专业化水平的提升。

由于高铁设站带来的外生冲击，对于设站的地区，带来要素转移效应，主要原因在于，首先，不设站地区获取知识的交易成本较高，城市与城市之间接触、交流的可能性与频率下降，产生负面的知识溢出效应。其次，不设站城市通过换乘其他交通方式才能到达目的城市，耗费时间增加，城市间的贸易自由度下降，聚集租金增加，造成要素资源流出，扩散效应占主要位置，城市经济产出减少。再次，不设站城市劳动力要素流出，优质企业搬离交通不便利的非站点地区，不利于该地区经济产出水平的增加。最后，不设站城市缩小了市场范围，不利于城市分工与专业化水平的提高，具有生产率负的增长效应。

三、研究方法、模型设定与数据说明

（一）模型

根据理论模型，现构建双重差分法（differences-in-difference，DID）下的计量模型为：

$$Y_{it}^{did} = \beta_0 + \beta_1 HSR_{it} + \gamma T + \beta_2 HSR_{it} \times T + \mu_i + \varepsilon_{it} \tag{1}$$

其中，因变量 Y_{it} 为县 i 在 t 年实际 GDP。HSR_{it} 为 t 年是否开通高速铁路的虚拟变量，开通高速铁路取值为 1，未开通取值为 0。β_1 为是否开通高速铁路在城市间的差异。T 为虚拟变量，开通前取值为 1，开通后取值为 0。γ 为开通高速铁路前后时间上的差异。交互项 $HSR_{it} \times T$ 为本文所关心的是否开通高速铁路的效果。β_2 为可以真正反映高速铁路在实验组与对照组的影响差异。

（二）样本尺度、时段

为满足双重差分倾向得分匹配（PSM-DID）方法的条件，本文将未开通高速铁路的年份 2006 年与 2007 年也考虑在内，研究时段为 2006～2014 年。本文选取 2012 年为政策执行的时间节点，倘若该城市在 2012 年以前开通了高速铁路，本文将其选为"实验组"；倘若该城市在 2012 年以后开通高速铁路，本文将其选为"控制组"。共获得 17820 个观测值。

（三）数据来源、选取与估算

高速铁路各项指标的获取过程为："高速铁路开通时间"与"站点名称"来源于中国铁路客服中心。"是否开通高速铁路"是本文所关心的核心变量。利用 2007～2015 年《中国区域经济年鉴》《中国县域年鉴》《中国城市年鉴》以及各省市年鉴与统计公报，本文将高速铁路站点所在县名称与各县基础数据按年份进行逐一匹配，将匹配成功的县列为"实验组"，意为开通高速铁路站点的地区；未匹配成功的县列为"控制组"，意为未开通高速铁路站点的地区。本文借助百度地图找出站点对应的经纬度，所有的经纬度均使用百度地图坐标。各变量的描述性统计如表 1 所示。

表 1 　　　　　　　　　　　　**变量的描述性统计**

变量	含义	均值	标准差	最大值	最小值	观测值
lgdp	GDP（对数）	13.51	1.26	18.95	2.09	17820
landpopulation	年末总人口（对数）	3.78	0.93	8.54	−0.27	17820
changzhu	常住人口（对数）	3.64	0.81	6.71	−0.42	17820
tertiaryrate	第三产业占比	0.3	0.13	0.87	0.09	17820
lfixedassets	固定资本存量（对数）	13.06	1.31	17.75	7.10	17820

变量	含义	均值	标准差	最大值	最小值	观测值
lperurbanincome	城镇职工平均工资（对数）	8.32	0.53	9.91	5.45	17820
miles	高速公路通行里程	2.85	2.00	7.87	0	17820
tiaoshu	每省境内高速公路条数	1.76	1.01	20	0	17820
opensornot	该地区是否开通高铁	2.11	1.58	8	0	17820
westornot	该地区是否为西部地区	0.09	0.29	1	0	17820
eastornot	该地区是否为东部地区	0.32	0.47	1	0	17820
centralornot	该地区是否为中部地区	0.35	0.48	1	0	17820

四、估计结果与分析

（一）基准回归

本文使用 PSM-DID 方法进行基准回归，最终结果见表 2。Logit 回归结果表明，各控制变量对于被解释变量具有较强的解释力。列（1）控制了反映城市属性的因素后，*ATT* 显著为正。列（2）控制了区位因素后，*ATT* 依旧显著，设站有利于城市经济产出的增加。列（3）控制了其他交通方式后，*ATT* 提高至 0.172，说明一地区交通资源禀赋对后来是否开通高速铁路有着较大的影响，那些同时拥有多种交通方式的地区，经济产出的增长效果最大。

表 2 　　　　　　　　　　　　　　**PSM-DID 回归结果**

变量	PSM-DID		
	（1）	（2）	（3）
高速铁路开通前			
控制组（Control）	− 0.287	0.354	0.769
实验组（Treated）	− 0.307	0.324	0.729
高速铁路开通前控制组与实验组差分	− 0.020 （− 0.77）	− 0.030 （− 1.15）	− 0.040 （− 1.02）
高速铁路开通后			
控制组（Control）	− 0.339	0.326	0.765
实验组（Treated）	− 0.246	0.397	0.897
高速铁路开通后控制组与实验组差分	0.093 *** （4.55）	0.071 *** （3.41）	0.132 *** （4.26）
ATT	0.113 *** （3.52）	0.101 *** （3.12）	0.172 *** （3.58）

续表

变量	PSM-DID		
	(1)	(2)	(3)
因变量：是否开通高速铁路			
年末总人口	0.522 *** (75.812)	0.501 *** (70.833)	0.509 *** (49.568)
固定资本存量	0.394 *** (63.836)	0.391 *** (63.347)	0.385 *** (44.9)
城镇职工平均工资	0.796 *** (67.206)	0.753 *** (61.573)	0.694 *** (40.707)
第三产业增加值占比	0.012 *** (32.265)	0.146 *** (39.994)	0.184 *** (2.683)
该地区是否为东部地区		0.075 *** (6.879)	0.105 *** (6.886)
该地区是否为西部地区		−0.079 *** (−6.939)	−0.075 *** (−4.818)
该地区是否拥有5A级景区		0.134 *** (7.180)	0.148 *** (5.630)
高速公路通行里程			0.016 * (1.832)
地区内高速公路的条数			0.014 ** (2.225)
机场旅客吞吐量			0.005 *** (5.413)
地区固定效应	Yes	Yes	Yes
时间效应	Yes	Yes	Yes

注：表格下半部分为 Logit 回归结果，因变量为"是否开通高速铁路"；*、**、*** 分别表示10%、5%、1%的显著性水平；括号内的数值为回归系数对应的 P 值。

为验证上述 PSM-DID 方法结果的准确性，需进一步进行平衡性检验。本文检验控制变量的均值在实验组与控制组间是否仍存在显著差异。若该差异不存在，则 PSM-DID 方法可以用来估计。由于篇幅的原因，本文只给出平衡性检验结果，具体结果如表3所示。

表3估计结果显示，匹配完成后，控制变量均值在实验组与控制组基本不显著，说明通过匹配，实验组与控制组已基本消除差异，结果具有解释力。

表3   平衡性检验

实验组均值	Diff.	t	Pr （T > t）
12. 501	0. 996	1. 18	0. 3782
3. 541	0. 482	0. 87	0. 3357
9. 189	1. 085	0. 589	0. 5569
11. 865	0. 64	1. 04	0. 3465
8. 059	0. 394	1. 49	0. 8979
0. 329	0. 006	1. 05	0. 2946
11. 33	0. 922	1. 61	0. 2345
0. 302	0. 154	1. 61	0. 2345
0. 301	− 0. 004	0. 25	0. 8036
0. 653	− 0. 472	1. 7	0. 0990
0. 241	0. 012	0. 77	0. 4436
1. 653	0. 55	1. 28	0. 3246
176. 243	− 14. 652	2. 36	0. 0183 **
0	0. 276	1. 02	0. 2234

注：* 、** 、*** 分别表示10% 、5% 、1% 的显著性水平。

（二）稳健性检验

首先，进行安慰剂检验（placebo test）。即倘若没有高速铁路的开通，那么所选出来的"实验组"GDP 不应有明显变化。假想在 2006 年或者 2007 年开通了高速铁路，分别利用 2006 年与 2007 年横截面数据进行检验，设定如下模型：

$$Y_i = \beta_0 + \beta_1 HSR_i + \beta_2 X_{it} + \mu_i + \varepsilon_{it} \quad i = 2006, 2007 \tag{2}$$

倘若估计结果显示，解释变量 HSR_i（是否开通高速铁路）对被解释变量（2006 年或 2007 年地区 GDP）不显著，那么安慰剂检验可以在一定程度上强化 PSM-DID 估计的可信度。估计结果如表4所示。

表4   安慰剂检验（OLS 回归）结果

变量	2006 年地区 GDP		2007 年地区 GDP	
	（1）	（2）	（3）	（4）
是否开通高速铁路	0. 013 （0. 89）	− 0. 005 （0. 513）	0. 004 （0. 66）	− 0. 0164 （ − 0. 64）
是否加入控制变量	否	是	否	是
样本量	1980	1980	1980	1980
地区固定效应	Yes	Yes	Yes	Yes

注：列 （2）、列 （4）为加入控制变量的回归结果。括号内的数值为回归系数对应的 P 值。

表 4 中显示，是否开通高速铁路与地区 GDP 并无显著影响，说明"实验组"样本的地区 GDP 只有在高速铁路开通以后才会发生显著的变化，在开通以前不会受到影响。

除了使用 PSM-DID 模型进行估计之外，本文同时构建了与其相比较的模型。目的是通过对比多个模型的回归结果，说明主要模型的解释力度与可信度。表 5 为使用固定效应与 OLS 的估计结果。

表 5　　　　　　　　　　　　基于固定效应模型与 OLS 模型的估计结果

变量	固定效应	OLS
	(1)	(2)
是否开通高速铁路	0.101 ***	0.04 ***
	(0.005)	(0.001)
是否加入控制变量	是	是
地区固定效应	YES	YES
时间效应	YES	YES

注：*、**、*** 分别表示 10%、5%、1% 的显著性水平；括号内的数值为回归系数对应的 P 值。

结果表明：（1）从整体上看，无论使用哪种估计方法，均不会改变效应的方向，说明本文的实验结果可信且稳健；（2）从结果的显著性来看，解释变量系数均显著，且与前文的结果保持一致，再一次印证了本文的结论。

（三）高速铁路设站与城市异质性

上述研究结果表明，高速铁路设站会带来站点城市经济增长，那么，对不同发展水平的城市影响都是一致的吗？为此，本文依照不同的标准，划分处于不同分位数区间的地区，讨论高速铁路开通前后在不同人均 GDP、城市市场规模以及服务业结构城市间的差别。

1. 考虑人均 GDP 差异

本文按照 25、50、75 分位数，将城市分为"低人均 GDP 城市""中等人均 GDP 城市""高人均 GDP 城市"三类，分别验证是否开通高速铁路对这三类城市的不同影响。回归结果如表 6 所示。

表 6　　　　　　　　　　　人均 GDP 按不同分位数划分的估计结果

变量	PSM-DID		
	(1) 25 分位	(2) 50 分位	(3) 75 分位
ATT	− 0.013 (0.841)	0.117 *** (0.010)	0.198 ** (0.05)
地区固定效应	Yes	Yes	Yes

注：*、**、*** 分别表示 10%、5%、1% 的显著性水平；括号内的数值为回归系数对应的 P 值。

列（1）、列（2）、列（3）分别为高速铁路对低、中、高人均 GDP 城市的回归结果。结果表明，开通高速铁路对于人均 GDP 本身较高的城市，效应越大，尤其是对于 50～75 分位的地区，效应正向作用最大。同时，本文发现，对于人均 GDP 较低的城市，没有显著的正向影响。

2. 考虑城市市场规模差异

本文使用常住人口来衡量地区的市场规模，常住人口的数据通过 GDP 除以人均 GDP 计算得出。根据国家《关于调整城市规模划分标准的通知》，本文将样本划分为城区常住人口 20 万人以下的 1 类城市、20 万～50 万人的 2 类城市和 50 万人以上的 3 类城市，考虑高速铁路对不同人口规模城市的影响。最终结果如表 7 所示。

表 7　　　　　　　　　　　不同市场规模的估计结果

变量	PSM-DID		
	(1) <20 万人	(2) 20 万～50 万人	(3) >50 万人
ATT	0.117 (0.024)	0.055 * (0.093)	0.083 *** (0.001)
地区固定效应	Yes	Yes	Yes

注：* 、** 、*** 分别表示 10%、5%、1% 的显著性水平；括号内的数值为回归系数对应的 P 值。

在表 7 中，列（1）、列（2）、列（3）分别为人口小于 20 万人、20 万～50 万人和大于 50 万人的城市样本。结果表明，开通高速铁路对人口大于 50 万人的城市正面作用较为明显，对于常住人口小于 50 万人的地区，并不十分显著。

3. 考虑城市服务业结构差异

高速铁路主要以客运为主，方便了人员之间的联系。本文将城市第三产业增加值的占比划分为 25、50、75 分位数，用于表示"城市服务业发展水平低""城市服务业发展水平中等""城市服务业发展水平高"。回归结果如表 8 所示。

表 8　　　　　　　　　第三产业增加值占比按不同分位数的估计结果

变量	PSM-DID		
	(1) 25 分位	(2) 50 分位	(3) 75 分位
ATT	0.000 (0.598)	0.061 ** (0.041)	0.124 *** (0.01)
地区固定效应	Yes	Yes	Yes

注：* 、** 、*** 分别表示 10%、5%、1% 的显著性水平；括号内的数值为回归系数对应的 P 值。

本文发现，开通高速铁路对于第三产业增加值的占比位于 50 及以上分位数的地区作用明显，也就是说，本身服务业发展水平较高的地区，高速铁路开通对于提升站点城市经济发挥的作用越大。这点符合常识认知，高速铁路所带来的高端商务人员的人口流动与知识的溢出，在服务业发达的地区更为频繁，经济效应越大。

五、结论与讨论

本文利用全国县级层面 2006～2014 年的面板数据，采用 PSM-DID 的方法，对于高速铁路是否推动站点地区经济增长进行了检验。文章首先进行理论机制讨论，认为开通高速铁路能够带来城市经济正向增长，主要是由于带来城市本身的增长效应；对未开通城市带来城市经济的负向增长，主要是由于带来的要素转移效应。其次通过实证检验，结果表明，高速铁路设站的确有利于站点地区经济产出的增长，在控制了其他变量后，高速铁路对于地区 GDP 的促进作用达到了 17.2%。同时，本文从处于不同分位的地区人均 GDP、人口规模、城市服务业结构等方面入手，讨论了开通高速铁路对城市经济产出增加的效应具有异质性。对于人均 GDP 本身较高，市场规模较大，以及服务业发展水平较高的城市，开通高速铁路对经济增长的带动效应越大。

参 考 文 献

［1］ 龙玉，赵海龙，张新德，等. 时空压缩下的风险投资——高铁通车与风险投资区域变化［J］.
经济研究，2017，52（04）：195 - 208.

［2］ 陶卓霖，杨晓梦，梁进社. 高速铁路对长三角地区陆路可达性的影响［J］. 经济地理，2016，
36（08）：40 - 46.

［3］ 汪德根，章鋆. 高速铁路对长三角地区都市圈可达性影响［J］. 经济地理，2015，35（02）：
53 - 61.

［4］ Chen, C. , Hall, P. The wider spatial-economic impacts of high-speed trains：a comparative case study
of Manchester and Lille sub-regions ［J］. Journal of Transport Geography, 2012（24）：89 - 110.

［5］ Kim, H. , Sultana, S. The impacts of high-speed rail extensions on accessibility and spatial equity
changes in South Korea from 2004 to 2018［J］. Journal of Transport Geography, 2015（45）：48 - 61.

［6］ Loughran, T. The impact of firm location on equity issuance［J］. Financial Management, 2008, 37
（01）：1 - 21.

［7］ Monzón, A. , Ortega, E. , López, E. Efficiency and spatial equity impacts of high-speed rail exten-
sions in urban areas［J］. Cities, 2013（30）：18 - 30.

［8］ Ortega, E. , López, E. , Monzón, A. Territorial cohesion impacts of high-speed rail at different
planning levels ［J］. Journal of Transport Geography, 2012（24）：130 - 141.

［9］ Petersen, M. A. , Rajan, R. G. Does distance still matter? the information revolution in small busi-
ness lending ［J］. The Journal of Finance, 2002, 57（06）：2533 - 2570.

［10］ Redding, S. J. , Turner, M. A. Transportation costs and the spatial organization of economic activity ［J］. Handbook of Regional and Urban Economics, 2015（05）: 1339 – 1398.

［11］ Sasaki, K. et al. High-speed rail transit impact on regional systems: does the Shinkansen contribute to dispersion? ［J］. The Annals of Regional Science, 1997, 31（01）: 77 – 98.

［12］ Shao, S. , Tian, Z. , Yang, L. High speed rail and urban service industry agglomeration: evidence from China's Yangtze River Delta region ［J］. Journal of Transport Geography, 2017（64）: 174 – 183.

［13］ Ureña, J. M. , Menerault, P. , Garmendia, M. The high-speed rail challenge for big intermediate cities: a national, regional and local perspective ［J］. Cities, 2009, 26（05）: 266 – 279.

［14］ Vickerman, R. Accessibility and economic development in Europe ［J］. Regional Studies, 1999, 33（01）: 1 – 15.

智慧城市政策降低环境污染的机制与异质性分析

——基于中国 285 个地级市的微观证据

杨学辉　彭佳艺[*]

一、引　言

2022 年 10 月 16 日，党的二十大报告中明确指出，各地应当深入推进环境污染防治，尊重自然、顺应自然、保护自然，是全面建设社会主义现代化国家的内在要求。在经济快速增长的同时，中国环境问题日益突出，2022 年环境绩效指数（EPI）[①] 排名榜上中国在 180 多个国家和地区中位居 120 位，环境恶化的现实也为中国社会发展与民众健康带来了不可忽视的隐患。据《2021 年中国生态环境统计年报》数据显示，中国环境治理投资总额为 10638.9 亿元，占社会固定资产投资总额的 1%。[②] 由治理环境恶化而占据的社会资源直接成为影响经济高质量发展的桎梏。因此，深入厘清环境污染的成因以及寻求改善环境质量的有效措施具有重要的理论价值和现实意义。

智慧城市的概念源于 2008 年 IBM 提出的新型社会发展模式——智慧地球。伴随城市化推进，城市在社会运转环节中发挥的作用日趋增大。智慧城市作为智慧地球战略目标的具象体现，为中国建设世界一流城市提供了新的视角。自 2012 年以来，中国先后分三批建立了上百个智慧城市试点。此外，2016 年以来，《智慧城市技术参考模型》《智慧城市评价模型及基础评价指标》《智慧城市顶层设计指南》等相关政策陆续发布，逐渐形成中国标准体系。卡普罗蒂（Caprotti，2020）早期指出，智慧城市的建设可以充分利用大数据、物联网等数字化基础设施，将城市与绿色经济愿景、战略路径联结起来。截至目前，已有文献关于智慧城市对客体影响的范围主要包括智慧城市建设对经济（Abutabenjeh et al.，2022）、创新（Nam et al.，2011）、生产效率（Jiang et al.，2016；Chu et al.，2021）等方面的影响。智慧城市建设对环境污染的研究却存在一些争议。一方面，智慧城市建设可以提高当地的科技水平与改善资源配置效率，从而减少环境污染（Chu et al.，2021）。另一方面，也有学者认为智慧城市建设过程中的信息技术应用加剧了环境污染，且对其污染反弹具有主导

---

[*] 杨学辉，井冈山大学商学院讲师，经济学博士；彭佳艺，井冈山大学经济与金融专业本科生。

[①] https://epi.yale.edu/.

[②] https://www.mee.gov.cn/hjzl/sthjzk/sthjtjnb/202301/t20230118_1013682.shtml.

影响作用（Cheng et al.，2019）。此外，还有部分学者认为信息技术与环境污染之间存在较为复杂的非线性关系（Wang et al.，2020）。因此，本文认为结合中国智慧城市试点政策数据及其智慧城市政策颁布的区域特征进一步阐明智慧城市对环境污染的影响机制，这在智慧城市与环境治理等相关研究内容上具有一定的研究价值。

基于上述问题，本文利用中国 2003～2020 年已发布的三批智慧城市试点数据，并构建城市层面面板数据，利用双重差分法（differences-in-difference，DID）检验智慧城市试点政策对环境污染的影响及其传导机制，旨在为中国环境改善以及"双碳"目标的实现提供行之有效的政策建议。

二、数据与方法

（一）数据来源

本文使用宏观统计数据主要来自于 2004～2021 年的《中国城市统计年鉴》、中国专利局以及马克数据网等，智慧城市数据采用中国近期发布的三批智慧城市政策试点数据。基于此，本文最终获取 2003～2020 年中国 285 个地级以上城市总共 5130 个样本的平衡面板数据。

（二）变量选择

1. 被解释变量

环境污染（ln_$eyhl$），采用各地级市年度二氧化硫排放量的对数值表示，后续稳健性检验中采用工业废水排放量与工业烟尘排放量作为代理变量。

2. 核心解释变量

智慧城市政策（$smart$），作为政策颁布的二分变量，采用 0 - 1 虚拟变量进行量化。若某城市当年是智慧城市政策试点城市则为 1，否则为 0。

3. 控制变量

对外开放水平（ln_$fdigdp$），采用 FDI 占 GDP 的比重来反映外商投资变量；科技投入（ln_$sciep$），采用人均科技财政支出表示；人力资本（ln_$humanp$），采用高校在校生人数表示；经济水平（ln_$gdppop$），采用人均 GDP 控制地区经济水平变量；信息化水平（ln_$internetp$），采用每万人互联网用户数表示；产业结构（ln_$secgdp$），采用第二产业占 GDP 的比重表示；人口密度（ln_$popden$），采用单位行政区面积人口数表示；能源消耗（ln_$gasp$、ln_$liqgasp$），分别采用城市人均天然气供气量与液化气供气量表示。

（三）实证模型

本文采用双重差分模型研究智慧城市建设对环境污染的影响，本文构建的回归模型如下：

$$\ln\_eyhl_{it} = \delta_0 + \beta_i smart_{it} + \beta_r X_{it} + \lambda_i + v_t + \varepsilon_{it} \qquad (1)$$

其中，$\ln\_eyhl_{it}$ 为被解释变量，采用工业二氧化硫排放量替代；$smart$ 为智慧城市试点政策虚拟变量；X_{it} 为其他城市层面控制变量；λ_i 为不可观察的城市固定效应；v_t 为时间固定效应；ε_{it} 为误差项。

三、实证结果与分析

（一）基准回归结果

根据回归模型（1），通过逐步回归方法加入控制变量后发现，表 1 的列（1）至列（5），智慧城市政策（$smart$）对环境污染的影响系数始终负向显著，列（5）$smart$ 的系数为 -0.1046，在 1% 的置信水平上显著为负，由此直观说明智慧城市政策与城市环境污染的降低显著负相关。其他控制变量的系数和符号也基本符合预期。

表 1   基准回归结果

变量	（1） ln_*eyhl*	（2） ln_*eyhl*	（3） ln_*eyhl*	（4） ln_*eyhl*	（5） ln_*eyhl*
smart	−0.1240 *** (0.0336)	−0.1108 *** (0.0337)	−0.1127 *** (0.0336)	−0.1135 *** (0.0336)	−0.1046 *** (0.0335)
ln_*fdigdp*		−0.0022 (0.0100)	−0.0078 (0.0100)	−0.0084 (0.0100)	−0.0088 (0.0100)
ln_*sciep*		−0.0625 *** (0.0156)	−0.0868 *** (0.0166)	−0.0848 *** (0.0166)	−0.0760 *** (0.0168)
ln_*humanp*			−0.0055 (0.0261)	−0.0078 (0.0261)	−0.0119 (0.0261)
ln_*gdppop*			0.2025 *** (0.0583)	0.1834 *** (0.0633)	0.1639 *** (0.0634)
ln_*internetp*			0.1219 *** (0.0219)	0.1176 *** (0.0221)	0.1166 *** (0.0221)
ln_*secgdp*				0.0519 (0.0750)	0.0410 (0.0749)
ln_*popden*				−0.1856 (0.1329)	−0.1786 (0.1327)

续表

变量	（1） ln_eyhl	（2） ln_eyhl	（3） ln_eyhl	（4） ln_eyhl	（5） ln_eyhl
ln_gasp					−0.0219 * （0.0129）
ln_liqgasp					0.0606 *** （0.0143）
个体效应	YES	YES	YES	YES	YES
时间效应	YES	YES	YES	YES	YES
N	5130	5130	5130	5130	5130
adj. R^2	0.626	0.627	0.631	0.631	0.632

注：*、**、***分别表示10%、5%、1%的显著性水平；括号内的数值为标准误。

（二）平行趋势检验

参照杨等（Yang et al.，2022）的方法，在模型（1）的基础上，加入政策实施前后两类虚拟变量。结果如图1所示，b_1、b_2、b_3分别代表智慧城市政策实施前1、2、3年。a 表示智慧城市政策实施的当年年份；a1、a2分别代表智慧城市政策实施后1、2年。从图1可以看出，智慧城市政策实施前的3年，其对环境污染的影响系数并不显著。当智慧城市政策实施后，其对环境污染的影响系数显著为负，因此基准回归中双重差分平行趋势假设得到满足，这支持了上述基准回归结果。

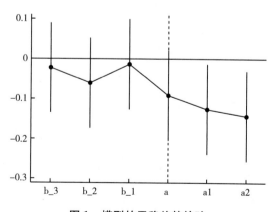

图1　模型的平稳趋势检验

四、稳健性检验

（一）内生性检验

考虑到环境污染程度可能会影响智慧城市政策批准落实的效率，两者之间可能存在互为因果的关系。鉴于此，本文通过选取工具变量的方法对变量之间存在的内生性问题进行检验。基于上述考虑，本文选取城市空气流通系数年均对数值（ln_*venti*）作为试点政策的工具变量。在污染物排放总量一定的条件下，城市空气流通系数越小，监测的污染浓度越大，政府越有可能加大环境规制力度，则该城市入选智慧城市试点的概率越大，基于此，空气流通系数可以满足相关性假设。此外，空气流通系数一般不直接影响环境污染，满足外生性要求。

将工具变量引入基准模型中进行检验（见表2），结果显示，ln_*venti* 对智慧城市政策影响的系数显著为负，表明城市空气流通系数越小，该城市入选智慧城市政策试点城市的可能性越大。同时，第二阶段模型中，智慧城市政策对环境污染的影响仍显著为负。由此推断，考虑模型的内生性问题后，智慧城市政策的实施仍然对环境污染具有抑制作用。此外，表2中 Cragg – Donald Wald F 统计量为 25.669，大于10，表明工具变量是有效的。

表2　　　　　　　　　　　　模型内生性检验结果

变量	（1） 第二阶段 ln_*eyhl*	（2） 第一阶段 *smart*
smart	− 0.8943 *** （0.3092）	
ln_*venti*		− 0.2040 *** （0.0542）
控制变量	YES	YES
N	5130	5130
adj. R^2	0.189	0.193
Cragg – Donald Wald F 统计量	—	25.669

注：*、**、*** 分别表示10%、5%、1%的显著性水平；括号内的数值为标准误。

（二）PSM-DID 检验

1. 数据匹配

为了克服智慧城市与其他城市之间变动趋势的非系统性差异，降低双重差分法估计的偏差，本文进一步使用倾向评分匹配（propensity score matching，PSM）进行处理，再进行 DID 回归分析。PSM 方法的结果显示，智慧城市政策实施城市与一般城市之间的差异点只有政策的实施与否。通过对智慧城市政策虚拟变量进行 Logit 回归（使用一对一匹配和替换）得到倾向评分值。倾向评分值最接近的城市为智慧城市的配对城市，通过这样的方式可以最大限度减少不同城市在环境污染水平上存在的系统性差异，从而减少检测中的误差。

PSM 处理后，标准偏差的绝对值均小于 30%（见表 3），这些匹配结果是有效的（Rosenbaum et al.，1985），并且处理结果符合匹配平衡测试的要求。在表 3 中，所有 p 值都小于 0.1，表明两种类型的变量是无差异的，所以 PSM 的结果是有效的。

表3　　　　　　　　　数据匹配结果检验（以 2013 年为例）

变量	Matched	Mean		bias（%）	reduct bias（%）	t-test	
		Treated	Control			t	$p > t$
ln_fdigdp	U	2.8128	2.9365	−10.0	−110.9	−0.81	0.420
	M	2.8338	2.5729	21.0		1.42	0.158
ln_sciep	U	4.4884	4.3548	13.0	87.6	1.01	0.312
	M	4.4660	4.4495	1.6		0.11	0.910
ln_humanp	U	4.7209	4.4720	21.7	74.3	1.71	0.089
	M	4.7078	4.6439	5.6		0.37	0.710
ln_gdppop	U	1.4288	1.3544	11.0	55.3	0.86	0.388
	M	1.4165	1.3832	4.9		0.34	0.735
ln_internetp	U	7.2166	7.1870	4.8	40.4	0.37	0.715
	M	7.2103	7.2279	−2.8		−0.20	0.841
ln_secgdp	U	3.9445	3.8918	25.0	89.7	1.93	0.055
	M	3.9384	3.9439	−2.6		−0.19	0.848
ln_popden	U	5.7768	5.7260	5.5	86.3	0.44	0.661
	M	5.7785	5.7855	−0.8		−0.05	0.960
ln_gasp	U	3.3811	2.9092	32.4	62	2.52	0.012
	M	3.3379	3.1585	12.3		0.81	0.421
ln_liqgasp	U	3.2107	3.3595	−11.3	80.4	−0.87	0.387
	M	3.2419	3.2129	2.2		0.15	0.884

2. 匹配后回归结果

首先采用 PSM 方法对数据进行处理，再使用 DID 方法进行回归分析。表4 显示了使用 DID 方法逐步回归的结果。列（1）至列（5）智慧城市政策（smart）的系数均为显著负值，置信水平近似为 1%，表明智慧城市政策的实施显著降低了环境污染，有利于环境污染的治理。这表明基准回归中不存在样本选择的偏差。匹配后结果与基准回归一致，并再次支持基准回归结果。

表4 PSM 处理后回归结果

变量	(1) ln_eyhl	(2) ln_eyhl	(3) ln_eyhl	(4) ln_eyhl	(5) ln_eyhl
smart	-0.1001*** (0.0334)	-0.0902*** (0.0335)	-0.0907*** (0.0333)	-0.0909*** (0.0333)	-0.0872*** (0.0333)
ln_fdigdp		-0.0072 (0.0101)	-0.0127 (0.0101)	-0.0128 (0.0101)	-0.0119 (0.0101)
ln_sciep		-0.0628*** (0.0164)	-0.0878*** (0.0176)	-0.0875*** (0.0177)	-0.0847*** (0.0179)
ln_humanp			0.0118 (0.0283)	0.0122 (0.0284)	0.0047 (0.0284)
ln_gdppop			0.1979*** (0.0594)	0.2114*** (0.0655)	0.1978*** (0.0655)
ln_internetp			0.1112*** (0.0228)	0.1118*** (0.0230)	0.1099*** (0.0230)
ln_secgdp				-0.0410 (0.0834)	-0.0535 (0.0834)
ln_popden				-0.0149 (0.1361)	-0.0192 (0.1359)
ln_gasp					0.0031 (0.0135)
ln_liqgasp					0.0523*** (0.0146)
N	4874	4874	4874	4874	4874
adj. R^2	0.643	0.644	0.648	0.648	0.648

注：*、**、*** 分别表示10%、5%、1%的显著性水平；括号内的数值为稳健标准误。

（三）进一步稳健性检验

考虑到测量误差，基准回归中被解释变量为工业二氧化硫排放量，环境污染一般是由二氧化硫、工业烟尘和工业废水等污染物导致的，不同污染物量的改变可能会掩盖智慧城市试点城市不同污染物的影响效果，因此替换被解释变量进行回归分析。此外，考虑到政策实施当年不一定对环境污染产生影响，因此将解释变量滞后一期考察智慧城市政策的效果。最后，为进一步考察政策随实施时间的影响效果，将回归分析设置为不同的时间带宽。

检验结果如表 5 所示，其中 $\ln\_gyfs$ 表示工业废水排放量；$\ln\_gyyc$ 表示工业烟尘排放量；$L1\_smart$ 为智慧城市政策滞后 1 期；$smart2$ 为地级以上城市中实施智慧城市政策的县（区/市）的比例，比例最高为 1，最小为 0。2003～2017 年、2003～2018 年、2003～2019 年为三组时间带宽的年份区间。

表 5 多种稳健性检验结果

变量	（1）工业烟尘 $\ln\_gyyc$	（2）工业废水 $\ln\_gyfs$	（3）滞后 1 期 $\ln\_eyhl$	（4）实施比例 $\ln\_eyhl$	（5）2003～2017 年 $\ln\_eyhl$	（6）2003～2018 年 $\ln\_eyhl$	（7）2003～2019 年 $\ln\_eyhl$
$smart$	− 0.0933 ** (0.0377)	− 0.0691 *** (0.0264)			− 0.0988 *** (0.0347)	− 0.0957 *** (0.0344)	− 0.1026 *** (0.0342)
$L1\_smart$			− 0.0972 *** (0.0342)				
$smart2$				− 0.1297 *** (0.0346)			
控制变量	YES	YES	YES	YES	YES	YES	YES
个体效应	YES	YES	YES	YES	YES	YES	YES
时间效应	YES	YES	YES	YES	YES	YES	YES
N	5130	5130	5130	5130	4275	4560	4845
adj. R^2	0.217	0.264	0.632	0.633	0.373	0.478	0.554

注：*、**、*** 分别表示 10%、5%、1% 的显著性水平；括号内的数值为稳健标准误。

从表 5 列（1）和列（2）可以看出，被解释变量替换为工业烟尘排放量（$\ln\_gyyc$）和工业废水排放量（$\ln\_gyfs$）后，智慧城市政策（$smart$）的系数仍然显著为负，与基准回归一致。核心解释变量滞后一期后的系数仍然显著为负，也与基准回归一致。在 2003～2017 年、2003～2018 年、2003～2019 年三组时间带宽中，$smart$ 系数均显著为负，结合基准回归的系数可以看出，$smart$ 系数随时间带宽增加呈现影响增大的趋势，这表明政策实施时间越长对环境污染降低的影响越大。

五、异质性分析

（一）区域异质性检验

本文将样本划分不同区域进行分析。根据前人（Yang et al.，2022）的分法，将样本分为三个区域，即101个东部城市、100个中部城市和84个西部城市，回归结果如表6所示。

表6　　　　　　　　　　　　　模型异质性检验结果

变量	(1) 东部 ln_eyhl	(2) 中部 ln_eyhl	(3) 西部 ln_eyhl	(4) 核心 ln_eyhl	(5) 外围 ln_eyhl
smart	− 0.0973 (0.0600)	− 0.0484 (0.0518)	− 0.1735 *** (0.0666)	0.0524 (0.0877)	− 0.1378 *** (0.0361)
控制变量	控制	控制	控制	控制	控制
个体效应	控制	控制	控制	控制	控制
时间效应	控制	控制	控制	控制	控制
N	1818	1800	1512	648	4482
adj. R^2	0.701	0.665	0.543	0.762	0.619

注：* 、** 、*** 分别表示10%、5%、1%的显著性水平；括号内的数值为稳健标准误。

表6列（1）、列（2）、列（3）分别显示了东部、中部和西部三个地区内智慧城市政策对环境污染影响的回归结果。由表6可知，智慧城市政策（smart）的系数均显著为负，且在西部地区影响系数最大，表明智慧城市政策对西部城市降低环境污染的影响作用最大。原因可能在于西部城市产业结构第二产业占比较大，而且污染性工业较多，自然环境较为恶劣。在智慧城市政策实施后，西部较为恶劣的环境对智慧城市政策落实后的反应更加敏感，由此减少环境污染的效用最为明显。而东、中部地区产业结构较为合理，高污染企业相对较少，自然环境韧性较强。即便如此，智慧城市政策在东、中部的影响系数均为负，说明智慧城市政策的确可以降低环境污染程度，表现出区域异质性。

（二）城市等级异质性检验

考虑到中国城市行政级别不同，城市的资源、经济实力和环境政策等也存在较大差异，故将城市分为核心城市和外围城市以考察城市等级的异质性。核心城市包括直辖市、副省级城市、省会城市、经济特区城市、计划单列市，共计36个；而普通地级城市称为外围城市，共计249个。回归结果如表6所示。

从表6的列（4）、列（5）中可以看出，智慧城市政策（smart）的系数在外围城市中显著为负，但在核心城市不显著，可能的原因在于外围城市发展水平相对低于核心城市，环境改善技术相对落后，智慧城市政策的实施有利于提高外围城市的智慧水平，从而对环境污染的降低作用更大。

六、结论与政策启示

（一）研究结论

本文构建2003～2020年中国285个地级市以上的平衡面板数据，采用双重差分法检验智慧城市政策对环境污染的影响。研究结果显示，智慧城市建设显著降低了环境污染程度10.46%，平行趋势检验结果表明双重差分法的前提有效。为了尽可能解决由样本选择偏差和变量的遗漏所造成的内生性问题，本文采用环境通风系数作为工具变量，对环境污染进行两阶段回归内生性处理。结果表明，考虑内生性问题后，智慧城市政策降低环境污染的结论依然成立，进一步增加了结论的可靠性。此外，为检验样本选择偏误问题，采用倾向得分匹配进行数据处理，发现智慧城市的污染降低效应依然成立。通过被解释变量替换、核心解释变量滞后回归以及考虑时间带宽的稳健性检验，结论依然成立，且随着智慧城市政策实施的时间增加，降低环境污染的效果更显著。中介机制检验结果表明，智慧城市政策可以通过技术创新、绿色消费转型、提升能源效率等路径降低城市环境污染。异质性分析表明，智慧城市政策的实施对西部城市和外围城市等地区降低环境污染的影响更为显著。

（二）政策启示

结合以上研究，本文提出以下政策建议：第一，当地政府需要发挥智慧城市建设的政策优势对环境治理的积极作用，通过政策的实施，加大智慧城市"大数据化"的建设，构建数字化、信息化城市，完善和优化城市服务体系和营商环境。第二，在智慧城市的建设中，应积极发挥公民、社区与组织、知识开发者的关键作用（Oliveira et al.，2015），引导绿色出行和绿色消费，形成绿色消费转型。第三，建立完备的数字化基础设施，构建适应性、创新性、有效性的产业生产服务平台，加快信息交流，实现城市的数字化转型，提高能源效率，降低环境污染，从而创建绿色环保的智能化城市。

参 考 文 献

［1］Abutabenjeh, S., Nukpezah, J. A. & Azhar, A. Do smart cities technologies contribute to local economic development?［J］. Economic Development Quarterly, 2022, 36 (01)：3 – 16.

［2］Caprotti, F. Smart to Green：Smart Eco-cities in the Green Economy［M］. London：Routledge, 2020.

［3］Cheng, Z., Li, L. & Liu, J. The effect of information technology on environmental pollution in China［J］. Environmental Science and Pollution Research, 2019, 26 (32)：33109 – 33124.

［4］Chu, Z., Cheng, M. & Yu, N. N. A smart city is a less polluted city［J］. Technological Forecasting and Social Change, 2021 (172)：121037.

［5］Jiang, H., Jiang, P., Wang, D. & Wu, J. Can smart city construction facilitate green total factor productivity? A quasi-natural experiment based on China's pilot smart city ［J］. Sustainable Cities and Society, 2021（69）: 102809.

［6］ Nam, T. , Pardo, T. A. Smart city as urban innovation: focusing on management, policy, and context ［C］//Proceedings of the 5th International Conference on Theory and Practice of Electronic Governance. 2011: 185 - 194.

［7］ Oliveira, Á. , Campolargo, M. From smart cities to human smart cities ［C］//2015 48th Hawaii International Conference on System Sciences, IEEE, 2015: 2336 - 2344.

［8］ Rosenbaum, P. R. and Rubin, D. Constructing a control group using multivariate matched sampling methods that incorporate the propensity score ［J］. The American Statistician, 1985（39）: 33 - 38.

［9］ Wang, X. & Luo, Y. Has technological innovation capability addressed environmental pollution from the dual perspective of FDI quantity and quality? Evidence from China ［J］. Journal of Cleaner Production, 2020（258）: 120941.

［10］ Yang, H. , Xu, X. & Zhang, F. Industrial co-agglomeration, green technological innovation, and total factor energy efficiency ［J］. Environmental Science and Pollution Research, 2022（29）: 1 - 20.

城市增长模式对城市生产率的影响研究
——基于多源地理大数据的研究

仓　俊[*]

一、引　　言

随着中国城镇化水平的不断提升，中国的城市发展也进入了新的阶段，根据国家统计局的数据，2021 年末全国常住人口城镇化率为 64.72%，[①] 城市的空间结构也随之发生着剧烈的变化。对于城市来说，"蔓延增长"和"精明增长"到底哪种模式可以有效提高地区生产率?

在今后很长一段时间，中国将处于快速城镇化过程中。因此，如何科学地确定城市不同增长模式对于城市生产率的影响，对合理规划城市的高质量发展有着非常重要的意义，为中国城市化的快速、高质量推进提供保障。

与现有文献相比较，本文边际贡献有如下几个方面：（1）在切入视角上，本文以自然城市为单位，探索了城市增长模式对地区生产率的影响；（2）在数据方面，利用多源地理大数据来获取自然城市的回归数据；（3）在异质性检验方面，使用多种城市分组的方式进行讨论；（4）在稳健性方面，分别使用单位人口数量的夜间灯光亮度和工业企业全要素生产率作为城市生产率的代理变量。

二、文献综述

影响城市生产率的因素有很多，首先让我们想到的是集聚经济，也就是城市地区的企业和居民由于位置邻近而获得的众多利益。一方面，它可以通过多种方式提高生产率。最直接的是规模较大的城市会产生规模经济，因为该城市可以产生较大规模的公司，降低每生产单位的成本（Camagni，2005）。大城市的企业也受益于更大、更专业的劳动力池（Chinitz，1961）、企业之间运输成本的降低（Glaeser，2010）以及共享投入成本的降低。大城市的基础设施成本也较低（Strogatz，2009）。企业内部和企业之间的知识溢出可以促进创新（Karlsson et al.，2019）。另一方面，集聚有规模限制。拥塞成本降低了特定人口规模以上的效率优势。集聚的不经济是

---

* 仓俊，上海师范大学旅游学院讲师，经济学博士。

① 国家统计局. 2021 年国民经济和社会发展统计公报 [EB/OL]. http://www.stats.gov.cn/sj/zxfb/202302/t20230203_1901393.html.

城市地区不会无限扩大的原因。它们也各不相同。城市管理、公共服务和基础设施较差的城市地区缓解规模不经济的能力较弱，也不太可能利用集聚的生产力优势（Puga，2010）。例如，最近的证据表明，印度并没有像高收入国家那样从集聚中受益（Chauvin et al.，2017）。

现有的关于城市增长模式对生产率影响的研究结果不同的学者持不同的观点，有的学者认为精明增长模式有利于城市生产率的提高（秦蒙和刘修岩，2015；Fallah et al.，2011），也有的认为蔓延增长模式有利于城市生产率的提高（Meijers and Burger，2010；Monkkonen et al.，2020），但是并没有深入阐述这种差异的原因。从城市异质性的视角来分析，可以很好地解释为何这些研究出现截然不同的结果。对于中国城市来说，自从改革开放以来，取得的快速发展是有目共睹的。经历着快速城镇化，从城市到城市群的演变。也有研究表明，2006～2014年中国几乎所有的城市都在城市扩张，平均城市扩张指数（USI）为3.16%（Li and Li，2019）。此外，考虑空间异质性时，城市扩张的驱动力表现出不同的大小和方向。可以认为，城市处在不同的阶段，同样的因素所产生的影响可能是不一样的。当城市规模比较小的时候，对于城市来说，集聚是其很重要的特征，由于集聚的存在，产生了规模效应、本地市场效应等一系列有利于提高生产率的要素。但是随着城市的快速发展，会产生过度集聚的现象，从而产生拥挤、环境污染等负面效应，从而不利于生产率的提高。因此，从这个角度来说，对于较小的城市或者说较小地理尺度的城市来说，精明增长模式是有利于该类型城市生产率的提高。因为，对于这类城市来说，城市资源的集中更加有利于城市生产率的提高。如果此时采用蔓延增长模式，反而会由于资源的分散，不利于规模效应的产生，不利于生产率的提高。而对于大型城市或者较大地理尺度，蔓延增长模式更能促进本地生产率的提升（刘修岩等，2017），这是由于随着城市规模的逐渐扩大，集聚效应带来的收益逐渐被过度拥挤带来的负面效应所替代，从而不利于城市生产率的提高，此时蔓延增长模式有利于城市生产率的进一步提高。因此，对于城市生产率的提高来说，城市的差异性起着非常重要的作用。陈旭和邱斌（2020）在研究城市增长模式对于生产率影响的同时，也发现了这种城市异质性带来的不同结论。因此，在研究影响城市生产率的时候，必须考虑城市异质性的因素。

根据以上分析，并结合数据可得性，本文检验一下假说：

假说1：蔓延增长模式和城市生产率呈现正向关联。

假说2：人口密度和城市生产率呈现正向关联。

假说3：时间可达性和城市生产率呈现负向关联。

假说4：环境质量和城市生产率呈现正向关联。

假说5：从异质性角度来说，城市蔓延增长模式和城市生产率的关系会随着城市所在地区的变化而变化。

三、模型设定、指标体系与描述性统计

（一）计量模型的设定

考虑到数据的可获取性，在实证研究中，运用 2000~2013 年基于夜间灯光数据、工业企业数据等微观数据评估形成的自然城市，检验不同的城市增长模式对生产率的影响。本文的实证模型设定如下：

$$Productivity_{idct} = \lambda_i + \gamma_t + \beta_1 Urbanmodel_{idct} + \beta_2 Popden_{dct} + \beta_3 Urbanacc_{idct} + \beta_4 Terrain_{idct}$$
$$+ \beta_5 Preci_{ct} + \beta_6 Tem_{ct} + \beta_7 Hum_{ct} + \beta_8 Env_{it} + e_{it} \tag{1}$$

其中，i 代表自然城市，t 代表年份；λ_i 是个体固定效应，控制不随时间变化的其他影响因素；γ_t 是时间固定效应，控制不随个体变化的其他影响因素；e_{it} 是随机扰动项。

（二）变量选择和说明

1. 被解释变量

被解释变量主要是土地生产率（$Productivity$），即全国各个自然城市的夜间灯光亮度值除以年末城市人口总数。选择以单位人口数量夜间灯光亮度表征的土地生产率的原因在于，夜间灯光亮度可以很好地来衡量城市经济发展（Zeng et al.，2011；Xu et al.，2015；Tan et al.，2018）。

本文的夜间灯光数据来自美国国家地球物理数据中心公布的全球灯光数据，结合曹子阳等（2015）和范子英等（2016）的方法对原始数据进行校准。人口数据则采用了 LandScan 全球人口动态统计分析数据库（https：//landscan.ornl.gov/landscan-datasets），通过与自然城市的匹配获得每个自然城市的人口数据。此外，本文在稳健性检验中采用工业企业全要素生产率（ln_gdppop），变量均进行了对数处理。

2. 核心解释变量

核心解释变量为自然城市区县的增长模式（$Urbanmodel$），它是一个 0-1 虚拟变量，若该区县包括两个及以上自然城市，则该区县的增长模式为蔓延增长，$Urbanmodel_{idct}$ 的取值为 1；反之，若该区县包括仅包括一个自然城市，则该区县的增长模式为精明增长，$Urbanmodel_{idct}$ 的取值为 0。

3. 控制变量

（1）人口密度（$Popden$）。人口密度采用单位面积的人口数量进行度量。由于本文无法使用传统行政区划口径的数据，因此传统的人口密度数据本文也无法使用。随着各类经济地理大数据的广泛普及，本文使用 LandScan 全球人口动态统计分析数据库，通过与自然城市的匹配获得每个自然城市的人口密度数据。

（2）城市可达性（$Urbanacc$）。城市可达性采用实际路网数据，本文采用实际路网数据，能够更为准确地估算出地区可达性及动态变化情况。可达性计算公式如下：

$$Mp_{it} = Y_{it}/d_{it} + \sum_{j \neq i} Y_{jt}/d_{ijt} \qquad (2)$$

计算可达性的关键步骤是计算每个自然城市之间的实际路网运输时间，计算公式如下：

$$distance_{ab} = dis_{ar_1} + dis_{ar_2} + \min(dis_{r_1r_2}) \qquad (3)$$

（3）崎岖指数（*Terrain*）。利用高程数据计算地区的崎岖指数。

（4）时降水量（*Preci*）。时降水量基于全国气象台微观数据，将经纬度汇总到每个自然城市，取平均值数据，最终得到自然城市的平均每小时降水量。

（5）温度（*Tem*）。温度基于全国气象台微观数据，将经纬度汇总到每个自然城市，取平均值数据，最终得到自然城市的平均气温。

（6）相对湿度（*Hum*）。相对湿度基于全国气象台微观数据，将经纬度汇总到每个自然城市，取平均值数据，最终得到自然城市的平均相对湿度。

（7）环境质量（*Env*）。使用工业 SO_2 去除率、工业烟尘去除率、工业固体废物综合利用率、生活污水处理率和生活垃圾无害化处理率五个指标来衡量自然城市的环境规制强度，并表示该地区的环境质量。

（三）变量的描述性统计结果

表1是相关变量的描述性统计结果，需要说明的是，该表显示的是数据纠偏对数化后的结果。表1显示，纠偏并对数化处理后数据的均值都大于对应的方差，说明样本地区变量差异并不大。为了检查控制变量之间是否存在多重共线性，本文进行了方差膨胀因子（VIF）检验。结果表明，控制变量的 VIF 均小于10，说明不存在明显的多重共线性问题。在城市增长模式中，均值达到了0.7341，表明蔓延增长模式城市占总样本城市的73%，而精明增长模式城市只占到27%。

表1 变量的描述性统计

变量类型	变量名称	变量	观测量	均值	标准差	最小值	最大值
被解释变量	土地生产率	*Productivity*	14703	−6.1181	1.0939	−12.899	−4.8238
解释变量	增长模式	*Urbanmodel*	14715	0.7341	0.4418	0	1
控制变量	人口密度	*Popden*	12734	8.5398	2.0778	0	16.5755
	城市可达性	*Urbanacc*	14397	2.5683	0.3223	2.0773	4.1223
	崎岖指数	*Terrain*	14556	9.7374	2.9904	6.5123	13.8155
	时降水量	ln_*hourpre*	14556	6.9817	1.2231	2.5257	13.8155

续表

变量类型	变量名称	变量	观测量	均值	标准差	最小值	最大值
控制变量	平均温度	ln_avetem	14514	2.7534	1.0999	−2.3026	13.8155
	相对湿度	Ln_avehum	14556	4.2851	0.8682	3.4012	13.8155
	时降水量	Ln_hourpre	14556	6.9817	1.2231	2.5257	13.8155
	环境质量	Envir	13377	0.6914	0.1428	0.2067	0.9450

四、回归结果分析

(一) 基准回归

在进行计量回归前,一般需要确定在回归中使用哪种回归模型。因此,我们采用 Hausman 检验确认该模型是用固定效应模型还是随机效应模型。Hausman 检验结果中 P 值显著,拒绝原假设,表明应该采用固定效应模型进行估计。

表 2 显示了基准回归结果,以探知地区增长模式与土地生产率之间的关系。列 (1)~(7) 列示了在回归模型中逐步加入控制变量的结果,可以看出,Urbanmodel 的系数始终在 1% 水平下显著为正,表明蔓延增长模式的地区与生产率呈现显著的正相关关系,即蔓延增长的地区会提高城市生产率,从而证实了假说 1。从控制变量看,Popden 和 Envir 的相关系数在 1% 水平下显著为正,表明人口密度和环境质量会促进地区生产率,分别证实了假说 2 和假说 4。Urbanacc、Terrain、hourpre、avetem 和 avehum 的估计系数在 1% 水平下显著为负,表明时间可达性、崎岖指数、时降水量以及湿度均会显著降低地区生产率。其中,时间可达性的结果表明,时间越长,越不利于生产率的提高。也就是说,当该城市的交通越便利,通勤时间缩短,可达性时间降低的时候,该城市的生产率越高,这证明了假说 3。

表 2   基准回归结果

变量	(1)	(2)	(3)	(4)	(5)	(6)	(7)	(8)
	Productivity	Productivity	Productivity	Productivity	Productivity	Productivity	Productivity	Productivity
Urbanmodel	0.0326 *** (0.0024)	0.0911 *** (0.0024)	0.0977 *** (0.0024)	0.1040 *** (0.0023)	0.1058 *** (0.0023)	0.1145 *** (0.0024)	0.1102 *** (0.0024)	0.0942 *** (0.0024)
Popden		0.0423 *** (0.0005)	0.0394 *** (0.0005)	0.0267 *** (0.0004)	0.0268 *** (0.0004)	0.0287 *** (0.0004)	0.0277 *** (0.0004)	0.0250 *** (0.0004)
Urbanacc			−0.3264 *** (0.0081)	−0.3091 *** (0.0076)	−0.3191 *** (0.0076)	−0.3861 *** (0.0086)	−0.3629 *** (0.0090)	−0.2510 *** (0.0088)

续表

变量	(1) Productivity	(2) Productivity	(3) Productivity	(4) Productivity	(5) Productivity	(6) Productivity	(7) Productivity	(8) Productivity
Terrain				−0.1368 *** (0.0023)	−0.1379 *** (0.0023)	−0.1370 *** (0.0023)	−0.1365 *** (0.0023)	−0.1426 *** (0.0023)
hourpre					−0.0187 *** (0.0014)	−0.0083 *** (0.0014)	−0.0081 *** (0.0014)	−0.0068 *** (0.0014)
avetem						−0.1009 *** (0.0050)	−0.0605 *** (0.0050)	−0.0465 *** (0.0049)
avehum							−0.0852 *** (0.0123)	−0.0993 *** (0.0124)
Envir								0.4901 *** (0.0122)
Constant	−5.5348 *** (0.0020)	−6.1233 *** (0.0081)	−5.2811 *** (0.0215)	−4.1095 *** (0.0253)	−3.9468 *** (0.0278)	−3.6116 *** (0.0335)	−3.4094 *** (0.0513)	−3.9159 *** (0.0541)
Observations	216169	213089	212219	210238	210238	210161	210161	208059
R-squared	0.001	0.051	0.065	0.154	0.155	0.160	0.160	0.158
city FE	YES	YES	YES	YES	YES	YES	YES	YES
Time FE	YES	YES	YES	YES	YES	YES	YES	YES

注：*、**、***分别表示10%、5%、1%的显著性水平；括号内的数值为回归系数对应的 t 值。

（二）稳健性检验

在稳健性检验中，本文采用替换被解释变量的做法。采用工业企业全要素生产率（$\ln TFP$）作为城市生产率的代理变量，运用 OLS 方法计算全要素生产率。对基准回归的结论进行稳健性检验，结果如表3所示，结果与基准回归一致，即可验证回归结果的稳健性。

表3　　　　　　　替换城市增长模式回归结果（OLS）

变量	(1) lnTFP_ols	(2) lnTFP_ols	(3) lnTFP_ols	(4) lnTFP_ols	(5) lnTFP_ols
Urbanmodel	0.0985 *** (0.0047)	0.0730 *** (0.0049)	0.1259 *** (0.0050)	0.1268 *** (0.0052)	0.1103 *** (0.0053)
Popden		−0.0158 *** (0.0009)	−0.0089 *** (0.0009)	−0.0067 *** (0.0009)	−0.0100 *** (0.0009)

变量	（1）	（2）	（3）	（4）	（5）
	ln*TFP_ols*	ln*TFP_ols*	ln*TFP_ols*	ln*TFP_ols*	ln*TFP_ols*
Urbanacc			−0.8357 *** (0.0166)	−0.9237 *** (0.0180)	−0.7918 *** (0.0194)
Terrain			−0.0019 (0.0031)	0.0195 *** (0.0032)	0.0161 *** (0.0032)
hourpre				0.0109 *** (0.0032)	0.0095 *** (0.0031)
avetem				0.0012 (0.0100)	−0.0062 (0.0101)
avehum				0.6079 *** (0.0283)	0.6728 *** (0.0287)
Envir					0.6131 *** (0.0259)
Constant	1.2727 *** (0.0039)	1.4982 *** (0.0130)	8.6263 *** (0.1479)	6.5434 *** (0.1670)	4.8141 *** (0.1835)
Observations	153381	152126	150388	150364	149619
R − squared	0.003	0.005	0.025	0.030	0.033
city FE	YES	YES	YES	YES	YES
Time FE	YES	YES	YES	YES	YES

注：*、**、*** 分别表示 10%、5%、1% 的显著性水平；括号内的数值为回归系数对应的 t 值。

（三）异质性分析

本文根据中国三大经济带的划分，将研究样本区域分为东部、中部和西部地区，为探讨城市增长模式对于不同地区土地生产率的影响，故作如下实证回归（见表4）。诚然，城市增长模式对于土地生产率的影响在东部、中部和西部呈现明显差异，即在东部和中部地区，蔓延型增长城市会促进地区土地生产率的增长，系数分别在1%的水平下显著为正，分别为0.0484和0.0373；在西部地区，蔓延型增长城市则会抑制地区土地生产率的增长，系数在1%水平下显著为负，且影响系数在三个地区之中最大，达到了0.157。可见，在西部地区，蔓延增长模式会严重阻滞地区的经济发展，反而会促进东、中部地区发展。这证实了假说5，从全样本角度来看，在现阶段蔓延增长模式与城市生产率呈现出正相关的关系；但是从分样本角度来看，则存在很明显的差异，东、中、西部地区的差异非常明显。

表4   按地区分组回归结果

变量	(1) 东部地区 *Productivity*	(2) 中部地区 *Productivity*	(3) 西部地区 *Productivity*
Urbanmodel	0.0484 *** (0.0030)	0.0373 *** (0.0079)	− 0.1570 *** (0.0096)
Popden	0.0130 *** (0.0005)	− 0.0085 *** (0.0016)	0.0272 *** (0.0019)
Urbanacc	0.0396 *** (0.0151)	0.3476 *** (0.0347)	− 0.3007 *** (0.0194)
Terrain	0.0237 *** (0.0022)	0.0655 *** (0.0090)	0.0109 *** (0.0024)
hourpre	0.0080 *** (0.0024)	− 0.0554 *** (0.0068)	0.0097 *** (0.0018)
avetem	0.1919 *** (0.0072)	0.1422 *** (0.0199)	− 0.0656 *** (0.0251)
avehum	− 0.7788 *** (0.0167)	0.2246 *** (0.0390)	0.1159 ** (0.0566)
Envir	0.5090 *** (0.0150)	1.0262 *** (0.0335)	0.4254 *** (0.0434)
Constant	− 3.5658 *** (0.0675)	− 8.2799 *** (0.2287)	− 5.7620 *** (0.2310)
Observations	122932	13419	13268
R-squared	0.062	0.075	0.125
city FE	YES	YES	YES
Time FE	YES	YES	YES

注：* 、** 、*** 分别表示10%、5%、1%的显著性水平；括号内的数值为回归系数对应的 *t* 值。

五、结论与政策建议

（一）结论

利用2010年、2013年和2016年三个年份的大数据进行混合面板回归，研究城市增长模式对城市生产率的影响。研究发现，蔓延增长模式会提高城市生产率；人口密度和环境质量的提升以及城市通勤时间的缩短会促进城市生产率；分地区层面看，蔓延增长模式对东、中部地区生产率具有显著的促进作用，但是对于西部地区经济发展却有着严重的阻滞作用。

（二）政策建议

上述研究蕴含的政策含义包括：

第一，城市的政策制定者，需要注重吸引人口和环境的改善。人口密度的提高和城市环境的改善可以有效提高城市生产率。

第二，需要加大对城市基础设施的投入，包括道路网络的完善，进一步缩短内部交通的时间，提升城市内部的可达性和连接性。当该城市的交通越便利，通勤时间缩短，可达性时间降低的时候，该城市的生产率越高。

第三，对于东、中部地区的城市来说，蔓延增长模式可以进一步提高城市生产率。通过蔓延增长模式最大化利用生产要素来进一步推动城市的发展，从而实现资源的最优配置，最终提高本地生产率。

第四，对于西部地区的城市来说，由于自身发展不够充分，生产要素分散，缺乏形成规模效应，对于这类城市需要通过精明增长模式实现集聚规模效应，从而提升城市生产率。

参 考 文 献

［1］曹子阳，吴志峰，匡耀求，等．DMSP/OLS 夜间灯光影像中国区域的校正及应用［J］．地球信息科学学报，2015，17（09）：1092 – 1102.

［2］陈旭，邱斌．多中心结构、市场整合与经济效率［J］．经济学动态，2020（08）：70 – 87.

［3］范子英，彭飞，刘冲．政治关联与经济增长——基于卫星灯光数据的研究［J］．经济研究，2016，51（01）：114 – 126.

［4］刘修岩，李松林，秦蒙．城市空间结构与地区经济效率——兼论中国城镇化发展道路的模式选择［J］．管理世界，2017（01）：51 – 64.

［5］秦蒙，刘修岩．城市蔓延是否带来了我国城市生产效率的损失？——基于夜间灯光数据的实证研究［J］．财经研究，2015，41（07）：28 – 40.

［6］Camagni, R. Economía Urbana［M］. Antoni Bosch Editor, 2005.

［7］Chauvin, J. P., Glaeser, E., Ma, Y., et al. What is different about urbanization in rich and poor countries? Cities in Brazil, China, India and the United States［J］. Journal of Urban Economics, 2017（98）：17 – 49.

［8］Chinitz, B. Contrasts in agglomeration：New York and Pittsburgh［J］. The American Economic Review, 1961, 51（02）：279 – 289.

［9］Fallah, B. N., Partridge, M. D., Olfert, M. R. Urban sprawl and productivity：evidence from US metropolitan areas［J］. Papers in Regional Science, 2011, 90（03）：451 – 472.

［10］Karlsson, C., Rickardsson, J., Wincent, J. Diversity, innovation and entrepreneurship：where are we and where should we go in future studies?［J］. Small Business Economics, 2021, 56（02）：759 – 772.

［11］Glaeser, E. L. Agglomeration Economics ［M］. University of Chicago Press, 2010.

［12］Li, G., Li, F. Urban sprawl in China: differences and socioeconomic drivers ［J］. Science of the Total Environment, 2019（673）: 367 - 377.

［13］Meijers, E. J., Burger, M. J. Spatial structure and productivity in US metropolitan areas ［J］. Environment and Planning A, 2010, 42（06）: 1383 - 1402.

［14］Monkkonen, P., Montejano, J., Guerra, E., et al. Compact cities and economic productivity in Mexico ［J］. Urban Studies, 2020, 57（10）: 2080 - 2097.

［15］Puga, D. The magnitude and causes of agglomeration economies ［J］. Journal of Regional Science, 2010, 50（01）: 203 - 219.

［16］Strogatz, S. Guest column: math and the city ［J］. The New York Times, 2009.

［17］Tan, M., Li, X., Li, S., et al. Modeling population density based on nighttime light images and land use data in China ［J］. Applied Geography, 2018（90）: 239 - 247.

［18］Xu, H., Yang, H., Li, X., et al. Multi-scale measurement of regional inequality in Mainland China during 2005 - 2010 using DMSP/OLS night light imagery and population density grid data ［J］. Sustainability, 2015, 7（10）: 13469 - 13499.

［19］Zeng, C., Zhou, Y., Wang, S., et al. Population spatialization in China based on night-time imagery and land use data ［J］. International Journal of Remote Sensing, 2011, 32（24）: 9599 - 9620.

经济复杂性对区域技术创新的影响
——基于空间溢出的计量分析

胡小丽*

一、引　言

创新对经济发展至关重要，随着新科技革命迅猛发展，技术复杂度越来越高，全球创新已经进入高强度研发时代。中国经济正在步入高质量发展阶段，面对错综复杂的国际形势和国内社会主要矛盾的转变，如何提升我国的技术创新水平？这需要突破传统的从要素禀赋优势出发解决问题的思路，转向依靠深层次的体制机制改革和持续的技术与产品创新（高帆，2021）。而技术和产品创新源自生产结构的不断优化（Hidalgo，2015）。

产品空间理论将产品看作知识、技术和能力的载体，用经济复杂性反映一国或地区生产知识、技术等含量较高的复杂产品的能力，技术进步和开发新产品的能力取决于已有的生产能力积累，也即一国或地区构成生产结构的各产品的能力集合（Hausmann et al.，2007）。经济复杂性反映了地区的生产结构，在短期内，当一个地区的产业结构表现出更高程度的相关多样性和更强的行业间学习时，区域经济体的创新机会更强一些（Frenken et al.，2007）。

学者们普遍认为产品空间密度的提升有利于显性比价优势新产品的出现，促进了产业结构升级，新产品的出现也说明了国家生产能力的提升对经济增长有促进作用。中国自加入世界贸易组织以来，借助自身的市场优势和知识技能不断提升的劳动力优势，经济复杂度获得明显提升，但考虑到中国地域广阔、不同行业特征差异明显，区域之间发展存在着较大的差异，这些因素使得中国的技术创新格局很可能表现出不同的模式。那么，中国经济复杂性对技术创新的发展产生怎样的影响？其影响的内在机制是什么？

二、文献综述

技术外溢是一种外部性，当一家公司从另一家公司的研发活动中获得经济利益而没有分担任何费用时，就会发生技术溢出。格里利兹（Griliches，1979；1992）确

---

* 胡小丽，同济大学国际足球学院助理教授。

定了两种不同类型的技术外溢概念。第一种通常称为垂直、福利、金钱或租金溢出，这基本上是价格衡量的问题。在一家公司（卖方）中进行的研究可以使另一家公司（买方）受益，因为竞争，卖方通常无法完全将质量提高体现在投入中。因此，这种类型的溢出集中在基于交易的链接上，通常发生在买家——供应商链上。但是，他认为这并不是"真正的溢出"，它创造了进一步的创新并转移了经济的生产能力（即生产可能性边界）（Griliches，1992）。这种溢出最多可以帮助企业沿着现有的生产前沿发展并调整最佳生产水平（Branstetter，2000）。第二种通常称为横向、知识、非金钱或技术溢出，这基本上是知识传播的问题。在一家公司中进行的研究可以刺激新知识的创造或另一家公司中先前想法的实现。在这种情况下，新知识就从新产品中体现出来，并成为一般知识池（即公共物品）的一部分。随后的创新是建立在这种分散的知识基础之上的。这种溢出效应可以引发进一步的创新并改变经济体的生产能力。

经济复杂性反映了地区的生产结构，在短期内，当一个地区的产业结构表现出更高程度的相关多样性和更强的行业间学习时，区域经济体间的技术溢出效应会更大一些。先前无关联的知识的组合和重组导致新的知识生产、随后的技术创新以及随之而来的经济增长和福利（Aghion and Howitt，1992）。但并非所有以前存在的知识类型都能够同等和成功地结合在一起，这些过程的结果取决于在技术内容方面接触的知识种类，即知识的相关程度（Boschma et al.，2008）。相关的多样性以较低的成本促进跨行业的本地知识溢出。这是因为这些行业的认知距离不是太大，因此在共享能力方面存在互补性，从而实现有效联系以及共享知识和信息。弗伦肯等（Frenken et al.，2007）认为相关多样性改善了跨行业互动、复制、修改和重新组合思想，实践和技术的机会，从而产生雅各布的外部性。在寻求重组时，代理人主要关注他们先前经验（相关品种）的技术部分，因为之前的专业知识使他们能够更好地理解新知识的性质。因此，当一个地区呈现相关技术多样性时，由于相关技术更容易重组，连接得到了更有效的建立。

米利等（Mealy et al.，2019）对经济复杂度进行系统性解释，认为该指标以微观商品数据为基础，更能准确反映经济发展潜力和经济结构优势特征。当企业处在一个经济发展潜力大、生产结构合理的经营环境中时，其创新行为将得到激发。其次，在经济政策不确定性冲击下，由实物期权理论可知，企业经营成本增加，信息不对称性扩大，企业经营者会延迟创新投资决策。然而，区域经济复杂性（ECI）能够减弱经济政策不确定性的负面效应，削弱企业经营成本增加和信息不确定性扩大的影响。在技术相关领域多元化的地区，企业可以分享互补知识，可能在现有知识库、新旧知识库之间或者新的知识库进行知识重组的过程中具有优势（Boschma and Iammarino，2009）。

三、计量模型与数据说明

(一)空间相关分析

技术创新通常被建模为研发支出的函数。但是,研发不等于成功的创新,可能会高估技术溢出。因此,使用专利申请量来衡量技术进步并确定技术溢出的方向。

本文根据各个地级市所处经纬度计算两两城市间的直线地理距离,得到基于直线地理距离的空间权重矩阵。将全国 285 个城市作为研究对象,以专利申请量作为观测值,分别计算 2000~2013 年的莫兰(Moran)指数(见表 1)。各个不同年份的 Moran 指数全部通过了显著性检验,且全部为正,表明各个城市的创新活动具有显著的空间自相关性,且相关性具有一致性并呈现先下降后上升的趋势。

表 1   2000~2013 年专利申请量全局 Moran 指数

年份	Moran 指数	$E(I)$	$sd(I)$	Z 值	P 值
2000	0.067	−0.004	0.006	11.713	0.000
2001	0.036	−0.004	0.005	7.966	0.000
2002	0.030	−0.004	0.005	6.826	0.000
2003	0.012	−0.004	0.004	4.290	0.000
2004	0.018	−0.004	0.005	4.323	0.000
2005	0.019	−0.004	0.005	4.343	0.000
2006	0.018	−0.004	0.005	3.996	0.000
2007	0.023	−0.004	0.005	4.835	0.000
2008	0.026	−0.004	0.006	5.267	0.000
2009	0.038	−0.004	0.006	7.348	0.000
2010	0.054	−0.004	0.006	9.917	0.000
2011	0.061	−0.004	0.006	11.350	0.000
2012	0.073	−0.004	0.006	13.627	0.000
2013	0.070	−0.004	0.006	12.743	0.000

图 1 是 2000 年和 2013 年的专利申请量局部 Moran 指数散点图。可以看出,第三、四象限的城市明显多于第一、二象限,即表示"低—低"型和"低—高"型集聚的城市较"高—低"型、"高—高"型的城市更多。专利申请量较低的城市在空间上更易集聚;从空间差异来看,"低—低"型和"低—高"型城市的空间差异较小。

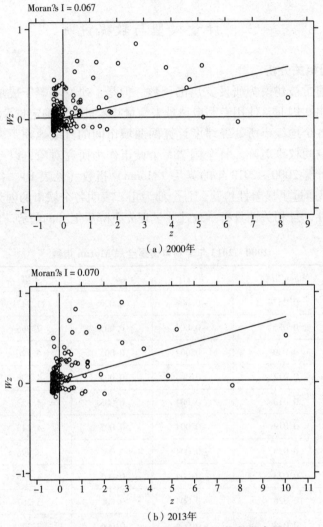

图1 2000 年和 2013 年局部 Moran 指数散点图

（二）计量模型设定

根据空间相关分析结果，本节用空间面板数据模型来估计技术溢出，以便可以通过纳入城市和时间固定效应来避免横截面回归中遗漏的变量偏差。计量模型为：

$$\ln\_patent_{it} = \rho W \ln\_patent_{it} + \alpha_1 \ln\_eci_{it} + \alpha_2 X_{it} + \varepsilon_{it}$$
$$\varepsilon_{it} = \lambda W \varepsilon_{it} + \delta_{it} \tag{1}$$

其中，W 为空间权重矩阵，ε_{it} 和 δ_{it} 分别为误差项。$\ln\_patent_{it}$ 为 i 城市 t 年的专利申请量对数，核心解释变量 $\ln\_eci_{it}$ 表示地级市层面的经济复杂度对数，X_{it} 表示控制变量。当 $\rho = \lambda = 0$ 时为采用普通最小二乘法（OLS）的计量模型；当 $\lambda = 0$ 时为空间自回归模型（SAR）；当 $\rho=0$ 时为空间误差模型（SEM）。

（三）变量选择与说明

1. 被解释变量

各城市的专利申请量（patent）。

2. 解释变量

各城市的经济复杂度（eci），遵循经济复杂性框架，构建"城市—产品"的二元矩阵网络，根据各城市的实际出口额情况，计算各城市的经济复杂度。

第一，对 2000~2013 年的中国海关贸易数据库进行清理，将无效数据去除。再按照 4 位数标准（HS－4）进行分类，提供各产品出口到世界其他国家的区域价值份额。

第二，通过将产品 i 中具有比较优势的地区数量除以样本中的地区数量来计算产品 i 中具有比较优势的概率。

第三，计算产品 i 和产品 j 具有比较优势的联合概率。

第四，计算产品的条件概率，即在条件是产品 j 中具有比较优势时产品 i 中具有比较优势的概率。因此，对于每对产品 (i,j)，最终得出两个条件概率：以产品 j 中具有比较优势为条件时产品 i 中具有比较优势的概率，以及以产品 i 中具有比较优势为条件时产品 j 中具有比较优势的概率。形式上，产品 i 和 j 之间的接近度 φ 是在产品 i 中已经显示比较优势的配对条件概率的最小值。遵循上述计算方法，可以得到每对产品之间的邻近矩阵。

第五，将各地区的经济复杂度计算为当地所有产品邻近度的加权平均值，其中权重是各地区产品出口份额。

3. 控制变量

研发投入，将科研技术人员从业人数（strp）作为代理变量；外商直接投资，用外商直接投资占 GDP 比值（fdi）表示；贸易开放度，用进出口贸易总额占 GDP 比值（open）表示；政策支持，用各城市财政支出中的科学支出比例（psci）表示；产业结构，用第三产业增加值在 GDP 中的占比（pser）表示；人力资本，用各城市的每万人在校大学生数（hca）表示；交通运输能力，用各城市的货运量（trans）表示。

（四）数据来源与描述性统计

本文最终整理了 285 个城市 2000~2013 年的相关数据，部分地级市因为数据缺失较多，在样本中被剔除。由于空间计量要求所有指标不能存在缺失值，所以在对指标进行对数处理时，为了避免出现专利申请量是零而不能取对数的情况，将 185 个专利申请量的 0 值替换为 1，再对各个指标取对数，得出最终的样本。

本文的数据主要来源于海关数据库、专利数据库、《中国城市统计年鉴》《中国区域经济统计年鉴》，以及各城市的统计年鉴和统计公报。相关变量的描述性统计如表 2 所示。

表2   各个变量的描述性统计

变量	观测值	平均值	标准差	最小值	最大值
ln_patent	3990	4.100	2.357	0.000	11.682
ln_eci	3990	4.786	0.196	3.020	5.190
ln_strp	3990	7.984	1.184	2.303	13.200
ln_fdi	3990	-4.051	1.496	-11.513	0.542
ln_open	3990	-2.052	1.595	-10.240	2.441
ln_psci	3990	-0.737	1.142	-6.128	2.789
ln_pser	3990	3.552	0.244	1.278	4.560
ln_hca	3990	3.866	1.822	-6.192	7.152
ln_trans	3990	8.581	0.945	4.663	13.226

四、实证分析

（一）基准回归结果

首先，根据方程（1），以经济复杂度对数为解释变量，专利申请量对数为被解释变量，代入整理的指标数据进行最小二乘估计，以便与空间计量回归结果比较，结果如表3的列（1）所示。可以看出，经济复杂度对数与专利申请量对数正向相关，且经济复杂度对数的产出弹性为1.059，即经济复杂度对数每提高1%，专利申请量对数提升1.059%。

然后，根据方程（1），以专利申请量对数为被解释变量，经济复杂度对数为解释变量，进行空间计量的豪斯曼（Hausman）检验，结果显示选用固定效应。再根据计量模型建立SAR、SEM和SDM模型进行回归，结果如表3的列（2）、（3）、（4）所示。进一步采用似然比（likelihood ratio，LR）检验，结果发现 P 值均为0，SDM模型没有退化为SAR或SEM模型，后续实证结果以SDM模型为主。

表3   基准回归结果

变量	ln_patent			
	(1) OLS	(2) SAR	(3) SEM	(4) SDM
ln_eci	1.059*** (9.99)	0.112 (1.53)	0.148* (1.87)	0.168** (2.11)
ln_strp	0.498*** (19.85)	0.017 (0.58)	0.054* (1.76)	0.049 (1.58)

变量	ln_patent			
	（1） OLS	（2） SAR	（3） SEM	（4） SDM
ln_fdi	0.159 *** （9.33）	0.052 *** （4.33）	0.052 *** （4.21）	0.047 *** （3.82）
ln_open	0.333 *** （20.78）	0.047 ** （2.47）	0.060 *** （3.00）	0.057 *** （2.87）
ln_psci	0.614 *** （28.74）	0.056 *** （3.94）	0.089 *** （5.04）	0.082 *** （4.65）
ln_pser	− 0.654 *** （− 7.20）	− 0.305 *** （− 3.34）	− 0.379 *** （− 3.99）	− 0.392 *** （− 4.09）
ln_hca	0.029 ** （2.03）	0.015 （1.04）	0.041 *** （2.72）	0.036 ** （2.37）
ln_trans	0.581 *** （20.14）	0.120 *** （4.53）	0.105 *** （3.83）	0.091 *** （3.33）
_cons	− 5.934 *** （− 9.54）			
rho		0.882 *** （68.94）		0.705 *** （14.81）
lambda			0.963 *** （155.81）	
sigma2_e		0.356 *** （44.63）	0.354 *** （44.60）	0.351 *** （44.60）
观测值数	3990	3990	3990	3990
R^2	0.720	0.445	0.678	0.525

注：*、**、*** 分别表示10%、5%和1%的显著性水平；括号内的数值为异方差稳健的 t 统计量。

从回归结果可以看出：（1）整体来看，模型的拟合度（R^2）都比较理想，模型基本能反映我国城市技术溢出的实际情况。OLS 和 SDM 模型中经济复杂度对数的系数基本显著为正，说明经济复杂性对城市创新具有显著正影响，且城市之间存在明显的空间溢出效应。（2）SAR、SEM 和 SDM 模型的检验结果中 rho 或 lambda 均在1%的置信水平下显著为正，表明城市的技术创新对周边地区具有明显的正向溢出效应。（3）由 OLS 和 SDM 模型的结果比较可以看出，在考虑空间因素后，经济复杂度（ln_eci）、研发投入（ln_strp）、外商直接投资（ln_fdi）、贸易开放度（ln_open）、政策支持（ln_psci）、产业结构（ln_pser）和交通运输能力（ln_trans）的系数绝对值均有所减小，说明忽略城市间的空间溢出效应，会高估相关因素对城市技术创新的影响。

（二）内生性检验

由于计量模型可能存在内生性问题，采用两种方法进行内生性检验。

第一，用发明专利申请量替换原被解释变量专利申请量。一些学者认为发明专利才是企业/地区创新的真实表现，黎文靖和郑曼妮（2016）认为发明专利代表了企业创新的"质量"。

专利申请量总量和发明专利申请量的比较如图2所示。可以看出，发明专利的申请量相对全部专利来说很集中，且右偏的程度也小于全部专利申请量，说明发明专利申请量的区域差异小于全部专利的申请量。

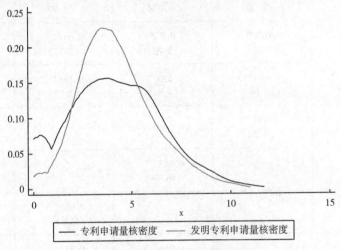

图2 专利与发明专利申请量的核密度

将发明专利申请量对数作为被解释变量，经济复杂度对数作为解释变量，分别采用 OLS 和 SDM 模型进行实证检验，结果如表4的列（1）、（2）所示。结果显示，经济复杂性对发明专利申请量具有显著正相关关系，且 SDM 模型中的 rho 在1%的水平下显著为正，表明经济复杂性对城市的发明专利具有显著的正向溢出效应。

第二，改变参数重新计算各城市的经济复杂度。当产品 i 的 $RCA_{c,i}$ 比率为0.8或者高于0.8时，认为产品 i 在城市 c 具有比较优势，重新计算城市的经济复杂度。用重新计算的经济复杂度代替原解释变量指标，实证结果如表4的列（3）、（4）所示。结果显示，经济复杂度对区域间的技术创新具有显著的正向影响，且具有积极的空间溢出效应。

两种方法内生性检验的实证结果与基准回归结果基本相符，说明前述回归结论是可信的。

表4   内生性检验回归结果

变量	ln_ipatent		ln_patent	
	(1) OLS	(2) SDM	(3) OLS	(4) SDM
ln_eci	0.597 *** (8.10)	−0.020 (−0.31)	1.053 *** (10.32)	0.158 ** (2.07)
控制变量	YES	YES	YES	YES
_cons	−6.727 *** (−15.57)		−6.049 *** (−9.79)	
rho		0.838 *** (23.50)		0.706 *** (14.82)
sigma2_e		0.223 *** (44.54)		0.351 *** (44.60)
观测值数	3990	3990	3990	3990
R^2	0.791	0.406	0.720	0.525

注：* 、** 、*** 分别表示10%、5%和1%的显著性水平；括号内的数值为异方差稳健的 t 统计量。

（三）稳健性检验

为了确认前述实证结果的稳健性，本文采用两种方法进行稳健性检验。第一，因为中心城市一般具有更高的经济复杂度，且技术创新较多，样本可能存在选择性偏误，故而将直辖市、省会城市和计划单列市剔除，再采用SDM模型进行回归，结果如表5的列（1）所示。第二，采用空间自相关（SAC）对方程（1）重新计量回归，回归结果如表5的列（2）所示。

表5   稳健性检验回归结果

变量	ln_patent	
	(1) SDM	(2) SAC
ln_eci	0.177 ** (2.06)	0.152 * (1.94)
控制变量	YES	YES
_cons	4.061 *** (10.55)	5.154 *** (4.46)
rho	0.699 *** (14.39)	0.816 *** (29.66)

续表

变量	ln_patent	
	(1) SDM	(2) SAC
lambda		0.626 *** (7.28)
sigma2_e	0.380 *** (41.76)	0.379 *** (48.02)
观测值数	3500	3990
R^2	0.572	0.506

注：*、**、***分别表示10%、5%和1%的显著性水平；括号内的数值为异方差稳健的 *t* 统计量。

表5的检验结果显示，各个变量的回归系数与前面的实证结果相符合，经济复杂性对城市技术创新具有显著的促进影响，且具有明显的正向溢出效应。这说明实证检验的结果是稳健的。

五、结论与政策建议

本文首先梳理了经济复杂性和区域技术溢出的相关文献，建立了经济复杂度影响区域技术创新的空间计量模型，并进行了实证检验。研究结果显示，各城市的区域技术创新存在空间溢出效应，采用空间距离矩阵进行空间计量回归，结果表明经济复杂性对城市的技术创新具有显著的正向影响，且城市之间具有明显的积极的空间溢出效应。

区域间的技术溢出是经济增长的重要影响因素，经济复杂性通过区域间的技术溢出促进了区域经济增长。可以从三个方面促进区域间的要素流动：（1）继续深化户籍改革制度，削减区域间的流动障碍，加强劳动力的自由流动；（2）进一步进行科学合理的交通基础规划建设，强化区域间要素和信息的地理流动性，促进区域间的要素流动，增加区域间的技术溢出；（3）加快信息化建设，注重信息的采集、挖掘、交换、开发、共享等，推动区域间信息共享。

参 考 文 献

［1］高帆. 中国新发展格局：理论逻辑与构建路径［EB/OL］. 2021 - 03 - 05. https：//mp. weix-in. qq. com/s/GGymBYIhh8sI - 1NobLie1A.

［2］黎文靖，郑曼妮. 通货膨胀预期、企业成长性与企业投资［J］. 统计研究，2016，33（05）：34 - 42.

［3］Aghion, P. and Howitt, P. A model of growth through creative destruction［J］. Econometrica,

1992, 60 (02): 323 – 51.

[4] Boschma, R., Eriksson, R. & Lindgren, U. How does labour mobility affect the performance of plants? The importance of relatedness and geographical proximity [J]. Journal of Economic Geography, 2008 (09): 169 – 190.

[5] Boschma, R., Iammarino, S. Related variety, trade linkages, and regional growth in Italy [J]. Economic Geography, 2009, 85 (03): 289 – 311.

[6] Branstetter, L. Vertical keiretsu and knowledge spillovers in Japanese manufacturing: an empirical assessment [J]. Journal of the Japanese and International Economies, 2000, 14 (2): 73 – 104.

[7] Encaoua, D., Hall, B. H., Laisney, F et al. Looking for international knowledge spillovers a review of the literature with suggestions for new approaches [M]. Springer US, 2000.

[8] Frenken, K., Van Oort, F. & Verburg, T. Related variety, unrelated variety and regional economic growth [J]. Regional Studies, 2007 (41): 685 – 697.

[9] Griliches, Z. Issues in assessing the contribution of research and development to productivity growth [J]. The Bell Journal of Economics, 1979, 10 (01): 92 – 116.

[10] Griliches, Z. The search for R&D spillovers [J]. Scandinavian Journal of Economics, 1992 (94): 29 – 47.

[11] Hausmann, R., Klinger, B. The structure of the product space and the evolution of comparative advantage [J]. Cid Working Papers, 2007.

[12] Hidalgo, C. A., Klinger, B., Barabási, A. L. & Hausmann, R. The product space conditions the development of nations [J]. Science, 2007, 317 (5837): 482 – 487.

[13] Hidalgo, C. Why information grows: the evolution of order, from atoms to economies [M]. Basic Books, 2015.

[14] Mealy, P., Farmer, J. D. & Teytelboym, A. Interpreting economic complexity [J]. Science Advances, 2019, 5 (01): 705.

人口密度、民族文化距离与人口流动

马　超*

一、引　言

随着改革开放和户籍制度的改革，我国人口流动的范围越来越大，频率越来越高。通过对第六次全国人口普查数据的分析发现：人口密度大于 600 人/平方千米的 71 个地区，平均人口自然增长率为 4.8‰，平均人口流动率为 27.9%；人口密度小于 100 人/平方千米的 69 个地区，平均人口自然增长率为 5.7‰，平均人口流动率为 6.9%。① 高人口密度地区呈现出低生育率和高流入率的现象，低人口密度地区呈现出高生育率和低流出率的现象。高人口密度吸引了人口流入，但低密度地区并未出现高流出率。可见，人口密度并不是导致人口流动的必然原因，人口密度与人口流动之间的关系需要进一步梳理。

人口密度低的地区，通常属于边境地区或少数民族聚居的地区，其呈现出低人口流出率的现象，为什么出现这种情况？是人口密度低导致人均资源占有量多，还是少数民族聚居而产生的文化距离限制了人口的流出？由于计划生育执行力度的不同，可能也导致了这种现象。通过几十年计划生育的实施，我国人口出生率已经降到一个相对较低的水平，很多专家认为低人口生育率已经成为一个挑战。因此，人口迁移将在大多数地区的人口未来中发挥越来越大的作用，这个问题的研究更具现实意义。

基于这种可观察到的现象，本文系统分析了人口密度和文化距离在人口流动中发挥的作用。通过实证研究发现高人口密度吸引了人口的流入，民族文化距离阻碍了人口的流入和流出。本文的研究有以下几个贡献：（1）首次把人口密度和文化距离放在一个框架下，探究其对人口流动的影响。（2）利用夜间灯光数据模拟了各城市的常住人口密度，作为人口密度的代理变量进行了稳健性检验。（3）控制了一些可能影响人口流向选择，但在现有主流经济学文献中得到较少关注的自然地理变量，如海拔、与海岸线距离、与省会距离等。

---

* 马超，上海对外经贸大学马克思主义学院讲师。

① 根据 2010 年第六次全国人口普查数据计算而来，人口流动率为常住人口与户籍人口之差的绝对值除以户籍人口。

二、文献综述

人口流动是一个复杂的社会现象，关于人口流动问题的研究有着悠久的传统（Greenwood，1975；Borjas，1994）。影响人口流动的因素并不唯一，国内外学者也基于不同的研究尺度做了大量的研究。大量学者基于重力模型、空间计量模型等分析方法，分别对经济水平、收入差距、城市公共服务、基础设施、经济结构、医疗教育条件和城市化水平等影响人口流动的因素作出了具体分析（夏怡然和陆铭，2015；李拓和李斌，2015）。

人口密度不仅是一个地理学要素，也是一个影响经济活动的重要因素。到目前为止，在经济学分析中，人口密度并没有变成一个通用变量（Yegorov，2015）。现实中，人口密度往往被经济研究所忽略，探究人口密度与人口流动之间关系的文献比较有限。已有的文献认为高人口密度吸引了人口的流入，低密度和高密度地区均表现出高的流动率。尼泊尔的一项研究发现，人口密度和社会接近度对移民具有强烈的显著影响，移民主要迁移到附近人口密度高的地区，那里有很多人分享他们的语言和种族背景，更好地获得便利设施是显而易见的。发现跨区预期收入和消费支出的差异在确定移民目的地选择方面是显著的，但它们的影响幅度小于其他决定因素（Fafchamps and Shilpi，2013）。雷瑟福德（Relethford，1986）研究调查了马萨诸塞州历史上人口迁移（和基因流）与密度相关的程度（即受人口规模的影响）。基于修正的重力模型探究了美国和加拿大之间的人口流动，证实东道国的收入和人口以及祖国的位置对流入北美的移民流量的变化作出了最大的贡献（Karemera et al.，2000）。

为什么人口密度对人口流动的影响同我国的现实状况不能达成一致？我国是一个统一的多民族国家，人口流动除了受到经济社会因素影响外，还涉及文化的融入。经济发展和社会的进步无疑推动了少数民族聚居地人口的外流，而几千年的传统文化、民族习俗和宗教信仰对人口的流动也形成了一股推力。一项对中国的研究发现，低的农村收入导致许多少数民族人口的长途迁移，但对于一些少数民族，他们的种族会阻碍移民（Gustafsson and Yang，2015）。徐现祥等（2015）考察方言距离对劳动力流动的影响，当方言具有认同效应和互补效应时，在一定条件下，方言距离呈现出先促进、后抑制劳动力流动的"倒U型"模式。郭云南和姚洋（2013）从宗族网络的角度考察了转型期间农村劳动力流动的行为，指出家庭的宗族网络强度或凝聚力对家庭外出打工起作用。国外地区的研究也有相似的结论，例如使用一套独特的新指标测试文化障碍对经合组织国家之间移民的影响，发现有文化差异对国际移民流动产生负面影响的有力证据，文化障碍在解释发达国家之间移民流动的模式方面比传统的经济变量如收入和失业差距更为明显（Belot and Ederveen，2012）。从欧洲区域的国际移民排序的角度分析了文化构成对区域吸引力的影响，发现文化多样性增加了区域吸引力，平均文化距离大大削弱了区域吸引力（Wang et al.，2016）。

三、数据来源和计量模型构建

（一）数据来源

为了弥补以往人口迁移流动研究尺度较为宏观，大部分只到省级层面的缺陷，本文以全国地级市单元为研究对象。考虑到数据可获取性及研究本身的需要，本文未把我国港澳台地区列入分析范围。本文收集了2009~2018年全国地级市的10年期面板数据，数据来源于《中国城市统计年鉴》《中国区域统计年鉴》《中国统计年鉴》，对缺失的数据通过各地区统计年鉴和统计公报予以补充。人口数据的获取相对困难，由于部分中西部地区统计年鉴的数据统计不够完善，特别是民族地区，故存在一部分缺失数据。

（二）变量选择

1. 解释变量和被解释变量

（1）人口流动率。借鉴王丽艳等（2017）的方法，通过计算地区年度人口净流动量与户籍人口的比值来表征人口流动率。（2）人口密度。本文采用地级市层面常住人口数与行政区域面积比来表示。相较于户籍人口，常住人口更能反映人口分布的现状。（3）民族文化距离。文化的概念很难界定，且现有关于文化的统计数据相对匮乏，本文使用地区少数民族人口占比作为民族文化距离的替代变量。

2. 控制变量

（1）收入水平。本文采用地区城镇居民人均可支配收入与当年全国城镇居民人均可支配收入的差异度指数表示收入差距。（2）产业结构。本文采用城市第三产业总产值占比来衡量地区产业结构。（3）教育水平。本文采用普通高校在校生人数表示，这比中学学生在校数更能反映一个地区的教育水平。（4）交通通达性。本文采用路网密度来衡量一个地区的交通通达性。（5）经济地理因素。本文控制了与省会城市的距离、海拔、与海岸线距离等经济地理因素变量。

（三）计量模型构建

首先，本文考察人口密度对人口流动的影响，设定总体模型如下：

$$pop_{it} = \alpha_0 + \beta density_{it} + \theta X_{it} + \varepsilon_{it} \tag{1}$$

基于前文的机制分析，不仅人口密度对人口流动有影响，民族文化距离对人口流动也存在影响。因此，在总体模型（1）中引入民族文化距离变量。

$$pop_{it} = \alpha_0 + \beta_1 density_{it} + \beta_1 permin_{it} + \theta X_{it} + \varepsilon_{it} \tag{2}$$

其中，i表示地区，t表示年份；pop_{it}表示i地区t年份人口流动率，$density_{it}$表示i地

区 t 年份的人口密度；$permin_{it}$ 表示 i 地区 t 年份的少数民族人口占比；X_{it} 为一组控制变量，包括收入水平、教育水平、医疗水平、交通通达性、经济地理因素变量；ε_{it} 为扰动项。

四、实证分析

（一）全样本回归结果及分析

基准回归结果如表 1 所示。从列（1）中只放入人口密度变量时，人口密度对人口流动的影响是显著的，且系数为正。列（2）在控制了影响人口流动的一系列变量、年份固定效应和地区固定效应后，仍是显著为正。这表明人口密度促进了人口的流入，人口密度越高的地区人口流入越多。这与我国人口流动的现状吻合，符合我们关于人口密度是影响人口流动的重要因素的预期。

为了探究民族文化距离是否削弱了人口密度对人口流动的吸引力，在列（3）中引入了民族文化距离变量，结果显示回归系数显著为正，且人口密度系数变小。在列（4）中加入经济地理变量后，回归系数依然显著。回归结果表明：人口密度是人口流动的吸引力，促进了人口的流入；民族文化距离阻碍了人口的流出。

民族文化距离对人口流动的抑制性不仅表现为减少了人口流入，而且也表现为减少了人口流出。列（3）和列（4）中民族文化距离系数为正也可以理解为促进了人口的流入，但这并不符合预期和现实状况。因此，全样本回归结果并不能充分反映出民族文化距离对流入地和流出地的不同影响，需要进一步分析民族文化距离对人口流动的影响。

表1 全样本回归结果

变量	(1) pop	(2) pop	(3) pop	(4) pop
density	0.0318 *** (19.92)	0.0250 *** (14.48)	0.0250 *** (14.46)	0.0195 *** (10.50)
permin			0.374 *** (9.29)	0.114 * (1.89)
pergdp		1.167 *** (9.48)	1.160 *** (9.41)	1.046 *** (7.99)
zzl		−0.126 *** (−4.43)	−0.126 *** (−4.45)	−0.137 *** (−4.69)
gdxxs		0.375 *** (7.70)	0.374 *** (7.69)	0.270 *** (2.96)

续表

变量	(1) *pop*	(2) *pop*	(3) *pop*	(4) *pop*
*cw*1		0. 113 *** (6. 34)	0. 113 *** (6. 32)	0. 125 *** (6. 53)
ln_*gllc*		2. 091 *** (3. 98)	2. 085 *** (3. 96)	1. 879 *** (3. 44)
ln_*dist*1				− 8. 351 (− 1. 03)
ln_*dist*2				− 7. 742 *** (− 2. 75)
ln_*haiba*				7. 357 *** (2. 65)
_*cons*	1. 3226 (0. 78)	− 9. 116 *** (− 3. 00)	− 37. 29 *** (− 15. 92)	29. 20 (0. 64)
年份固定效应	YES	YES	YES	YES
地区固定效应	YES	YES	YES	YES
R^2	0. 9808	0. 9815	0. 9815	0. 9823
N	3009	2684	2684	2426

注：*、**、*** 分别表示 10%、5%、1% 的显著性水平；括号内的数值为 *t* 统计量。

（二）人口流入地和流出地的分样本回归

鉴于上文民族文化距离对人口流入地和流出地会呈现出不同的结果，进一步采取分样本回归的方法，对流入地和流出地分别进行回归，回归结果如表 2 所示，其中列（1）和列（2）表示人口流出地的回归结果；列（3）和列（4）表示人口流入地的回归结果。

表 2　　　　　　　　　　　　　　　　分地区回归结果

变量	(1) *pop* < 0	(2) *pop* < 0	(3) *pop* > 0	(4) *pop* > 0
density	0. 00628 *** (6. 27)	0. 00528 *** (5. 12)	0. 0551 *** (33. 76)	0. 0502 *** (26. 27)
permin	0. 00990 *** (1. 08)	0. 0259 *** (2. 66)	0. 125 (1. 47)	− 0. 0344 (− 0. 31)

续表

变量	(1) $pop < 0$	(2) $pop < 0$	(3) $pop > 0$	(4) $pop > 0$
_cons	−22.01*** (−13.72)	−50.52*** (−11.90)	−137.6*** (−14.63)	−84.49*** (−3.05)
时间固定	YES	YES	YES	YES
地区固定	YES	YES	YES	YES
地理变量	NO	YES	NO	YES
N	1837	1819	847	607
R^2	0.4923	0.5173	0.8756	0.9092

注：*、**、***分别表示10%、5%、1%的显著性水平；括号内的数值为 t 统计量。

在控制了年份和地区固定效应后，表2的4个回归方程中人口密度的估计系数都显著且为正，表明人口密度促进了人口流入地的人口流入，抑制了人口流出地的人口外流。在列（3）和列（4）中，人口密度变量显著为正，表明即使在人口流出地，人口密度也是吸引人口的重要变量。民族文化距离变量不显著，说明民族文化距离并未抑制高密度人口流入地的进一步人口流入。

（三）内生性检验

人口吸引力强的地区，大量人口不断流入，提高了人口流动率的同时也增加了该地区的人口密度。由此看来，人口密度和人口流动的变化之间可能存在着循环累积的双向因果关系，传统的OLS回归可能会高估人口密度对人口流动的净效应。因此，经济学文献中常常使用内生解释变量的滞后项作为工具变量。本文用人口密度的一阶滞后期值作为人口密度的 IV 变量来进行内生性检验。表3中的估计结果显示，三组 IV 估计结果与 OLS 估计结果较为相近，说明 IV 估计具有有效性。

表3　　　　　　　　工具变量回归结果

变量	First Stage		2SLS	
	(1) $pop < 0$	(2) $pop > 0$	(3) $pop < 0$	(4) $pop > 0$
l_permin	0.488*** (2.19)	0.637** (−0.33)		
permin			0.0228** (2.19)	−0.0358 (−0.33)
density	0.00507*** (4.55)	0.0489*** (26.15)	0.00507*** (4.55)	0.0489*** (26.15)

续表

变量	First Stage		2SLS	
	(1) *pop* < 0	(2) *pop* > 0	(3) *pop* < 0	(4) *pop* > 0
_cons	− 31.23 *** (− 3.85)	− 17.84 *** (− 6.38)	− 70.13 *** (− 14.23)	− 85.81 *** (− 2.78)
N	1615	542	1615	542
R^2	0.5637	0.8453	0.5398	0.9165

注：*、**、*** 分别表示10%、5%、1%的显著性水平；括号内的数值为 *t* 统计量。

（四）稳健性检验

少数民族人口占比作为民族文化距离的代理变量，可能会因为变量选择而导致回归结果的偏误。一个地区方言多样性越高，则该地区与以普通话为交流语言的发达地区的民族文化距离越大。因此，本文使用徐现祥等（2015）通过《中国语言地图集》和《汉语方言大词典》整理和测算出的方言分化指数来代理民族文化距离变量进行稳健性检验。此外，宗教信仰的差异也会反映出民族文化距离，可以通过该地区宗教场所的数量、宗教人口的数量以及占总人口的比重、宗教参与度等指标表示（Hilary and Hui，2009）。因此，本文通过中国数据在线（China Data Online）数据库整理得到地级市层面的四类宗教数量，作为民族文化距离的代理变量之一。回归结果如表4所示，方言分化指数和宗教数量所表示的民族文化距离的回归系数均显著为正，与基准回归结果一致，说明本文的回归模型是稳健的。

表4　　　　　　　　稳健性检验回归结果

变量	(1) *pop* < 0	(2) *pop* < 0
density	0.00298 *** (2.68)	0.00512 *** (4.98)
fyindex	1.477 ** (2.30)	
zjnum		0.000948 *** (2.89)
_cons	− 38.71 *** (− 8.38)	− 52.32 *** (− 12.13)
N	1560	1819
R^2	53.43	51.76

注：*、**、*** 分别表示10%、5%、1%的显著性水平；括号内的数值为 *t* 统计量。

162

五、结论和政策建议

本文首先通过人口密度对人口流动影响的机制分析，表明高人口密度通过提高人力资本水平和技术进步带动生产率的提高，进而提高劳动力的收入水平，或通过提供更好的基础设施和服务等吸引人口向高密度地区流动，并进一步提高这些地区的人口密度。实证分析也发现，人口密度对人口流动呈现出显著正向影响，促进了地区的人口流入。然后，分析了民族文化距离对人口流动的影响。中西部地区属于少数民族聚居地，与东部沿海发达地区语言、文化和宗教等方面的差异可能会阻碍人口的流动。通过使用少数民族人口占比代理民族文化距离进行实证检验，并采用宗教场所数量和方言分化指数进行了稳健性检验，结果显示民族文化距离确实阻碍了低密度地区的人口流动，削弱了人口密度对人口流入的吸引力。此外，地区的教育、医疗条件等公共服务层面的控制变量，与海岸线、省会的距离和海拔等经济地理方面的控制变量，都与人口流动高度相关。

伴随着经济的快速发展和户籍制度的放开，大规模人口流动将成为今后市场化经济的必然趋势。在符合经济发展规律和社会正常秩序的前提下，引导不同地域、不同文化背景下的人口合理流动，将有利于实现资源更好的配置，有望在人口集中和产业集聚中实现社会公平和缩小收入差距。

参 考 文 献

[1] 郭云南，姚洋. 宗族网络与农村劳动力流动 [J]. 管理世界，2013（03）：69 – 81.

[2] 李拓，李斌. 中国跨地区人口流动的影响因素——基于286个城市面板数据的空间计量检验 [J]. 中国人口科学，2015（02）：73 – 83，127.

[3] 王丽艳，马光荣. 帆随风动、人随财走？——财政转移支付对人口流动的影响 [J]. 金融研究，2017（10）：18 – 34.

[4] 夏怡然，陆铭. 城市间的"孟母三迁"——公共服务影响劳动力流向的经验研究 [J]. 管理世界，2015（10）：78 – 90.

[5] 徐现祥，刘毓芸，肖泽凯. 方言与经济增长 [J]. 经济学报，2015，2（02）：1 – 32.

[6] Belot, M., Ederveen, S. Cultural barriers in migration between OECD countries [J]. Journal of Population Economics, 2012, 25（03）：1077 – 1105.

[7] Borjas, G. J. The economics of immigration [J]. Journal of Economic Literature, 1994, 32（04）：1667 – 1717.

[8] Fafchamps, M., Shilpi, F. Determinants of the choice of migration destination [J]. Oxford Bulletin of Economics and Statistics, 2013, 75（03）：388 – 409.

[9] Greenwood, M. J. Research on internal migration in the United States：a survey [J]. Journal of Economic Literature, 1975, 13（02）：397 – 433.

[10] Gustafsson, B., Yang, X. Are China's ethnic minorities less likely to move? [J]. Eurasian Geog-

raphy and Economics, 2015, 56 (01): 44 - 69.

［11］Hilary, G. , Hui, K. W. Does religion matter in corporate decision making in America? ［J］. Journal of Financial Economics, 2009, 93 (03): 455 - 473.

［12］Karemera, D. , Oguledo, V. I. , Davis, B. A gravity model analysis of international migration to North America ［J］. Applied Economics, 2000, 32 (13): 1745 - 1755.

［13］Relethford, J. H. Density - dependent migration and human population structure in historical Massachusetts ［J］. American Journal of Physical Anthropology, 1986, 69 (03): 377 - 388.

［14］Wang, Z. , De Graaff, T. , Nijkamp, P. Cultural diversity and cultural distance as choice determinants of migration destination ［J］. Spatial Economic Analysis, 2016, 11 (02): 176 - 200.

［15］Yegorov, Y. Economic role of population density ［J］. European Regional Science Association, 2015.

城市地铁、替代效应及其对雾霾污染的影响

林若飞[*]

一、引 言

PM2.5 造成的空气颗粒物污染是公共卫生的一个关键问题。PM2.5 的粒径小、面积大、活性强，易附带有毒、有害物质，且在大气中停留时间长、输送距离远，能够进入肺部和血液，损害心血管和呼吸系统，还可能导致卒中、肺癌和慢性肺病（Hystad et al.，2015）。根据生态环境部的报告，自 2013 年以来，中国政府加强了对空气污染的治理，空气质量有了一些改善。2015 年中国 337 个地级及以上城市 PM2.5 浓度为 50μg/m³，2019 年为 36μg/m³，2021 年为 30μg/m³（中华人民共和国生态环境部，2021a）。但是，这仍然远远不够，2021 年在全球 117 个国家和地区的 PM2.5 浓度排名中处于第 22 名，北京在全球 6475 个城市排名中处于第 16 名。[①] 在秋冬季节，PM2.5 污染是严重的问题，尤其是北方城市。

根据生态环境部的监测报告，公路运输是空气污染的主要来源之一（中华人民共和国生态环境部，2021b）。中国已成为最大的汽车市场，中国城市的汽车消费增速较快。2010～2020 年私人汽车拥有量从 5938.71 万辆增加到 24291.19 万辆，年均增长 15.1%。根据北京市生态环境局和天津市生态环境局的统计，至少 20% 的 PM2.5 由机动车造成（Lu et al.，2018）。作为绿色交通的一种，从 2000 年以后中国城市大规模建设地铁。根据中国城市轨道交通协会的报告，2000 年只有 4 个城市开通了地铁，营运里程 117 公里。到 2020 年，有 44 个城市开通了地铁，营运里程 6302.79 公里，是全世界地铁营运线路最长、发展最快的国家（中国城市轨道交通协会，2021）。

在理论上，中国城市地铁的大规模建设所产生的影响，是一个重要且引人注目的话题。但是，有关地铁交通是否影响空气污染的文献还很少（Xiao et al.，2020）。在中国台湾地区台北新地铁系统对空气质量影响的研究中发现，台北地铁的开通减少了一氧化碳的排放，但没有减少其他污染物的排放（Chen and Whalley，2012）。卢等（Lu et al.，2018）运用断点回归（RDD）方法，研究了 2013～2018 年中国 29 个城市的空气质量，研究结果表明，地铁的开通减少了 PM2.5 浓度。李等（Li et al.，2019）运用双重差分（differences-in-difference，DID）方法，研究了 2008～2016 年

---

  * 林若飞，同济大学国际足球学院助理教授。
① 相关数据来自 2021 World air quality report. Gordah. https：//www.iqair.com/。

北京 14 条新地铁线路对空气质量的影响，发现地铁密度增加有助于提高空气质量。郑等（Zheng et al.，2021）运用 DID 方法，研究了 2014～2018 年南京地铁对空气质量的影响，发现地铁密度增加能够显著地减少 PM2.5 和 CO 溶度。但是，也有不同的研究结论。对 2001～2016 年 58 个全球开通地铁的城市的研究发现，整体上地铁开通对微粒浓度没有显著影响，但不同城市具有显著异质性（Gendron-Carrier et al.，2022）。郑等（Zheng et al.，2021）研究了长沙新建地铁系统对空气污染的影响，发现地铁系统对 PM 和 O_3 没有显著影响。

本文研究了中国城市轨道交通对雾霾污染的影响，主要贡献有：第一，在机制探究方面，本文构建了城市轨道交通影响雾霾污染的作用机制，即机动车替代效应。第二，在数据来源和处理方面，本文选择 NASA 地球观测系统的数据和信息系统（EOSDIS）公布的 2000～2016 年度卫星遥感数据集，测算了城市 PM2.5 浓度数据，有助于分析城市轨道交通对雾霾污染的长期影响和空间差异。现有文献主要利用 MEEC 公布的空气污染指数（API 或 AQI）小时或每日数据，而 MEEC 2012 年才将 PM2.5 加入空气质量指数中，只能分析城市轨道交通的短期影响，也不能分析城市轨道交通影响的空间差异。第三，本文以中国所有开通运营轨道交通的城市为样本，克服了现有多数文献以单个城市为样本的偏差。第四，在计量模型构建方面，本文把各个城市的气象变化纳入模型控制变量。PM2.5 监测数据受到降水量、平均气温等气象条件的影响（Gendron-Carrier et al.，2022），但现有文献多数没有考虑气象条件的影响。

二、概念框架

城市地铁与 PM2.5 污染之间关系的逻辑，是建立在这样的假设之上，即城市地铁出行能够替代机动车出行，至少在城市的某些时间和地点是这样。

燃油机动车除了直接造成 PM2.5 污染，还会排放 CO、NO_x 和 HC 等，而 NO_x 和 HC 也会反应形成颗粒物，导致二次污染。汽车数量与 PM2.5 显著相关（Zhang et al.，2015）。关于城市地铁发展对机动车的替代效应，取决于两个方面的比较，即分流效应和创造效应的大小，可能前者大于后者，也可能前者小于后者。首先，分流效应，即地铁发展将激励更多的通勤者从汽车转移到地铁，从而抑制车辆排放（Beaudoin et al.，2015）。一般来说，轨道交通的负外部性，如噪声污染、交通事故和空气污染，远小于私人车辆造成的负外部性。也有研究发现，地铁的存在降低了附近家庭的汽车拥有率（Zhang et al.，2017）。根据对欧洲城市的分析发现，地铁的人均公里事故成本和 CO_2 排放量分别仅为私人车辆的 5% 和 4%。这一改善主要是由于以前的能源密集型或高污染出行模式被低碳出行模式所取代（Zheng and Kahn，2013）。此外，改进后的地铁还能够减少交通拥堵，改善通勤者的可达性，在此过程中，车辆排放将得到控制。其次，创造效应，即地铁发展可能会鼓励一些潜在的司机从公共汽车或地铁转乘小汽车。其原因有三个方面：一是地铁开通增加了城市经济活动，进而增加了机动车出行；二是地铁开通减少了道路的拥堵，可能使得一些更愿意开车的人从公共汽车或地铁转为机动车出行；三是地铁开通使得越来越多的居民可能会迁往郊区居住，这导致了更多的通勤需求和更长的每日通勤时间，加剧了交通拥堵，增加了 PM2.5 污染（Duranton and Turne，2011）。地铁对整个城市 PM2.5 浓度的影响，取决于两个效应的相对力量。

三、方　　法

（一）实证模型说明

为了检验城市轨道交通对城市雾霾污染的影响及作用机制，本文将轨道交通的开通视为一次准自然实验，利用城市轨道交通开通在不同城市和时间上的变异，同时考虑到雾霾污染存在空间溢出特征，运用渐进性的空间双重差分方法估计轨道交通对城市雾霾污染的影响，模型构建如下：

$$\ln haze_{it} = \beta_0 + \rho W \times \ln haze_{it} + \beta_1 Transit_{it} + \beta_2 X_{it} + \gamma_i + \delta_t + \varepsilon_{it} \tag{1}$$

其中，$haze_{it}$ 代表 i 城市 t 年的平均雾霾浓度；W 是空间权重矩阵。本文分别选取地理距离和经济地理矩阵对结果进行估计。$Transit_{it}$ 是是否可开通地铁的虚拟变量，是本文的主要解释变量，以刻画地铁开通对城市雾霾污染的影响，如果城市 i 开通了地铁，则 $Transit_{it} = 1$；反之，则 $Transit_{it} = 0$。β_1 是本文的估计系数，如果 β_1 显著为负，则说明开通了城市轨道交通的城市有着更低的雾霾浓度，即城市轨道交通有助于降低雾霾污染。X_{it} 是一系列的控制变量，包括环境规制（ER）、公路里程数（$road$）；产业结构（IS）、技术水平（$R\&D$）、对外开放程度（$open$）。γ_i 是城市固定效应，用以控制不随时间变化的个体特征因素。δ_t 是时间固定效应，用以控制时间维度的宏观经济冲击。ε_{it} 是随机误差项。

（二）空间权重矩阵的构建

首先，采用地理距离倒数构建空间权重矩阵。通过区域 i 和 j 之间的距离 d_{ij} 来设置权重矩阵，假设区域间关系随着区域间距离的增加而减弱，具体形式为：

$$W_{ij}^{d} = \begin{cases} \dfrac{1}{d_{ij}^2} & i \neq j \\ 0 & i = j \end{cases} \tag{2}$$

其中，W_{ij}^{d} 代表地理距离矩阵；d_{ij} 表示 i、j 两地之间的地理距离。

然而经济发展并不能单纯孤立看待，城市间存在着密切的交流合作，空间效应的产生不仅与地理距离有关，城市属性也是不可忽视的原因。基于此，本文同时将城市经济属性与地理距离相结合，构建城市经济地理矩阵。

$$W_{ij}^{\ e} = \begin{cases} \dfrac{P_i \times P_j}{d_{ij}^2} & i \neq j \\ 0 & i = j \end{cases} \tag{3}$$

其中，$W_{ij}^{\ e}$表示城市经济地理矩阵，P_i和P_j分别表示城市i和j在2001~2018年内经GDP平减指数平减后的人均GDP的平均值。

（三）数据

本文以2001~2018年中国276个地级行政区的平衡面板数据为样本。PM2.5浓度数据来自美国航空航天局（NASA）地球观测系统的数据和信息系统（EOSDIS）公布的2001~2018年度全球表面PM2.5浓度，本文运用地理信息软件ARCMAP将雾霾浓度栅格图片进行处理和数据提取。轨道交通的数据来自Robert Schwan的城市轨道交通网数据，本文根据各城市首次轨道交通线路开通年份将其转化成是否开通的0-1虚拟变量。公路里程数、产业结构、技术水平、对外开放程度数据来自《中国城市统计年鉴》。用于计算环境规制相关词频数据整理自各省市政府工作报告。变量统计性描述如表1所示。

表1 变量统计性描述

变量	观测数	均值	标准差	最小值	最大值
haze	4968	3.655	0.508	1.141	4.702
Transit	4968	0.049	0.215	0	1
ER	4968	0.234	0.117	0.001	0.520
road	4968	8.957	0.804	5.357	11.967
IS	4968	0.388	0.076	0.059	0.647
R&D	4968	0.008	0.014	0.000	0.657
open	4968	0.005	0.048	0.000	3.110
Taxi	4968	7.361	1.070	3.611	11.157
Bus	4968	6.306	1.209	0.000	10.564

四、结　果

（一）空间自相关检验

运用空间计量的前提是存在空间自相关，本文以地理距离权重矩阵和经济地理权重矩阵为基础，对雾霾污染的Moran's I进行检验，公式如下：

$$\text{Moran's I} = \frac{n \sum_{i=1}^{n} \sum_{j=1}^{n} w_{ij}(X_i - \overline{X})(X_j - \overline{X})}{\sum_{i=1}^{n} \sum_{j=1}^{n} w_{ij}(X_i - \overline{X^2})} \tag{4}$$

如果Moran's I 大于 0，则表明城市雾霾浓度之间正相关；小于 0 为负相关；接近于 0 表示城市雾霾浓度之间不存在空间相关性。表 2 汇报了两种不同权重矩阵下各年份的Moran's I。可以看出，Moran's I 均在 1% 水平下显著大于 0，表明城市 PM2.5 浓度之间存在强烈的空间相关性，应该运用空间计量方法对影响进行识别。

表 2   2001 ~ 2018 年 PM2.5 Moran 指数

年份	地理距离矩阵			经济地理矩阵		
	Moran's I	z	p-value	Moran's I	z	p-value
2001	0.090 ***	42.659	0.000	0.089 ***	2.769	0.003
2002	0.088 ***	41.764	0.000	0.103 ***	3.212	0.001
2003	0.070 ***	32.671	0.000	0.085 ***	2.650	0.004
2004	0.079 ***	36.902	0.000	0.091 ***	2.836	0.002
2005	0.083 ***	39.010	0.000	0.092 ***	2.854	0.002
2006	0.065 ***	30.292	0.000	0.080 ***	2.466	0.007
2007	0.090 ***	42.618	0.000	0.085 ***	2.623	0.004
2008	0.068 ***	31.797	0.000	0.071 **	2.197 **	0.014
2009	0.088 ***	41.587	0.000	0.092 ***	2.850	0.002
2010	0.082 ***	38.676	0.000	0.087 ***	2.703	0.003
2011	0.080 ***	37.500	0.000	0.082 ***	2.536	0.006
2012	0.082 ***	38.366	0.000	0.090 ***	2.810	0.002
2013	0.077 ***	36.358	0.000	0.080 ***	2.481	0.007
2014	0.079 ***	37.358	0.000	0.081 ***	2.496	0.006
2015	0.087 ***	41.195	0.000	0.088 ***	2.719	0.003
2016	0.080 ***	37.862	0.000	0.081 ***	2.509	0.006
2017	0.085 ***	40.311	0.000	0.084 ***	2.592	0.005
2018	0.089 ***	42.147	0.000	0.085 ***	2.635	0.004

注： * 、 ** 、 *** 分别表示10% 、5% 、1% 的显著性水平。

（二）平行趋势检验

采用双重差分法估计的前提假设是处理组和对照组发展的平行趋势。参考林（Lin，2017）的方法进行平行趋势检验，在模型（1）的基础上加入城市轨道交通开通的前项和后项虚拟变量，具体回归方程如下：

$$\ln haze_{it} = \beta_0 + \rho W \times \ln haze_{it} + \sum_{m=1}^{7} \delta_m firsttransit_{i,t-m}$$

$$+ \sum_{n=0}^{7} \delta_n firsttransit_{i,t+n} + \beta_2 X_{it} + \gamma_i + \delta_t + \varepsilon_{it} \qquad (5)$$

其中，$firsttransit_{i,t}$是虚拟变量，表示城市i在t年是否首次开通轨道交通，若是，取值为1，否则为0；$firsttransit_{i,t-m}$表示首次开通轨道交通的第m期的前项，$first\text{-}transit_{i,t+n}$表示首次开通轨道交通的第$n$期的后项。每个间隔期为一年。回归系数结果如图1所示，$T-7$，$\cdots$，$T-1$分别表示首次开通轨道交通前7个间隔期至前1个间隔期，T表示首次开通轨道交通当期，$T+1$，$\cdots$，$T+7$分别表示首次开通轨道交通后第1~5个间隔期。从图1可知，首次开通轨道交通前1~7个间隔期轨道交通回归系数不显著，开通轨道交通当期和之后间隔期，城市轨道交通回归系数显著为负，这表明满足双重差分（DID）平行趋势假定，这增强了本文进行DID基准回归结果的可靠性。

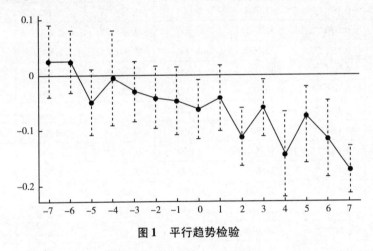

图1　平行趋势检验

（三）基准回归

表3汇报了空间DID模型的回归结果。列（1）、（2）的估计结果是基于地理距离矩阵；列（3）、（4）的估计结果是基于经济距离矩阵。列（1）、（3）仅引入主要解释变量，考察城市轨道交通的开通对城市雾霾污染的单独影响；列（2）、（4）分别在列（1）、（3）的基础上引入控制变量。回归结果显示，无论基于地理距离矩阵还是经济距离矩阵，无论是否引入控制变量，城市轨道交通的系数都显著为负。从列（4）可以看出，城市轨道交通的开通可以让城市PM2.5浓度降低4.5%，说明城市轨道交通的建设有效降低了城市的雾霾污染，符合理论预期。

表3　　　　　　　　　　　　　　　　　基准回归

变量	地理距离矩阵		经济距离矩阵	
	（1）	（2）	（3）	（4）
Transit	-0.051^{***} (0.007)	-0.034^{***} (0.008)	-0.068^{***} (0.008)	-0.045^{***} (0.009)

续表

变量	地理距离矩阵		经济距离矩阵	
	（1）	（2）	（3）	（4）
ln_ER		-0.011** (0.004)		-0.013*** (0.004)
ln_road		0.018*** (0.007)		0.024*** (0.007)
ln_IS		0.046*** (0.012)		0.060*** (0.013)
ln_R&D		-0.013** (0.006)		-0.015** (0.006)
ln_open		0.009* (0.005)		0.009* (0.005)
R^2	0.005	0.021	0.002	0.015
控制变量	No	Yes	No	Yes
城市固定效应	Yes	Yes	Yes	Yes
时间固定效应	Yes	Yes	Yes	Yes
样本数	4968	4968	4968	4968

注：*、**、***分别表示10%、5%、1%的显著性水平；括号内的数值为 t 统计量。

（四）稳健性检验

为了确保基准回归结果的可靠性，本文从三个方面进行稳健性检验：第一，调整时间窗口。基准回归样本时间带宽为2001～2018年，本文将样本时间带宽修改为2002～2018年、2003～2018年、2004～2018年、2001～2017年、2001～2016年、2001～2015年，回归结果如表4的Panel A所示。第二，改变识别策略，本文改用不考虑空间自相关的普通双重差分模型重新对系数进行估计，结果如表4的Panel B所示，列（2）～（6）在列（1）的基础上逐渐引入控制变量。第三，剔除中心城市。为防止样本选择偏误带来的识别上的偏误，本文分别在全样本中剔除直辖市、省会城市、副省级城市、计划单列市并重新估计，结果如表4的Panel C所示，列（2）～（6）在列（1）的基础上逐渐引入控制变量。可以看出，所有回归系数依旧显著为负，说明在改变了时间跨度、识别策略和样本选择的情况下，本文的研究结论依旧稳健。

表4   稳健性检验

Panel A 调整时间窗口

变量	(1) 2002~2018年	(2) 2003~2018年	(3) 2004~2018年	(4) 2001~2017年	(5) 2001~2016年	(6) 2001~2015年
Transit	-0.049*** (0.008)	-0.046*** (0.010)	-0.053*** (0.011)	-0.040*** (0.011)	-0.050*** (0.011)	-0.043*** (0.013)
R^2	0.014	0.009	0.021	0.009	0.009	0.003
控制变量	Yes	Yes	Yes	Yes	Yes	Yes
城市固定效应	Yes	Yes	Yes	Yes	Yes	Yes
时间固定效应	Yes	Yes	Yes	Yes	Yes	Yes
样本数	4692	4416	4140	4692	4416	4140

Panel B DID model

变量	(1)	(2)	(3)	(4)	(5)	(6)
Transit	-0.084*** (0.008)	-0.071*** (0.009)	-0.066*** (0.009)	-0.055*** (0.009)	-0.054*** (0.009)	-0.054*** (0.009)
R^2	0.005	0.014	0.017	0.022	0.023	0.024
控制变量	No	Yes	Yes	Yes	Yes	Yes
城市固定效应	Yes	Yes	Yes	Yes	Yes	Yes
时间固定效应	Yes	Yes	Yes	Yes	Yes	Yes
样本数	4968	4968	4968	4968	4968	4968

Panel C exclude central city

变量	(1)	(2)	(3)	(4)	(5)	(6)
Transit	-0.093*** (0.017)	-0.085*** (0.016)	-0.080*** (0.017)	-0.069*** (0.016)	-0.069*** (0.016)	-0.069*** (0.017)
R^2	0.002	0.014	0.016	0.020	0.021	0.023
控制变量	No	Yes	Yes	Yes	Yes	Yes
城市固定效应	Yes	Yes	Yes	Yes	Yes	Yes
时间固定效应	Yes	Yes	Yes	Yes	Yes	Yes
样本数	4338	4338	4338	4338	4338	4338

注：*、**、***分别表示10%、5%、1%的显著性水平；括号内的数值为t统计量。

（五）机制检验

通过前面的理论分析，我们认为城市轨道交通的建设通过机动车的替代效应降低城市雾霾污染。我们对这一理论进行实证检验，探究城市轨道交通对出租车和公交车的替代关系，以及公交车和出租车对城市雾霾的影响。表5汇报了机制检验的结果，列（1）和列（2）展示了城市轨道交通对出租车和公交车的影响，列（3）和列（4）展示了这两种机动车对城市雾霾污染的影响。可以看出，出租车和公交车都显著加剧了城市 PM2.5 的浓度，而城市轨道交通的建设对机动车产生了替代效应，进而降低了雾霾污染，即机动车的替代效应是城市轨道交通降低雾霾的作用机制。

表5   机制检验：机动车的替代效应

变量	(1) ln_Taxi	(2) ln_Bus	(3) ln_haze	(4) ln_haze
Transit	−0.181 *** (0.029)	−0.311 *** (0.044)		
ln_Taxi			0.070 *** (0.008)	
ln_Bus				0.030 *** (0.006)
R^2	0.082	0.372	0.004	0.011
控制变量	Yes	Yes	Yes	Yes
城市固定效应	Yes	Yes	Yes	Yes
时间固定效应	Yes	Yes	Yes	Yes
样本数	4968	4968	4968	4968

注：*、**、*** 分别表示 10%、5%、1% 的显著性水平；括号内的数值为 t 统计量。

五、结论和政策启示

本文基于美国航空航天局地球观测和信息系统的遥感数据和 Robert Schwan 的城市轨道交通网数据，建立了 2001～2018 年城市－年度 PM2.5 数据集和轨道交通相关数据集，运用空间 DID 模型，实证探究了城市轨道交通对城市雾霾污染的影响。研究结果表明，城市轨道交通的开通显著降低了城市 PM2.5 的浓度，且这种影响具有明显的区域异质性。进一步地，我们发现，对机动车的替代效应是城市轨道交通影响雾霾污染的作用机制。

本文研究结论对城市地铁发展和 PM2.5 治理政策具有一定的启发。一是加快城市的地铁网络配套。一方面，对已经建有地铁的城市，加快完善地铁线路的网络化规划和建设，发挥网络规模效应；另一方面，加强地铁站点与其他公共交通站点的衔接，吸引更多居民选择地铁出行。二是采取综合措施吸引更多居民选择地铁出行。对已经建有地铁的城市，需要采取综合措施，吸引更多居民选择地铁出行，更好地发挥地铁减排效应。例如，采取分时段优惠政策，对高峰时段采取更优惠的票价，让上班族更多地选择地铁出行；采取分人群优惠政策，对时间更充裕的老年人、有未成年子女家庭采取更优惠的票价，让老年人更多地选择地铁出行，让有未成年子女家庭更多地选择地铁接送子女上下学。

参 考 文 献

［1］中国城市轨道交通协会. 2020 年中国内地城轨交通线路概况［J］. 都市快轨交通，2021（01）.

［2］中华人民共和国生态环境部. 2021 中国生态环境状况公报［EB/OL］. 2022 - 05 - 28. https：//www. mee. gov. cn/.

［3］中华人民共和国生态环境部. 中国移动源环境管理年报（2021）［EB/OL］. 2021 - 09 - 10. https：//www. mee. gov. cn/.

［4］Beaudoin, J., Farzin, Y. H., Lawell, C. Y. C. L. Public transit investment and sustainable transportation：a review of studies of transit's impact on traffic congestion and air quality［J］. Research in Transportation Economics, 2015（52）：15 - 22.

［5］Chen, Y., Whalley, A. Green infrastructure：the effects of urban rail transit on air quality［J］. American Economic Journal：Economic Policy, 2012, 4（01）：58 - 97.

［6］Duranton, G., Turner, M. A. The fundamental law of road congestion：evidence from US cities［J］. American Economic Review, 2011, 101（06）：2616 - 52.

［7］Gendron-Carrier, N., Gonzalez-Navarro, M., Polloni, S., et al. Subways and urban air pollution［J］. American Economic Journal：Applied Economics, 2022, 14（01）：164 - 96.

［8］Hystad, P., Villeneuve, P. J., Goldberg, M. S., Crouse, D. L., Johnson, K., Canadian Cancer Registries Epidemiology Research Group. Exposure to traffic-related air pollution and the risk of developing breast cancer among women in eight Canadian provinces：a case-control study［J］. Environment International, 2015（74）：240 - 248.

［9］Lin, Y. Travel costs and urban specialization patterns：evidence from China's high speed railway system［J］. Journal of Urban Economics, 2017（98）：98 - 123.

［10］Li, S., Liu, Y., Purevjav, A. O., et al. Does subway expansion improve air quality? ［J］. Journal of Environmental Economics and Management, 2019（96）：213 - 235.

［11］Lu, H., Zhu, Y., Qi, Y., et al. Do urban subway openings reduce PM2. 5 concentrations? Evidence from China［J］. Sustainability, 2018, 10（11）：4147.

［12］Xiao, D., Li, B., Cheng, S. The effect of subway development on air pollution：evidence from China［J］. Journal of Cleaner Production, 2020（275）：124149.

［13］Zhang, Y., Zheng, S., Sun, C., Wang, R. Does subway proximity discourage automobility? Evidence from Beijing［J］. Transportation Research Part D：Transport and Environment, 2017（52）：506 - 517.

［14］Zhang, Y., Zheng, S., Wang, R. Does rail transit construction promote green traveling：an empirical study based on Beijing household survey［J］. World Economy, 2015（03）：77 - 88.

［15］Zheng, M., Guo, X., Liu, F., et al. Contribution of subway expansions to air quality improvement and the corresponding health implications in Nanjing, China［J］：International Journal of Environmental Research and Public Health, 2021, 18（03）：969.

［16］Zheng, S., Kahn, M. E. Understanding China's urban pollution dynamics［J］. Journal of Economic Literature, 2013, 51（03）：731 - 772.

环境规制对长江经济带物流业效率的影响研究

欧煜锟　苏　毅[*]

一、引　　言

作为高质量发展的排头兵，长江经济带内地区的 GDP 占全国比重超过 40%，创新活力稳居全国前列，在推动国家经济转型上充分发挥示范引领作用（周成等，2016）。从区域层面来看，长江经济带作为生态文明建设的先行示范带，相关部门始终高度重视，陆续颁布多部政策性文件，强化当地交通运输生态环境保护。长江经济带物流业必须积极改变粗放型经济的思维方式，优化资源配置水平，提升整体效率。然而环境问题属于外部性行为，仅依靠"看不见的手"难以实现绿色转型的目标，由此催生政府的介入和干预，以缓解环境治理的"市场失灵"问题。

尽管中央和地方政府在污染治理、节约能源和循环经济等方面颁布了大量的法规政策，全力推进物流业向绿色化、智慧化、高效化转型，但环境政策涉及的领域较广、干预手段繁多，具有复杂性和不确定性，能否影响区域物流业效率？是抑制还是促进？其背后的作用机制是什么？哪一类环境规制工具会产生更好的实施效果？究竟该如何加快推进长江经济带物流产业提质增效？在物流业转型之际，这些都是值得深入探究的问题。

二、文献综述

环境规制强度的科学测算是环境经济实证研究的前提，但社会实践中缺乏完全独立的规制工具，也尚未出现标准化的政府干预模式，因此对环境规制的度量仍存争议。沃尔特和厄格洛（Walter and Ugelow，1979）为了各个国家的环境规制严格程度，通过日内瓦联合国贸易和发展会议向联合国会员国发送问卷调查表，参照美国"严格"环境政策为基准，采用 7 级量表，对各个国家的答复分别进行评估。托比（Tobey，1990）沿用了这一指标，据此剖析了环境规制与贸易模式的关系。刘荣增和何春（2021）以工业污染治理投资完成额占第二产业比重来衡量环境规制强度。杜龙政等（2019）使用工业污染源治理投资与工业企业总产值的比值来评价环境规制。

* 欧煜锟、苏毅，福州大学经济与管理学院硕士研究生。

已有研究指出环境规制的实施会引起企业经营成本上涨，进而挤占生产和投资方面的资金，对企业生产效率乃至当地经济增长产生抑制效应（Christainsen and Haveman，1981；Shadbegian and Gray，2003）。美国经济学家波特（Porter，1991）提出假说，认为环境规制与经济发展并不矛盾，合理有力的环境规制设计反而鞭策企业开展创新活动，在增强自身竞争力的同时，抵消环境负担成本，收获创新溢出效应，倒逼企业生产效率和区域经济的增长。沙纳（Schinnar，1980）率先提出将数据包络分析（data envelopment analysis，DEA）模型运用于物流企业效率研究的想法。韦伯（Weber，1996）将 DEA 模型应用于供应链管理领域，评价了某医药企业的 6 家供应商的服务绩效水平。由于区域之间的经济发展水平存在差异性，并且区位要素投入不一，不同地区的物流业效率影响因素有所不同。吴旭晓（2015）则选择我国地区 GDP 前五强为研究对象，发现各个省份的物流业效率核心影响因素有所不同，广东对应城镇化水平，江苏和浙江对应人力资源投入，山东对应产业结构，河南则对应制度因素。

近年来，研究界开始关注到物流生产运营对生态环境造成的负面影响，但由于采用的研究方法不同，且衡量指标不统一，因此得到的结论也不尽相同。黄等（Huang et al.，2012）以中国台湾地区 3C 领域的制造业及零售业为研究对象，证明了逆向物流的环境绩效对其经济绩效产生积极效应。张琳琳（2019）以环境污染治理投资额占 GDP 比重代表环境规制，Tobit 回归表明环境规制抑制我国物流业效率，原因在于企业环保成本大于创新收益。唐建荣等（2018）以环境治理投资总额为环境规制变量，发现当污染程度为门槛变量时，环境规制对区域物流业效率的影响呈现双门槛特征。

三、环境规制对物流业效率的影响机制

（一）正式环境规制对物流业效率的影响机制
正式环境规制是指政府部门为解决生态环境问题所出台的一系列政策和措施，例如核定排污标准、征收排污税等命令型或经济型手段，勒令或倒逼企业进行环境污染治理。根据现有研究，可将正式环境规制对物流业效率的作用效果表现为挤占成本效应和创新补偿效应，如图 1 所示。

（二）非正式环境规制对物流业效率的影响机制
非正式环境规制指的是通过非政府组织、社会大众等群体对环境问题产生的约束性力量。其是指通过公众、媒体或社会团体的环境诉求和环保行动，实现污染减排，达到保护环境的目的（李虹和邹庆，2018）。借鉴现有研究，本文认为非正式环境规制可通过需求倒逼效应和外部约束效应对物流业效率产生影响，如图 2 所示。

（三）研究假设
结合环境规制的影响机制可知，在合理的环境规制下，企业迫于环境约束可能激

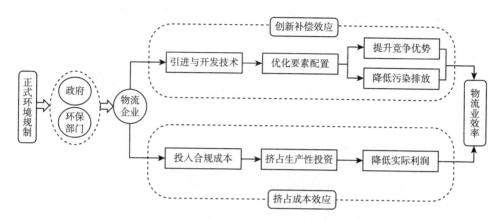

图 1　正式环境规制对物流业效率的影响路径

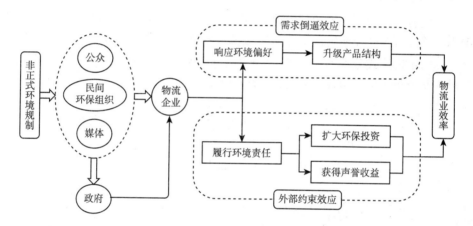

图 2　非正式环境规制对物流业效率的影响路径

发改革动力，通过对产品结构、经营决策、生产技术的升级调整，促进生产效率的提升。从长远角度来看，环境规制将发挥优胜劣汰的作用，促进行业资源重新配置，最终驱动行业整体效率的提升，实现物流业高质量发展（黄永源和朱晟君，2020）。

随着我国环境管理体制转型步伐的加快，环境监管权利逐步下放，环境信息愈发透明，公众参与环境治理的能动性增强，演变成有力的非正式环境规制。并且，环境信息的披露水平提升，公众参与的及时性进一步得到保障，进一步提升非正式环境规制对产业效率的作用（秦炳涛等，2021）。

基于正式环境规制视角。正式环境规制对物流业效率的影响路径分为挤占成本效应和创新补偿效应。如果正式环境规制过强，可能削弱企业的创新积极性。若环境规制较弱，也会削弱对环境问题的管制力（李颖等，2019）。

基于非正式环境规制视角。需求倒逼效应可以促使企业树立绿色环保理念，提供更多的绿色环保型产品及服务，减少非期望产出。但外部约束效应可能存在物极必反的现象，即当公众陷入不理性时，可能对物流企业的盈利能力造成消极影响（余泳泽和尹立平，2022）。

综上所述，本文提出以下假设：

H1：正式环境规制对物流业效率存在倒逼效应。

H2a：非正式环境规制对物流业效率存在倒逼效应。

H2b：相比正式环境规制，非正式环境规制对物流业效率的倒逼效果更明显。

四、长江经济带物流业效率的测度分析

（一）物流业效率测度模型构建

1. 超效率 SBM 模型

本文以包含非期望产出的超效率 SBM 模型刻画区域物流业效率水平。假定有 n 个 DMU，每个 DMU 分别包含 m 个投入要素、r_1 个期望产出要素、r_2 个非期望产出要素，其向量表达式分别为 $x \in R^m$，$y^d \in R^{r_1}$，$y^u \in R^{r_2}$，X、Y^d、Y^u 分别表示投入、期望产出、非期望产出的矩阵，ρ 表示物流业效率值。

$$\min\rho = \frac{1 + \dfrac{1}{m}\displaystyle\sum_{i=1}^{m}\dfrac{w_i^-}{x_{ik}}}{1 - \dfrac{1}{r_1 + r_2}\left(\displaystyle\sum_{s=1}^{r_1}\dfrac{w_s^d}{y_{sk}^d} + \displaystyle\sum_{q=1}^{r_2}\dfrac{w_q^u}{y_{qk}^u}\right)} \tag{1}$$

$$\text{s.t. } x_{ik} \geqslant \sum_{j=1, j \neq k}^{n} x_{ij}\lambda_j - w_i^-$$

$$y_{sk}^d \leqslant \sum_{j=1, j \neq k}^{n} y_{sj}\lambda_j + w_s^d$$

$$y_{qk}^u \geqslant \sum_{j=1, j \neq k}^{n} y_{qj}\lambda_j - w_q^u$$

$$\sum_{j=1, j \neq k}^{n} \lambda_j = 1$$

$$\lambda_j, w_s^d, w_q^u \geqslant 0$$

$$i = 1,2,\cdots,m; s = 1,2,\cdots,r_1; q = 1,2,\cdots,r_2; j = 1,2,\cdots,n(j \neq k)$$

2. GML 指数模型

欧（Oh，2010）提出了 Global Malmquist-Luenberger（GML）指数模型，参考样本期内 DMU 的所有数据以构造共同的生产前沿面，具有传递性特征，解决生产前沿的移动造成的无解情况。本文参考欧的研究，建立 GML 指数模型如下：

$$GML_t^{t+1} = \frac{1 + \vec{D}_0^G(x^t, y^t, b^t; -x^t, y^t, -b^t)}{1 + \vec{D}_0^G(x^{t+1}, y^{t+1}, b^{t+1}; -x^{t+1}, y^{t+1}, -b^{t+1})} \tag{2}$$

$GML_t^{t+1} > 1$ 表示从 t 到 $t+1$ 期物流业全要素生产率增长；$GML_t^{t+1} < 1$ 则表示下降。

GML_t^{t+1} 指数可分解为两个部分，即全局技术效率变化指数（GEC_t^{t+1}）和全局技术进步变化指数（GTC_t^{t+1}），以此进一步解释生产率变化的内部原因。

$$GML_t^{t+1} = GEC_t^{t+1} \times GTC_t^{t+1} \tag{3}$$

$$GEC_t^{t+1} = \frac{1 + \vec{D}_0^t(x^t, y^t, b^t; -x^t, y^t, -b^t)}{1 + \vec{D}_0^{t+1}(x^{t+1}, y^{t+1}, b^{t+1}; -x^{t+1}, y^{t+1}, -b^{t+1})} \tag{4}$$

$$GTC_t^{t+1} = \frac{\dfrac{1 + \vec{D}_0^G(x^t, y^t, b^t; -x^t, y^t, -b^t)}{1 + \vec{D}_0^t(x^t, y^t, b^t; -x^t, y^t, -b^t)}}{\dfrac{1 + \vec{D}_0^G(x^{t+1}, y^{t+1}, b^{t+1}; -x^{t+1}, y^{t+1}, -b^{t+1})}{1 + \vec{D}_0^{t+1}(x^{t+1}, y^{t+1}, b^{t+1}; -x^{t+1}, y^{t+1}, -b^{t+1})}} \tag{5}$$

$GEC_t^{t+1} > 1$ 表示技术效率改进对物流业全要素生产率增长有贡献；$GTC_t^{t+1} > 1$ 表示技术进步对全要素生产率增长有贡献。

（二）物流业效率测度指标体系构建

基于系统性和科学性原则，结合已有研究，建立长江经济带物流业效率综合测度指标体系如表1所示。

表1   长江经济带物流业效率指标体系

一级指标	二级指标	指标内容
投入指标	物流业资本投入	物流业固定资产投资额
	物流业劳动投入	物流业从业人员数
	物流业基础设施投入	铁路、公路、内河通航里程
	物流业能源投入	物流业能源消耗量
产出指标	期望产出	物流业增加值
	非期望产出	物流业碳排放量

（三）长江经济带物流业静态效率测度分析

1. 长江经济带物流业静态效率时间演化分析

图3为整体视角下2007~2018年长江经济带物流业静态效率均值的时序演化情况。结果发现，长江经济带物流业效率总体水平不高，提升潜力较大。

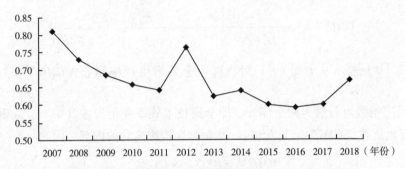

图3　2007~2018年长江经济带物流业效率变化情况

图4报告了2007~2018年长江经济带各流域的物流业效率情况。中下游地区物流业效率整体变动幅度较小；上游地区变动幅度与全流域变动趋势较为一致。

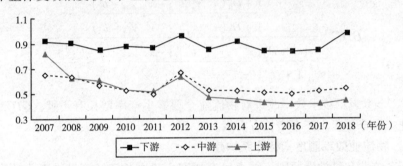

图4　2007~2018年长江经济带各流域地区物流业效率变化情况

表2具体报告了2007~2018年长江经济带沿线11个省份的物流业效率值，研究期内，长江经济带各省份之间的物流业效率平均水平呈现明显差异。

表2　　　　　　　2007~2018年长江经济带各省份物流业效率测算结果

年份	上海	江苏	浙江	安徽	江西	湖北	湖南	重庆	四川	贵州	云南
2007	1.050	0.725	0.862	1.029	1.002	0.414	0.549	1.022	0.484	1.320	0.459
2008	1.001	0.769	0.829	1.013	0.910	0.399	0.596	0.930	0.407	0.790	0.382
2009	0.823	0.772	0.783	1.014	0.813	0.404	0.509	1.009	0.348	0.684	0.379
2010	0.894	0.830	0.796	1.000	0.689	0.435	0.470	0.851	0.327	0.589	0.358
2011	0.891	0.902	0.755	0.925	0.652	0.426	0.443	0.824	0.326	0.565	0.351
2012	0.931	1.105	0.789	1.030	1.001	0.460	0.545	0.771	0.330	1.034	0.408
2013	0.914	0.907	0.779	0.808	0.599	0.468	0.507	0.638	0.323	0.537	0.386
2014	1.017	1.018	0.798	0.815	0.588	0.473	0.507	0.624	0.302	0.527	0.374

续表

年份	上海	江苏	浙江	安徽	江西	湖北	湖南	重庆	四川	贵州	云南
2015	1.002	0.737	0.807	0.801	0.565	0.480	0.492	0.519	0.336	0.471	0.386
2016	0.911	0.789	0.846	0.794	0.568	0.438	0.496	0.509	0.321	0.449	0.385
2017	0.888	0.869	0.858	0.771	0.578	0.459	0.526	0.483	0.315	0.473	0.390
2018	1.080	1.035	1.015	0.830	0.611	0.462	0.542	0.529	0.349	0.514	0.399
均值	0.950	0.872	0.827	0.903	0.715	0.443	0.515	0.726	0.347	0.663	0.388
排名	1	3	4	2	6	9	8	5	11	7	10

2. 长江经济带物流业静态效率空间演化分析

本文选取 2007 年、2011 年、2014 年、2018 年作为代表年份，绘制沿带物流业效率的空间分布图。从整体布局上看，长江经济带物流业效率具有东高西低的地带性规律，并且这种趋势随着时间演变愈发明显。

（四）长江经济带物流业动态效率测度分析

1. 整体视角下的物流业动态效率演化分析

本文引入 GML 指数对物流业效率进行动态分析，并拆分为全局技术效率变化指数（GEC）和全局技术进步变化指数（GTC），计算结果如表 3 所示，长江经济带物流业全要素生产率平均水平仅达到 0.993，整体表现略微倒退。

表 3　　　　　　　　　2007～2018 年长江经济带物流业 GML 指数及分解结果

年份	GML	GEC	GTC
2007～2008	0.918	0.983	0.933
2008～2009	0.939	0.986	0.952
2009～2010	0.963	0.999	0.964
2010～2011	0.976	0.996	0.983
2011～2012	1.201	1.065	1.137
2012～2013	0.854	1.083	0.792
2013～2014	1.011	0.987	1.025
2014～2015	0.956	1.024	0.933
2015～2016	0.985	0.987	1.001
2016～2017	1.017	0.995	1.025
2017～2018	1.098	1.025	1.075
均值	0.993	1.012	0.984

2. 流域视角下的物流业动态效率演化分析

下文分别对长江经济带上、中、下游三大地区展开分析，结果如表4所示。

下游地区物流业全要素生产率优于中上游地区，且平均值达到1.013，即年均增长1.3%，技术效率变化指数和技术进步变化指数的均值皆超过1，后者的贡献程度略高。对于中游地区，物流业全要素生产率均值为0.997，2016年后超过1，表明物流业全要素生产率逐渐攀升。对于上游地区，物流业全要素生产率均值仅为0.969，表现为波动上涨水平。

表4　　　　2007~2018年长江经济带上、中、下游物流业GML指数及分解结果

年份	下游地区			中游地区			上游地区		
	GML	GEC	GTC	GML	GEC	GTC	GML	GEC	GTC
2007~2008	0.990	1.006	0.984	0.986	1.077	0.919	0.795	0.890	0.894
2008~2009	0.943	1.000	0.943	0.921	0.982	0.938	0.949	0.976	0.971
2009~2010	1.041	1.009	1.032	0.948	0.997	0.949	0.897	0.990	0.906
2010~2011	0.990	0.956	1.039	0.956	1.007	0.950	0.976	1.028	0.952
2011~2012	1.107	0.980	1.134	1.282	1.242	1.030	1.236	1.017	1.220
2012~2013	0.894	1.072	0.836	0.848	0.969	0.865	0.818	1.180	0.694
2013~2014	1.067	1.002	1.065	0.998	1.010	0.989	0.965	0.955	1.012
2014~2015	0.926	1.005	0.918	0.982	1.023	0.962	0.968	1.042	0.926
2015~2016	1.005	1.001	1.005	0.976	1.000	0.976	0.972	0.962	1.016
2016~2017	1.015	0.999	1.016	1.042	1.041	1.002	0.999	0.955	1.051
2017~2018	1.167	1.013	1.152	1.031	0.972	1.063	1.078	1.077	1.007
均值	1.013	1.004	1.011	0.997	1.029	0.967	0.969	1.007	0.968

3. 省域视角下的物流业动态效率演化分析

由表5可知，研究期内，上游地区所有省份的物流业全要素生产率均值都小于1；中下游地区大多数省份的物流业全要素生产率超过1，其中江苏稳居第一，年均增速达到4.4%，其次是浙江、湖北和上海。

表5　　　　2007~2018年长江经济各省份物流业GML指数及分解结果

省份	GML	GEC	GTC
上海	1.008	1.012	0.995
江苏	1.044	1.002	1.040

省份	GML	GEC	GTC
浙江	1.017	1.011	1.011
安徽	0.984	0.991	0.998
江西	0.977	1.030	0.942
湖北	1.011	1.029	0.984
湖南	1.003	1.029	0.976
重庆	0.946	1.001	0.949
四川	0.974	1.004	0.982
贵州	0.964	0.988	0.979
云南	0.990	1.034	0.962
均值	0.993	1.012	0.984

五、环境规制对长江经济带物流业效率影响的实证分析

（一）环境规制测度指标体系构建

1. 正式环境规制指标

本文借助综合指数法来客观评估正式环境规制，参考董直庆和王辉（2019）的方法，选择单位产值的废水排放量、SO_2 排放量、烟粉尘排放量 3 个指标进行综合测算。

步骤 1：根据各省份各项污染排放量及地区生产总值，计算单位产值污染物排放量，并标准化处理以消除量纲。

$$DE_{ij}^* = \frac{DE_{ij} - \min(DE_j)}{\max(DE_j) - \min(DE_j)} \tag{6}$$

其中，DE_{ij}^* 表示单项指标的标准化值；DE_{ij} 表示 i 省份 j 污染物的单位产值排放量；$\min(DE_j)$、$\max(DE_j)$ 分别表示在各省份中 j 污染物的单位产值排放量最小值和最大值。

步骤 2：计算调整系数。不同省份之间污染比重与强度存在差距，赋予调整系数以反映各省份污染的差异。

$$W_j = \frac{DE_{ij}}{\overline{DE_{ij}}} \tag{7}$$

其中，W_j 表示调整系数；$\overline{DE_{ij}}$ 表示样本区间内 j 污染物的单位产值排放平均水平。

步骤 3：对标准化后的各单项指标进行加权处理。

$$P_i = \frac{1}{3}\sum_{j=1}^{3} W_j DE_{ij}^* \tag{8}$$

其中，P_i 表示省份 i 整体污染排放强度。

步骤4：为使指标数值与作用方向一致，本文参考翁鸿妹等（2022）的做法，对上述指标进行倒数化处理，并取对数，得出各省份正式环境规制强度。

$$FER_i = \ln \frac{1}{P_i} \tag{9}$$

其中，FER_i 表示 i 省份的正式环境规制强度。

2. 非正式环境规制指标

根据已有研究，选取收入水平、受教育程度和年龄结构3个指标，借熵值法对指标层进行赋权，客观评估非正式环境规制水平。

步骤1：计算信息熵。

$$E_j = -\frac{1}{\ln m}\sum_{i=1}^{m} p_{ij}\ln p_{ij} \tag{10}$$

$$p_{ij} = \frac{X_{ij}^*}{\sum\limits_{i=1}^{m} X_{ij}^*} \tag{11}$$

其中，E_j 表示第 j 项指标的熵值；p_{ij} 为第 j 项指标的比重。

步骤2：确定各项指标权重。

$$Z_j = \frac{1 - E_j}{3 - \sum\limits_{j=1}^{3} E_j} \tag{12}$$

步骤3：对标准化后的各项指标进行加权处理得到非正式环境规制强度。

$$INER_i = \sum_{j=1}^{3} Z_j X_{ij}^* \tag{13}$$

其中，$INER_i$ 表示 i 省份的非正式环境规制强度。

（二）环境规制对长江经济带物流业效率的倒逼效应分析

1. 计量模型构建

为检验环境规制对物流业效率的影响效应，分别以正式环境规制、非正式环境规制为核心解释变量，构建面板回归模型进行实证分析。其中，绝对量采取对数化处理，克服可能的异方差和多重共线性干扰。

$$LE_{it} = \alpha_0 + \alpha_1 FER_{it} + \alpha_2\ln pgdp_{it} + \alpha_3 gov_{it} + \alpha_4 info_{it} + \alpha_5 tran_{it} + \alpha_6 agg_{it} + \varepsilon_{it} \tag{14}$$

$$LE_{it} = \beta_0 + \beta_1 INER_{it} + \beta_2\ln pgdp_{it} + \beta_3 gov_{it} + \beta_4 info_{it} + \beta_5 tran_{it} + \beta_6 agg_{it} + \varepsilon_{it} \tag{15}$$

其中，i 表示省份（$i=1$，2，$\cdots$，11），t 表示时间，LE 表示物流业效率，本文将环境规制强度分解为正式环境规制 FER 和非正式环境规制 $INER$，$\ln pgdp$ 表示人均生产总值，gov 表示政府干预程度，$info$ 表示信息化水平，$tran$ 表示交通密度，agg 表示物流产业集聚水平，ε 为残差项，α_0，$\cdots$，β_6 为各指标的回归参数。

表 6 显示了主要变量的简单描述性统计，初步观察可见大部分指标数据相对稳定，离差幅度较小，波动不显著。

表6   变量的描述性统计

变量	样本量	均值	标准差	最小值	最大值
LE	132	0.668	0.240	0.300	1.320
FER	132	1.335	0.782	0	3.710
$INER$	132	9.913	0.513	8.832	11.104
$\ln pgdp$	132	10.179	0.619	8.757	11.574
gov	132	0.212	0.070	0.097	0.409
$info$	132	0.752	0.284	0.230	1.504
$tran$	132	17.427	46.908	1.158	333.327
agg	132	0.979	0.295	0.579	1.911

2. 实证结果分析

表 7 中列（1）是正式环境规制对长江经济带物流业效率的影响。回归结果显示，正式环境规制强度与物流业效率呈正相关，通过了 10% 的显著性检验，表明正式规制产生的创新补偿效应超过挤占成本效应，形成显著的倒逼效应，正式环境规制每提升 1%，物流业效率相应提高 0.0225%，研究假设 H1 成立。

表 7 中列（2）则是非正式环境规制对长江经济带物流业效率的影响。回归结果显示，非正式环境规制强度在 5% 水平下显著为正，非正式环境规制每提升 1%，物流业效率相应提高 0.3607%，表明非正式环境规制对长江经济带物流业效率产生显著的驱动作用，验证了本文的研究假设 H2a、H2b。

在两个模型中，控制变量的系数方向均无明显改变。交通密度显著为正，说明完善交通基础设施，有利于加快产品流通，进而拉动物流业效率。信息化水平同样显著为正，说明信息化是现代物流业发展的重要保障，完善的信息化环境可以有效缓解信息不对称下造成的重复运输、浪费资源等情况。地区的经济水平、政府干预和物流产业集聚都显著为负，看似与经济理论相悖，但部分研究也验证了相似情况，可能的原因在于：第一，部分地区仍然依赖生产要素投入，还未走上经济高质量发展道路，导致物流资源浪费，抑制了物流业效率的提升。第二，一些地方政府或许存在过度干预的行为，加剧地区间同质化竞争，导致投入资源冗余现象。

表7　　　　　　　　　　　　　面板数据回归模型估计结果

变量	（1）正式环境规制	（2）非正式环境规制
FER	0.0225 * (0.0126)	
INER		0.3607 ** (0.1630)
lnpgdp	− 0.3998 *** (0.1169)	− 0.7290 *** (0.1940)
gov	− 0.8730 * (0.5118)	− 1.3704 ** (0.5655)
info	0.4413 ** (0.1766)	0.2164 (0.1987)
tran	0.0008 * (0.0005)	0.0010 ** (0.0005)
agg	− 0.4694 *** (0.1049)	− 0.4199 *** (0.1076)
Constant	5.0055 *** (1.0270)	5.0341 *** (1.0196)
Observations	132	132
R^2	0.3797	0.3887
Hausman（P 值）	16.53 (0.0112)	25.80 (0.0002)

注：*、**、*** 分别表示10%、5%、1%的著显性水平；括号内的数值为标准误。

六、结　　论

　　基于环境规制对物流业效率的影响机制，本文提出了相应的研究假设。为验证假设，首先划定长江经济带11省份为研究对象，并设置考察期为2007～2018年，使用超效率SBM模型和GML指数模型分别评价当地的物流业效率与全要素生产率。其次，通过构造正式环境规制、非正式环境规制测度指标体系，得到相应的环境规制指数。最终，借助面板回归模型，探讨了环境规制对长江经济带物流业效率的影响作用，主要结论为：

　　第一，在研究期内，长江经济带物流业效率整体呈下降趋势，且较易受到规制和市场环境的影响。从三大流域来看，下游地区的效率水平始终最优，并且实现年均正增长，而上游地区的落后态势愈发明显。物流业效率空间分布呈现"东高西低"格局，高效率区高度集中于上海、江苏、浙江和安徽，而湖北、四川、云南三地始终处于低效率水平，区域发展不协调问题较为突出。

第二，长江经济带物流业全要素生产率总体呈波动上升走向，2011年后全要素生产率的增长主动力逐渐转换为技术进步。从三大流域来看，下游地区明显优于中上游地区，这种地区差异与生产技术进步水平高度相关。从各个省份来看，江苏、浙江、湖北、上海和湖南的物流业全要素生产率超过1，其他省份的改进效果大多受限于技术进步效应不足，亟须突破物流技术瓶颈。

第三，非正式环境规制同样会正向驱动物流业效率，并且驱动效果优于正式环境规制，说明在消费者需求倒逼效应和约束效应的双重叠加下，环境约束更能充分发挥作用。

参 考 文 献

［1］董直庆，王辉．环境规制的"本地—邻地"绿色技术进步效应［J］．中国工业经济，2019，370（01）：100 – 118.

［2］杜龙政，赵云辉，陶克涛，等．环境规制、治理转型对绿色竞争力提升的复合效应——基于中国工业的经验证据［J］．经济研究，2019，54（10）：106 – 120.

［3］黄永源，朱晟君．公众环境关注、环境规制与中国能源密集型产业动态［J］．自然资源学报，2020，35（11）：2744 – 2758.

［4］李虹，邹庆．环境规制、资源禀赋与城市产业转型研究——基于资源型城市与非资源型城市的对比分析［J］．经济研究，2018，53（11）：182 – 198.

［5］李颖，徐小峰，郑越．环境规制强度对中国工业全要素能源效率的影响——基于2003—2016年30省域面板数据的实证研究［J］．管理评论，2019，31（12）：40 – 48.

［6］刘荣增，何春．环境规制对城镇居民收入不平等的门槛效应研究［J］．中国软科学，2021（08）：41 – 52.

［7］秦炳涛，余润颖，葛力铭．环境规制对资源型城市产业结构转型的影响［J］．中国环境科学，2021，41（07）：3427 – 3440.

［8］唐建荣，杜娇娇，唐雨辰．环境规制下的区域物流效率可持续发展研究［J］．经济与管理评论，2018，34（05）：138 – 149.

［9］翁鸿妹，陈广平，王琛．社会资本是否促进污染型企业退出？——来自中国城市的微观数据［J］．地理研究，2022，41（01）：34 – 45.

［10］吴旭晓．经济大省物流业效率动态演化及其影响因素［J］．中国流通经济，2015，29（03）：24 – 31.

［11］余泳泽，尹立平．中国式环境规制政策演进及其经济效应：综述与展望［J］．改革，2022（03）：114 – 130.

［12］张琳琳．低碳约束下中国物流业效率及影响因素研究［J］．价值工程，2019，38（26）：129 – 131.

［13］周成，冯学钢，唐睿. 区域经济—生态环境—旅游产业耦合协调发展分析与预测——以长江经济带沿线各省市为例 ［J］. 经济地理，2016，36（03）：186－193.

［14］Christainsen, G. B. , Haveman, R. H. Public regulations and the slowdown in productivity growth ［J］. The American Economic Review, 1981, 71（02）：320－325.

［15］Huang, Y. C. , Jim Wu, Y. C, Rahman, S. The task environment, resource commitment and reverse logistics performance：evidence from the Taiwanese high-tech sector ［J］. Production Planning & Control, 2012, 23（10－11）：851－863.

［16］Oh, D. A Global Malmquist-Luenberger productivity index ［J］. Journal of Productivity Analysis, 2010（34）：183－197.

［17］Porter, M. E. Towards a dynamic theory of strategy ［J］. Strategic Management Journal, 1991, 12（S2）：95－117.

［18］Schinnar, A. P. Measuring productive efficiency of public service provision ［J］. University of Pennsylvania, 1980, 9（01）：143－148.

［19］Shadbegian, R. J. , Gray, W. B. What Determines Environmental Performance at Paper Mills? The Roles of Abatement Spending, Regulation and Efficiency ［R］. US Environmental Protection Agency, National Center for Environmental Economics, 2003.

［20］Tobey, J. A. The efects of domestic environmental policies on patterns of world trade：an empirical test ［J］. Kyklos, 1990, 43（02）：191－209.

［21］Walter, I. , Ugelow, J. L. Environmental policies in developing countries ［J］. Ambio, 1979, 8（2/3）：102－109.

［22］Weber, C. A. A data envelopment analysis approach to measuring vendor performance ［J］. Supply Chain Management：An International Journal, 1996（01）：28－39.

知识产权保护能提高出口产品国内附加值吗？
——基于 2000～2007 年中国地级 及以上城市样本的研究

陈时俊　王珍愚[*]

一、引　言

自 1978 年改革开放以来，中国的出口导向型贸易战略取得了丰硕的成果。中国 2009 年成为全球第一大货物出口国；2013 年跃居世界第一大货物贸易国。中国深度参与到全球价值链垂直分工中去，并带动了国内经济增长。但是，中国在全球价值链分工中的地位仍然比较低，出口产品主要以低附加值产品为主，高附加值产品比重还比较低。另外，国际社会对中国知识产权保护提出了更高要求。由发达成员国主导和推出的《与贸易有关的知识产权协定》，将知识产权保护问题扩展到更加广泛的领域：国际贸易、投资、技术转移乃至国际政治。中国也主动采取了知识产权保护行动，截至 2007 年底，中国已施行生效的世界知识产权组织（WIPO）条约有 13 个，另有 2 个条约已经签字，占到 WIPO 掌管的全部条约的 62.5%（沈国兵和刘佳，2009）。

那么，知识产权保护是否有利于提高中国在全球价值链中的地位，从而获得更多的贸易利得呢？吉纳特和帕克（Ginarte and Park, 1997）认为，影响专利保护水平的根本因素是一国研发活动水平、市场环境和国际一体化，这些都是与一国的经济发展水平相关的，因此发展中国家过早提高知识产权保护水平并不明智。但是，另一些学者认为，较强的知识产权保护会促进一国的创新能力，促进一国的经济增长，较强的知识产权保护是许多国家经济增长的主要引擎，对发展中国家获取国外技术、吸引外商直接投资和发展贸易尤为重要（Wang, 2004；Fink and Maskus, 2005）。中国是贸易大国，但各个地区经济发展水平和市场化程度差异很大，知识产权保护的力度也存在差别，为研究知识产权保护与全球价值链分工地位的关系提供极好的样本。本文从测算中国各个地区出口产品国内附加值入手，研究各个地区知识产权保护是否有利于提高在全球价值链分工中的地位，从而获得更多的贸易利得。

---

[*] 陈时俊，同济大学经济与管理学院博士研究生；王珍愚，同济大学经济与管理学院副教授。

二、出口国内附加值及知识产权保护强度的测算

（一）数据来源

本文使用的企业与产品数据来自中国工业企业数据库以及中国海关数据库，所用知识产权数据来自龙信数据库，数据年份为 2000～2007 年。在对中国工业企业数据库进行具体处理过程中，主要借鉴了布兰特等（Brandt et al.，2012）、谭语嫣等（2017）以及林善浪等（2018）的做法，对数据进行了如下整理：（1）按照统计口径，将采矿业以及电力、热力、燃气及水生产和供应业排除在外；（2）剔除企业员工数据小于 8 的企业，删除总资产、职工人数、工业总产值、固定资产净值以及销售额缺失的样本，以及明显不符合会计原则的样本。中国海关数据库涵盖《中国海关统计年鉴》中所有的内容，记录了每笔进出口产品的交易记录，本文对数据进行了月份加总，并对分地区企业专利授权数进行了加总。在后续分析中，如无特殊说明，相关数据均未包含中国港澳台地区。数据匹配是本文数据处理最关键的步骤，本文合并数据后得到一般贸易企业样本 96892 个，加工贸易企业样本 54128 个。

（二）出口国内附加值的测度

借鉴基和唐（Kee and Tang，2016）的做法，类似于一个国家国内生产总值的概念，我们将一个公司的 DVA 定义为公司产出中包含的国内商品和服务的总价值。换句话说，一个公司的 DVA 等于它的利润。我们用 α_i^F 和 α_i^D 分别表示国内材料中的国外量和进口材料中的国内量，用 β_i^F 和 β_i^D 分别表示进口材料中的国外量和国内材料中的国内量。DVA 可以表示为：

$$DVA_i \equiv \pi_i + L_i + K_i + \alpha_i^D + \beta_i^D \tag{1}$$

其中，π_i 为利润，L_i 为工资，K_i 为资本成本。对于一个出口其所有产出和进口一些中间投入和资本设备的加工企业，当其进口（IMP_i）等于进口材料成本（M_i^I）和进口资本（γ_i^K）之和时，其出口（EMP_i）等于其收入，可以得到：

$$DVA_i = (EMP_i - IMP_i) + (\alpha_i^D - \alpha_i^F + \gamma_i^K) \tag{2}$$

在确定 α_i^D、α_i^F 和 γ_i^K 后，我们可以利用 $EMP_i - IMP_i$ 来度量一个企业的 DVA。根据库普曼等（Koopman et al.，2012）以及南（Nam，2014）研究发现，在中国，对于加工出口来说，进口材料中的国内用量基本为 0，也就是 α_i^D 基本为 0。此外，在现有数据库中，加工企业的资本进口是由材料进口单独记录的，因此可认为 $\gamma_i^K = 0$。

在上面公式的基础上可以计算企业 i 的国内出口增加值与出口总值的比值，即出口国内附加值率（DVAR）。在调整 α_i^F / EMP_i 后，DVAR 仅依赖于进口中间品在总产值中的份额（M_i^I / Y_i）：

$$DVAR_i \equiv \frac{DVA_i}{EMP_i} = 1 - \frac{M_i}{Y_i}\frac{M_i^I}{M_i} - \frac{\alpha_i^F}{EMP_i} = 1 - \frac{M_i^I}{Y_i} - \frac{\alpha_i^F}{EMP_i} \tag{3}$$

其中，$M_i = M_i^D + M_i^I$。然而，许多出口商并不是加工贸易出口商。与加工贸易出口商不同，非加工贸易出口商不出口其所有产品，有一部分产品会在国内进行销售，因此不能满足没有终端产品或进口材料可能流入到国内的条件。在此，本文借鉴基和唐（2016）在企业层面上作一个比例假设：企业分配给出口产品的投入与出口在总销售中的份额成正比。此时非加工贸易企业的 DVA 和 DVAR 分别可以通过下述公式计算：

$$DVA_i = EMP_i - (IMP_i - \gamma_i^K + \alpha_i^F)\frac{EMP_i}{Y_i} \tag{4}$$

$$DVAR_i = \frac{DVA_i}{EMP_i} = 1 - \frac{IMP_i - \gamma_i^K + \alpha_i^F}{Y_i} \tag{5}$$

在基于比例假设的调整之后，我们通过相同过程来估计企业 DVAR，类似于我们之前对加工贸易企业所作的估计。首先基于库普曼等（2012）的估计获得估算的 α_i^F；然后根据联合国宽泛经济类别（BEC）资本货物列表确定进口资本，并估计 γ_i^K；最后剔除明显不合理的企业数据（进口中间品金额大于出口金额的企业），通过对加工贸易和一般贸易的 DVAR 分别进行计算并按照出口份额予以加权平均，得到我国总出口的 DVAR。

（三）知识产权保护强度的测度

知识产权保护（IPR）作为激励创新的一项基本制度，是我国在今后进行经济转型的重要内容。知识产权保护最直接的度量方法是专利申请受理或者授权的绝对以及相对规模，也是知识产权保护最明显的作用对象。

本文主要研究我国地级及以上城市层面知识产权保护对出口国内附加值的影响，考虑到一国的知识产权立法短期之内的变化可以忽略，且同一国家各个地区的立法差异性很小，我们认为一个地区的申请服务越细致完善，专利发明者就会越倾向于通过申请专利来保护自己的创新知识。而一个地区的执法强度越高，授权的效率也会越高，专利申请者会越倾向在该地区申请专利。于是，我们根据上文的机制分析构建专利授权量为知识产权保护的指标，即：

$$IPR_{it} = G_{it} \tag{6}$$

其中，IPR_{it} 为本文中地区的知识产权保护强度指标，G_{it} 为地区 i 第 t 年的专利授权数量。

表1是地级及以上城市知识产权保护强度数值排名前十位的情况。上海市稳居第一；北京市在 2006~2007 年略有下降；深圳市自从 2001 年挤进前三之后，一直在稳步增长，这主要在于其建立了完善行政保护、司法保护、行业自律的全方位、多

层次的知识产权保护体系，排名前十的地级及以上城市基本分布在北上广及长三角地区，说明长三角的经济辐射和知识产权转移能力要高于中西部其他地区。

表1　　　　　　　　　中国专利授权量排名前十的地级及以上城市情况

排名	2000 年	2001 年	2002 年	2003 年	2004 年	2005 年	2006 年	2007 年
1	上海市	上海市	上海市	上海市	上海市	上海市	上海市	上海市
2	北京市	北京市	北京市	北京市	北京市	北京市	深圳市	深圳市
3	青岛市	深圳市	深圳市	深圳市	深圳市	深圳市	北京市	北京市
4	广州市	青岛市	苏州市	苏州市	苏州市	天津市	天津市	苏州市
5	深圳市	苏州市	青岛市	青岛市	天津市	苏州市	苏州市	天津市
6	苏州市	广州市	东莞市	天津市	青岛市	青岛市	青岛市	青岛市
7	东莞市	东莞市	广州市	广州市	广州市	广州市	佛山市	佛山市
8	佛山市	宁波市	宁波市	宁波市	东莞市	佛山市	广州市	南京市
9	宁波市	佛山市	佛山市	东莞市	宁波市	杭州市	杭州市	杭州市
10	中山市	中山市	厦门市	厦门市	杭州市	宁波市	宁波市	宁波市

三、我国知识产权保护强度对出口国内附加值影响的实证分析

（一）实证模型的选择与变量说明

本文设定计量模型为：

$$DVAR_{it} = \alpha_0 + \beta_0 IPR_{it} + \beta_1 DVAR_{it-1} + \gamma X_{it} + \delta_{industry} + \delta_{year} + \varepsilon_{it} \tag{7}$$

其中，$DVAR_{it}$表示地区i第t年的出口国内附加值率，IPR_{it}表示地区i第t年的知识产权保护强度。由于被解释变量可能具有延续性，在方程右边加入了$DVAR$的滞后一期作为控制变量。控制变量集合X中主要是与企业自身特征相关的一系列变量，包括外商直接投资、企业研发投入、物质资本投入、人力资本投入、新产品产值、出口规模等。变量解释与数据来源说明如表2所示。

表2　　　　　　　　　　　　变量解释与数据来源

变量	定义	变量解释	数据来源
IPR	知识产权保护	专利授权量	龙信数据库
FDI	外商直接投资	地区 FDI 与地区实际 GDP 的比值	《中国城市统计年鉴》
R&D	企业研发投入	研发费用与工业总产值的比值	中国工业企业数据库

变量	定义	变量解释	数据来源
capital	物质资本投入	固定资产净余额与 GDP 的比值	中国工业企业数据库与《中国城市统计年鉴》
labor	人力资本投入	全职工人数	中国工业企业数据库
newp	新产品产值	新产品产值与工业总产值的比值	中国工业企业数据库
exp	出口规模	出口交货值与工业总产值的比值	中国工业企业数据库

此外,本文还控制了出口企业的行业特征(4 分位)和年份特征所表示的各固定效应特征。由于本文模型未考虑企业异质性中其他因素,如管理能力,企业文化等,同时解释变量与控制变量可能存在内生性问题,本文在以上模型中引入广义矩估计(GMM)方法。

(二)实证结果分析

广义矩估计回归结果如表 3 所示,从结果来看本文面板模型估计的效果良好,各解释变量显著性水平较高。其中人力资本投入、物质资本投入以及企业研发投入要素变量均表现显著,对出口国内附加值均为正向影响。企业研发投入的影响系数在三者中最大,表明研发带来的技术进步是谋求出口企业的高国内附加值的重要途径;人力资本投入的系数最低,表明大量依赖廉价劳动力能够带来出口贸易规模的快速增长,却无法较大程度提高出口产品的国内附加值。这与我国 2000 年以来贸易额快速增长但却长期处于全球价值链低端环节表现一致。另外,我们注意到外商直接投资的估计结果表现显著,表明一个地区的知识产权保护程度越高,跨国公司更倾向于将更多附加值的生产环节转移到该地区,从而提高该地区出口产品的国内附加值。

表 3　　　　　　　　　　**全样本及分地区实证回归结果**

变量	(1) 全样本 *DVAR*	(2) 东部地区 *DVAR*	(3) 西部地区 *DVAR*
IPR	0.411 ** (2.28)	0.418 ** (2.52)	0.1364 (1.60)
DVAR_1	0.246 *** (11.31)	0.323 *** (13.08)	0.111 *** (2.66)
R&D	0.282 *** (5.42)	0.574 *** (5.94)	0.208 *** (2.77)
newp	0.133 *** (4.37)	0.044 (1.10)	0.209 *** (4.13)

续表

变量	(1) 全样本 *DVAR*	(2) 东部地区 *DVAR*	(3) 西部地区 *DVAR*
FDI	0.127 *** (3.13)	0.106 *** (2.92)	0.072 (0.38)
capital	0.107 *** (7.77)	0.137 *** (6.60)	0.099 *** (4.74)
labor	0.0000034 *** (2.89)	0.000 *** (2.59)	0.000 * (1.74)
exp	0.092 *** (6.72)	0.126 *** (7.50)	0.065 *** (2.74)
_cons	0.489 *** (22.89)	0.395 *** (16.48)	0.584 *** (15.68)
r²	0.6311	0.7485	0.3695
N	1326	928	398
Sargan 检验	0.271	0.25	0.19

注：*、**、*** 分别表示10%、5%、1%的显著性水平；括号内的数值为标准误。

分地区来看，东部地区的知识产权保护对出口国内附加值影响显著，西部地区则表现不显著，这是由于东部地区知识产权保护程度更强，专利授权的有效实施促使企业对创新产品有更高的预期，更倾向于通过创新研发来提高自身的竞争优势，表现在该地区会生产更多高附加值的产品。外商直接投资在东部地区表现显著，而在西部地区表现不显著，与之前分析一致，东部地区较强的知识产权保护会吸引更多的外资企业进入。

从企业异质性角度进行分析，结果显示：一般贸易企业与加工贸易企业的系数表现均显著，证明知识产权保护越强，两者出口国内附加值越高，其中知识产权保护对加工贸易企业影响程度更大。企业研发（投入）对于加工贸易企业影响不显著，但对一般贸易企业有显著影响；外商直接投资对加工贸易企业有显著影响，但对一般贸易企业影响不显著。进一步设立所有制类型的虚拟变量，将国有企业、集体企业与私人企业合并为本土企业，将中国港澳台地区与外资企业合并为外资企业，回归结果如表4所示，从中可以看出知识产权保护对两者均有显著影响，其中外资企业在1%水平下显著为正，且企业研发投入与外商直接投资均是推动外资企业出口国内附加值上升的重要原因；对本土企业而言，企业研发投入起着更显著的作用。

表4 企业层面上的回归结果

变量	（1） 加工贸易企业 DVAR	（2） 一般贸易企业 DVAR	（3） 本土企业 DVAR	（4） 外资企业 DVAR
IPR	0.253 *** (6.89)	0.154 *** (4.51)	0.145 * (2.50)	0.167 *** (6.12)
DVAR_1	0.020 *** (2.68)	0.055 *** (23.84)	0.045 *** (4.80)	0.002 *** (4.34)
R&D	0.014 (1.55)	0.395 *** (22.39)	0.246 *** (9.79)	0.306 *** (17.57)
newp	0.032 * (1.79)	0.161 *** (11.69)	0.153 *** (8.58)	0.092 *** (6.57)
FDI	0.538 *** (15.76)	0.05 (0.01)	0.003 (0.04)	0.425 *** (12.89)
capital	0.000 *** (7.59)	0.000 *** (9.26)	0.000 *** (17.68)	0.000 *** (8.37)
labor	0.008 *** (9.96)	0.239 *** (38.98)	0.182 *** (18.95)	0.152 *** (26.64)
exp	0.278 *** (41.65)	0.313 *** (31.28)	0.397 *** (25.38)	0.282 *** (47.10)
_cons	0.325 *** (43.89)	0.414 *** (70.03)	0.375 *** (40.36)	0.377 *** (67.53)
R^2	0.199	0.238	0.257	0.464
N	19184	30541	12950	34048
Sargan 检验	0.61	0.55	0.43	0.38

注：*、**、*** 分别表示10%、5%、1%显著性水平；括号内的数值为标准误。

从前文研究可以看出，企业研发投入与外商直接投资是影响我国企业出口国内附加值非常重要的因素。为了进一步探讨2000~2007年我国知识产权保护是通过企业研发投入还是外商直接投资来影响企业出口国内附加值，我们设立知识产权保护与这两个因素的交互项 IPR × R&D、IPR × FDI 作为解释变量，构建回归模型。从表5的回归结果来看，2000~2007年知识产权保护有效地推动了研发创新与外商直接投资，对出口国内附加值均有显著的影响。从系数上看，外商直接投资在2000~2007年影响更明显。可见我国在该时期企业模仿行为与创新行为同时存在，知识产权保护激励创新的同时又会增加模仿的成本，按照之前的机制说明，知识产权保护对出口国内附加值的影响不是简单的单调影响，而现有的结果显示知识产权保护对出口国内附加值是有正向促进作用的。那么，过强的知识产权保护又会对企业的出口国内附加值产生什么影响呢？为此，我们将 *IPR* 的平方代入模型，回归结果的系数是显著的，但却是负的，说明知识产权保护对出口国内附加值的影响确实是存在门槛值的，过强的知识产权保护会削弱出口国内附加值，特别对专利密集度较低且模仿能力较强的行业而言还未适应知识产权保护的加强。因此，知识产权保护强度的提升需要结合行业特征考虑，对于行业特征较低的情况，稍微加强知识产权保护就能够刺激这些行业的出口；而对于模仿能力较强的行业，需要给予适当的空间。

表5 加入交互项的回归结果

变量	DVAR		
	(1)	(2)	(3)
IPR	0. 160 *** (6. 61)	0. 258 *** (10. 66)	0. 402 *** (5. 60)
IPR^2			− 0. 000 *** (3. 38)
R&D		0. 119 *** (55. 93)	0. 120 *** (13. 9)
$IPR \times R\&D$	0. 0000254 *** (3. 96)		
FDI	0. 336 *** (11. 44)		0. 320 *** (10. 70)
$IPR \times FDI$		0. 0003 *** (8. 00)	
DVAR_1	0. 004 *** (9. 93)	0. 002 *** (5. 58)	0. 005 ** (11. 4)
newp	0. 119 *** (11. 14)	0. 120 *** (11. 23)	0. 116 *** (10. 87)
capital	0. 000 *** (12. 78)	0. 000 *** (13. 79)	0. 155 *** (33. 18)
labor	0. 147 *** (31. 68)	0. 152 *** (12. 84)	0. 000 *** (12. 74)
exp	0. 294 *** (56. 68)	0. 290 *** (32. 70)	0. 291 *** (56. 22)
_cons	0. 399 *** (89. 21)	0. 383 *** (90. 16)	0. 383 *** (66. 70)
R^2	0. 173	0. 177	0. 179
N	49725	49725	49725
Sargan 检验	0. 61	0. 66	0. 51

注：* 、** 、*** 分别表示10% 、5% 、1% 的显著性水平；括号内的数值为标准误。

（三）稳健性检验

关于稳健性的检验，一般情况下改进方式为寻找一个与解释变量显著相关，而与被解释变量无关的变量作为工具变量进行两步最小二乘法（2SLS）估计，但这样的经济变量在现实中很难找到。因此，参照余长林（2011）的做法，本文在对计量模型进行估计时，以知识产权保护变量滞后一期、知识产权保护变量滞后一期与外商直接投资的交互项作为知识产权保护的工具变量，检验结果表现稳健，与内生解释变量高度相关。又通过 Sargan 检验的基本检验要求，不受过度识别约束，表明工具变量有效。

四、研究结论与启示

本文分析了知识产权保护强度对中国在全球价值链分工地位的影响，通过合并中国海关数据库与中国工业企业数据库，利用中国地级及以上城市层面数据对知识产权保护强度与出口国内附加值之间的关系进行了实证检验，得出以下研究结论：

第一，知识产权保护通过市场势力效应、产品种类效应和挤出效应三种效应共同作用影响中间品的种类与价格，进而影响企业对国内原材料与进口原材料的选择，最终影响企业出口国内附加值。

第二，2000~2007 年我国出口国内附加值不断上升，知识产权保护对我国出口国内附加值存在正向显著影响，但影响存在异质性：对不同地区而言，东部地区影响更显著；对企业贸易方式而言，加工贸易企业影响更显著；从企业所有制类型来看，外资企业（包括中国港澳台企业）受影响更显著。

第三，知识产权保护对出口国内附加值的影响不是简单的单调影响，知识产权保护强度的提升需要结合行业特征综合考虑。2000~2007 年知识产权保护有效地推动了研发创新与外商直接投资，对我国出口国内附加值均有显著的影响。其中，外商直接投资在 2000~2007 年影响更明显。

结合上述研究结论，考虑到我国近年来人口红利的逐渐消失与面对国际环境的不断冲击，我国需要通过构建更加完善的知识产权保护来促进我国贸易的结构升级，构建新的比较优势。具体来讲，应该加强知识产权专业人才的培养，加大知识产权保护的执行力度。同时要借鉴外国知识产权保护相关经验，充分考虑企业异质性，调整目前我国的知识产权保护措施与法律法规，将研发创新能力与行业竞争力考虑进决策中。此外，还应该积极融入全球的贸易体系，动态调整知识产权保护规则，保持开放的心态，鼓励外商到中国进行投资，大力倡导中外企业进行战略与技术上的合作，加大创新的激励措施，鼓励企业走出去，扩大国际市场，使我国能更好地参与到全球价值链中去。

参 考 文 献

[1] 林善浪，叶炜，张丽华. 时间效应对制造业企业选址的影响 [J]. 中国工业经济，2018
（02）：137 – 156.

[2] 沈国兵，刘佳. TRIPS 协定下中国知识产权保护水平和实际保护强度 [J]. 财贸经济，2009
（11）：60，66 – 71，136 – 137.

[3] 谭语嫣，谭之博，黄益平，等. 僵尸企业的投资挤出效应：基于中国工业企业的证据 [J].
经济研究，2017（05）：175 – 188.

[4] 余长林. 知识产权保护与我国的进口贸易增长：基于扩展贸易引力模型的经验分析 [J]. 管
理世界，2011（06）：11 – 23.

[5] Brandt, L., Biesebroeck, J. V., Zhang, Y. Creative accounting or creative destruction? Firm-level
productivity growth in Chinese manufacturing [J]. Journal of Development Economics, 2012 (02):
339 – 351.

[6] Fink, C., Maskus, K. E. Intellectual Property and Development：Lessons from Recent Economic
Research [M]. Oxford：Oxford University Press. New York, NY, 2005: 1 – 15.

[7] Ginarte, J. C., Park, W. G. Determinants of patent rights：a cross-national study [J]. Research
Policy, 1997, 26 (03): 283 – 301.

[8] Kee, H. L., Tang, H. Domestic value added in exports：theory and firm evidence from China [J].
American Economic Review, 2016, 106 (06): 1402 – 1436.

[9] Koopman, R., Wang, Z., Wei, S. J. Estimating domestic content in exports when processing trade
is pervasive [J]. Journal of Development Economics, 2012, 99 (01): 178 – 189.

[10] Nam, C. W. Firms and credit constraints along the global value chain：processing trade in China
[J]. Journal of International Economics, 2014 (100): 120 – 137.

[11] Wang, L. Intellectual property protection in China [J]. International Information & Library Re-
view, 2004, 36 (03): 253 – 261.

高铁建设会促进区域技术创新吗？
——基于城市网络中心性的一个解释

黄珺珮[*]

一、引　言

技术创新能力是区域经济竞争力的重要组成因素。随着世界经济由工业经济向知识经济转化，技术创新能力已成为衡量国家实力和地位的重要指标。如今，全球竞争的焦点已不再是对资源的争夺或是领土的扩张，而是技术创新能力的较量，是各国对技术领导地位的争夺。因此，如何提升技术创新能力，驱动区域经济增长，一直是学者们关注的热点话题，也是国家及政府管理者们共同面临的难题。空间距离一直是制约创新活动的因素之一（Lucas，1988；Krugman，2000），信息通信技术的爆发虽然解决了显性知识在远距离传输中的问题，但在创新生成过程中至关重要的隐性知识仍需要通过非正式手段，如面对面的个人接触、个人训练或人员流动等才能得以传播。

随着交通基础设施的飞速发展，时间距离逐渐取代空间距离，成为影响经济活动空间分布的重要因素。其中，作为一种客运交通工具，高速铁路带来的时空压缩效应使得人才、资本和技术的流动效率得到了大幅的提升，以前所未有的速度改变着中国城市的格局与人们的生产生活方式，对中国经济格局产生了巨大影响。高速铁路作为现代交通运输的大动脉，在中国被定义为"设计速度每小时250千米（含预留）以上或列车初期运营速度每小时200千米以上的客运列车专线铁路"。截至2019年底，我国高铁运营总里程已达3.5万千米，稳居世界首位，在全球高铁里程中占比超过2/3。[①] 随着高铁时代的到来，"高铁经济"应运而生，为城市经济发展带来了新的机遇与挑战。高速铁路实现了地面交通在速度上的突破，极大压缩了城市间的时空距离，为技术和知识的传播提供了丰富的机会，势必会对我国整体技术创新能力产生积极影响。

已有大量文献对高速铁路和技术创新之间的关系进行了讨论（Hiroyasu et al.，2017；Gao and Zheng，2020；Komikado et al.，2021），然而，大多数研究都仅观察到了人流、信息流或知识流在其中发挥的作用（Dong et al.，2020），未曾有学者从城

＊　黄珺珮，同济大学体育教学部助理教授。
①　2019年交通运输行业发展统计公报。

市发展的中观层面考虑城市地位在此产生的影响。城市是技术创新的土壤，同时也是在相互联系的基础上形成的一个个权力中心，城市的地位能够反映出与其他城市联系的范围与质量（Knight and Gappert，1991）。在过去，大多数城市只与周边区域或更广阔的腹地进行互动，而随着全球化和信息化的发展，通过复杂的网络来实现城市交流已成为普遍规则（Gottmann，1989）。如今，城市网络已成为城市研究体系的新范式，城市网络中心性成为衡量城市地位的重要度量指标。推动城市功能和地位的转变，从而改变城市空间发展格局，是高速铁路对区域或城市发展产生的另一个重要影响。在人流、物流、资金流和信息流等基础上，高速铁路通过加强城市间的联系强度，改善城市网络连通性，故而提高了城市网络中心性，直接影响了城市获取新资源和转移知识的能力，进而有利于技术创新能力的提升。因此，本文从城市网络中心性的视角探究高速铁路对技术创新能力的作用机理，这对于理解高速铁路的经济价值和空间影响、提高我国区域技术创新能力均有重要的理论价值和现实意义。

二、理论框架

（一）高速铁路对城市网络中心性的影响

高速铁路最显著的特征是其极大地缩短了城市间通行时间，产生时空压缩效应，在很大程度上改善了城市的可达性，从而增强了城市间的连接（Chen and Peter，2011；Vickerman，2015，2018）。城市网络是在城市间交流和联系的基础上逐渐形成的，而城市间建立经济联系的几率存在着距离衰减效应，即随着空间距离的增大而减少（Tobler，1970）。因此，借力高速铁路的空间收敛作用，城市可以扩大对外交流与合作的范围，增加建立经济联系的可能性，由此获得经济发展的机会与潜力，进而取得网络地位的提升。

对于已经建立经济联系的城市而言，高速铁路的建设能够加速城市间商品、人口与劳动力、资金、技术和信息等要素的流动，进一步维系和巩固原有的密切关系。尤其对于高铁沿线的外围城市而言，加强与中心城市的经济往来一方面能够在提供资源和要素的同时释放蕴藏的经济增长潜力，另一方面能够受到中心城市的资源带动，提高自身发展能力，获得更多发展机会。随着经济联系的增强，城市间的社会联系也会更加紧密，从而深化城市网络成员间的关系，进一步加强城市网络中心性。

（二）城市网络中心性对区域技术创新的影响

较高的城市网络中心性赋予了城市良好的资源识别与筛选能力，加强了资源获取和资源利用能力，能够从复杂、冗杂的信息中有针对性地选择出最贴合市场需求并且最有利于自身发展的技术或知识进行吸收利用，从而为提升技术创新能力打下基础。同时还强化了其对网络其他成员的资源控制能力，整体上提升了中心城市对资源的整合能力，从而有助于实现技术创新能力的提升。网络中城市的中心性越高，其创新主体越容易接触到全面的外部信息和异质性的技术知识，这无形中降低了搜集信息和知识的成本，提高了知识吸收利用的效率，从而越有机会孕育出新想法、新知识，以此激发技术创新。

综上所述，我们认为高速铁路大大增强了城市间的连通性，通过改善城市区位条件、重塑企业网络提高了城市网络中心性，进而优化区域创新资源配置，促进创新合作，实现技术创新能力的提升。基于此，本文提出以下假设：

假设1：高速铁路的建设有效促进了区域技术创新能力的提升。

假设2：高速铁路的建设通过提高城市网络中心性促进区域技术创新能力的提升。

三、实证设计

（一）实证模型

为了验证理论假说是否正确，我们构建实证模型，利用中国地级层面数据对理论进行了实证检验，计量模型设定如下：

$$\ln patent_{it} = \beta_0 + \beta_1 HSR_{it} + \sum_{K=2}^{n} \beta_k X_{kit} + \mu_i + \gamma_t + \varepsilon_{it} \qquad (1)$$

其中，$\ln patent_{it}$ 为被解释变量，表示城市 i 在年份 t 的区域技术创新能力，HSR_{it} 为主要解释变量，表示城市 i 在年份 t 时的高铁服务强度，β_1 表示估计系数。X_k 为一系列控制变量，包括人口规模（pop）、人均国内生产总值（$pergdp$）、人力资本存量（hr）、公路客运量（$passenger$）、人均 R&D 支出（$R\&D$）、移动电话用户数（$communication$）、进出口贸易总额（$trade$）。μ_i 是省份固定效应，γ_t 是时间固定效应，ε_{it} 是误差项。

（二）变量和数据

1. 解释变量

高铁服务强度。本文探索性地使用高铁列车班次总数来衡量各地高速铁路的建设情况，以此来测算高铁的服务强度。相比于虚拟变量，高铁服务强度可以进一步体现高铁网络密度以及运营情况，更加贴近实际。

2. 被解释变量

专利申请数。大量研究已经表明，专利数据可以提供最全面的新技术指标，利用专利统计数据衡量技术创新能力已被证实是可靠有力的。在各种类型的专利当中，发明专利相比于实用新型专利和外观设计专利而言更能体现出技术创新的价值内涵，因此本文选取发明专利申请数作为代理变量，更有利于体现地区当期的技术创新能力。

3. 机制变量

城市网络中心性。本文以泰勒和德鲁德（Taylor and Derudder, 2015）的全球城市互锁网络模型（Interlocking Network Mode）为基础，借鉴分区核心（城市）计算方法（Hennemann and Derudder, 2014），构建以中国生产者服务企业为依据的城市网络中心性评价模型。整理中国国内的管理咨询公司、会计师事务所、律师事务所、广告、银行、证券、保险等行业规模最大的前100家企业（剔除子公司少于2个的企业），以及这些行业在中国设立分支机构的外国跨国公司的数据集，并对总部、一级、二级、三级子公司分别赋值0~5。表1呈现了2006~2012年每三年的城市网络中心性名次，可以看出，我国城市网络中心性排名前十的城市在2006~2012年基本没有变动，北京、上海和深圳稳居前三位，除此之外东部沿海地区的省会城市比重较大。

表1 城市网络中心性排名前十城市

名次	2006 年	2009 年	2012 年
	城市	城市	城市
1	北京	北京	北京
2	上海	上海	上海
3	深圳	深圳	深圳
4	广州	杭州	广州
5	南京	成都	成都
6	济南	南京	南京
7	成都	广州	杭州
8	杭州	济南	济南
9	武汉	武汉	武汉
10	沈阳	沈阳	沈阳

4. 控制变量

本文选取的控制变量包括：人口规模（pop），采用城市年末人口数量；人均国内生产总值（pergdp）；人力资本存量（hr），采用中学及以上专任教师数占总人口比重来表示；公路客运量（passenger），使用公路客运量来控制其他交通基础设施对技术创新能力产生的影响；人均R&D支出，采用城市研发（R&D）投入来表示。

（三）数据来源与描述

本文的样本时间选取为2006~2012年，样本数据主要来自《中国城市统计年鉴》和《中国区域经济统计年鉴》中地级及以上城市的相关数据；专利数据来自国家知识产权局；高铁相关数据来自极品列车时刻表软件；用于计算城市网络中心性指标的生产性服务业相关数据来自"启信宝"网站。变量的统计性描述如表 2 所示。

表 2   变量描述性统计

变量类型	变量	符号	单位	样本数	均值	标准差	最小值	最大值
被解释变量	发明专利申请数	*patent*	件	1988	4.42	1.84	0	10.71
解释变量	高铁服务强度	*HSR*	次	1988	11.19	42.41	0	562.00
机制变量	城市网络中心性	*CNC*	—	1988	10.72	0.39	8.52	11.99
控制变量	人口规模	*pop*	万人	1988	5.85	0.69	3.01	8.16
	人均 GDP	*pergdp*	元	1988	10.07	0.70	4.60	12.12
	人力资本	*hr*	人/万人	1988	2.94	0.76	0.47	6.86
	公路客运量	*passenger*	万人	1988	8.64	0.96	5.10	12.57
	人均 R&D 支出	*R&D*	元	1988	2.63	1.43	0.01	6.93
	移动电话用户数	*communication*	户	1988	14.28	1.32	3.58	17.27
	进出口贸易总额	*trade*	万美元	1988	11.39	2.26	0	17.66

四、结　　果

（一）高速铁路会促进区域技术创新吗

表 3 呈现的是基准回归结果。列（2）、列（4）在列（1）、列（3）的基础上引入控制变量，列（3）、列（4）在列（1）、列（2）的基础上引入时间固定效应。可以看出，无论是否加入控制变量，以及是否引入时间固定效应，HSR 的系数均在 1% 置信水平上显著为正，在其他变量保持不变的情况下，每多开通一趟高铁班次，该地区的技术创新能力提升 0.1%，说明高铁服务强度的增强显著促进了区域技术创新，高铁的服务力度越强，区域技术创新能力越强。

表 3   基准回归

变量	（1）OLS	（2）OLS	（3）OLS	（4）OLS	（5）2SLS
HSR	0.0079*** (0.0006)	0.0019*** (0.0004)	0.0023*** (0.0003)	0.0010*** (0.0003)	0.0008** (0.0004)
pop		1.1350*** (0.0619)		1.0807*** (0.0631)	1.1399*** (0.0684)

续表

变量	(1) OLS	(2) OLS	(3) OLS	(4) OLS	(5) 2SLS
pergdp		1.1059 *** (0.0473)		0.7729 *** (0.0571)	0.7070 *** (0.0594)
hr		0.3074 *** (0.0266)		0.1535 *** (0.0273)	0.1074 *** (0.0266)
passenger		0.0719 ** (0.0291)		0.0388 (0.0274)	0.0125 (0.0304)
R&D		0.1418 *** (0.0149)		0.2283 *** (0.0185)	0.2584 *** (0.0219)
communication		0.0626 *** (0.0123)		0.0457 *** (0.0116)	0.0457 *** (0.0112)
trade		0.0665 *** (0.0147)		0.0753 *** (0.0140)	0.1162 *** (0.0166)
常数项	7.8986 *** (1.2720)	− 17.6277 *** (0.7602)	− 11.3143 *** (0.9769)	− 13.3494 *** (0.9298)	− 14.1281 *** (0.9663)
观测值	1988	1988	1988	1988	1704
R^2	0.0943	0.6713	0.7268	0.7268	0.7224
省份固定效应	是	是	是	是	是
时间固定效应	否	否	是	是	是

注：*、**、*** 分别表示10%、5%、1%的显著性水平；括号内的数值为标准误。

作为技术创新的代理变量，发明专利主要集中在高等院校和大型企业，而这些机构主要设立于较为发达的大中城市，同时也是高铁线路优先规划的地区，因此两者之间存在反向因果问题。为解决由反向因果导致的内生性问题，本文采用高铁服务强度的一阶滞后项作为工具变量，采用二阶段最小二乘法重新对系数进行估计。前一年的高铁服务强度往往会影响下一年的高铁服务强度，但是理论上它不会直接影响下一年的创新能力，同时满足相关性和排他性，可以作为工具变量。表3列（5）汇报了工具变量的估计结果，解释变量的回归系数符号和显著性都没有明显的变化，工具变量的回归结果与基准回归结果保持一致。在处理过内生性问题之后，结论依然成立，高铁建设对区域技术创新起到了显著的促进作用。

（二）高速铁路如何促进区域技术创新

为了进一步检验城市网络中心性的中介效应，即高速铁路通过提高城市网络中心性对技术创新能力起到促进作用，本文参考巴伦和肯尼（Baron and Kenny, 1986）

的方法，设定的验证步骤如下：

（1）检验高速铁路是否显著影响了城市网络中心性：

$$\ln CNC_{it} = \beta_0 + a\,HSR_{it} + \beta_2 X_{it} + \mu_i + \gamma_t + \varepsilon_{it} \tag{2}$$

（2）检验网络中心性是否显著影响了区域技术创新：

$$\ln patent_{it} = \alpha_0 + b\ln CNC_{it} + \alpha_2 X_{it} + \mu_i + \gamma_t + \varepsilon_{it} \tag{3}$$

（3）将高速铁路、城市网络中心性、区域技术创新共同引入模型：

$$\ln patent_{it} = \theta_0 + c\,HSR_{it} + d\ln CNC_{it} + \theta_3 X_{it} + \mu_i + \gamma_t + \varepsilon_{it} \tag{4}$$

表4汇报了中介效应的检验结果。列（1）的结果表明高速铁路显著提高了城市网络中心性，每增加一个班次，城市网络中心性提高0.03%。列（2）的结果表明城市网络中心性的提升显著促进了区域技术创新，1%城市网络中心性提升将导致区域技术创新提高1.16%。列（3）在列（1）的基础上同时引入了城市网络中心性，可以看出，列（3）中高铁的系数相比模型（1）的显著性水平均有所下降，同时观察到列（3）中引入的城市网络中心性对技术创新的影响显著为正，说明部分中介效应存在，高速铁路对技术创新能力的改善有一部分是通过提高城市网络中心性实现的。

表4   **城市网络中心性的中介效应检验**

变量	(1) CNC	(2) patent	(3) patent
HSR	0.0003 *** (0.0001)		0.0007 ** (0.0003)
CNC		1.1569 *** (0.1310)	1.1236 *** (0.1320)
观测值	1988	1988	1988
R^2	0.9310	0.7278	0.7284
省份固定效应	是	是	是
时间固定效应	是	是	是

注：*、**、*** 分别表示10%、5%、1%的显著性水平；括号内的数值为标准误。

（三）谁能更好地获得边际收益

由基准回归结果可知，城市人口规模、经济发展情况、人力资本水平以及通信技术水平均是推动技术创新能力提升的重要因素，同时这些变量也是城市在发展过程中累积形成的异质性特征，因此本文在回归中分别加入这些异质性变量与高速铁路的交互项进行检验，结果如表5所示。列（1）引入了人口规模与高速铁路的交互项，列（2）引入了经济发展与高速铁路的交互项，列（3）引入了人力资本与高速铁路的交互项，列（4）引入了通信技术与高速铁路的交互项。

变量	（1）人口规模	（2）经济发展	（3）人力资本	（4）通信技术
HSR	0.0113 *** (0.0037)	0.0170 ** (0.0081)	0.0075 *** (0.0011)	0.0178 *** (0.0059)
$HSR \times pop$	−0.0015 *** (0.0005)			
$HSR \times pergdp$		−0.0014 ** (0.0007)		
$HSR \times hr$			−0.0017 *** (0.0003)	
$HSR \times communication$				−0.0010 *** (0.0004)
常数项	−13.0262 *** (0.9365)	−13.2711 *** (0.9313)	−13.3769 *** (0.9262)	−13.1512 *** (0.9320)
观测值	1988	1988	1988	1988
R^2	0.7284	0.7280	0.7323	0.7287
控制变量	是	是	是	是
省份固定效应	是	是	是	是
时间固定效应	是	是	是	是

表5　异质性探究

注：*、**、*** 分别表示10%、5%、1% 的显著性水平；括号内的数值为标准误。

结果显示，高速铁路与人口规模、经济发展、人力资本和通信技术水平的交互项系数均显著为负，说明这些特征均在一定程度上限制了高速铁路对技术创新能力的促进作用，也就是说，一个城市的人口规模越大、经济发展水平越高、人力资本积累越充实或是通信技术水平越高，则该城市从高速铁路建设中获得的边际效应越小，这同时意味着规模较小、发展相对落后的城市从高铁建设中获得的收益较大。

五、结论和启示

本文构建了包含高速铁路、城市网络中心性与技术创新能力的理论框架，运用连锁网络模型测算了每个城市基于高级生产性服务业的城市网络中心性，利用2006～2012 年我国284 个地级行政地区数据实证探究了高速铁路对区域技术创新能力的影响机制。

本文主要有以下结论：首先，全国平均意义上，高速铁路建设对区域技术创新的提升有显著的促进作用。每多开通一趟高铁班次，区域技术创新能力提升0.1%。其次，城市网络中心性是高速铁路影响区域技术创新的一个中间机制，高铁建设通过提高城市网络中心性促进区域技术创新。最后，高铁的影响在不同特征城市中存在异质性，规模较小、发展相对落后的城市从高铁建设中获得的收益更大。

基于以上研究结论，我们得到了一些启示：第一，政府及政策制定者们应充分认识到高铁建设对于提升技术创新能力的积极作用，主动推进高铁线路的开通和原有线路的改扩建等，同时加强高铁与其他交通方式的衔接与融合，充分发挥高铁优势，着力打造创新型城市。第二，城市网络的发展打破了行政区划和地理邻近对城市间联系的束缚，应鼓励引导更多城市积极融入网络，获取网络中更多资源，并不断提升在网络中的地位，以便在更大空间尺度上推进城市间合作创新。第三，高速铁路增强了城市间的联系，但同时可能造成外围的中小城市资源流失，应准确客观地评估高速铁路的经济效益和作用范围，使其最大限度地带动边缘地区经济发展，缩小区域差距。

参 考 文 献

［1］Baron, R. M., Kenny, D. A. The moderator-mediator variable distinction in social psychological research: conceptual, strategic, and statistical considerations［J］. Journal of Personality and Social Psychology, 1986, 51 (06): 1173.

［2］Chen, C. L., Peter, H. The wider spatial – economic impacts of highspeed trains: a comparative case study of Manchester and Lille subregions［J］. Journal of Transport Geography, 2011 (24): 89 – 110.

［3］Dong, X., Zheng, S., Kahn, M. E. The role of transportation speed in facilitating high skilled teamwork across cities［J］. Journal of Urban Economics, 2020 (115): 103212.

［4］Gao, Y., Zheng, J. The impact of high-speed rail on innovation: an empirical test of the companion innovation hypothesis of transportation improvement with China's manufacturing firms［J］. World Development, 2020 (127): 104838.

［5］Gottmann, J. What are cities becoming the centers of? Sorting out the possibilities［J］. Cities in a Global Society, 1989 (35): 58 – 67.

［6］Hennemann, S., Derudder, B. An alternative approach to the calculation and analysis of connectivity in the world city network［J］. Environment and Planning B: Planning and Design, 2014, 41 (03): 392 – 412.

［7］Hiroyasu, I., Kentaro, N., Yukiko, S. The Impact of the Opening of High-speed Rail on Innovation［R］. 2017.

［8］Knight, R. V., Gappert, G. Cities in a global society［J］. Estudios Geográficos, 1991, 52 (202): 187.

［9］ Komikado, H. , Morikawa, S. , Bhatt, A. , et al. High-speed rail, inter-regional accessibility, and regional innovation: evidence from Japan ［J］. Technological Forecasting and Social Change, 2021 (167): 120697.

［10］ Krugman, P. R. Technology, trade and factor prices ［J］. Journal of International Economics, 2000, 50 (01): 51 – 71.

［11］ Lucas Jr. , R. E. On the mechanics of economic development ［J］. Journal of Monetary Economics, 1988, 22 (01): 3 – 42.

［12］ Taylor, P. , Derudder, B. World City Network: A Global Urban Analysis ［M］. London: Routledge, 2015.

［13］ Tobler, W. R. A computer movie simulating urban growth in the Detroit region ［J］. Economic Geography, 1970, 46 (sup1), 234 – 240.

［14］ Vickerman, R. Can high-speed rail have a transformative effect on the economy? ［J］. Transport Policy, 2018 (62): 31 – 37.

［15］ Vickerman, R. High-speed rail and regional development: the case of intermediate stations ［J］. Journal of Transport Geography, 2015 (42): 157 – 165.

地区制度质量对出口国内增加值率的影响

沈筠彬　黄珺珮[*]

一、引　言

改革开放以来，中国大力实施出口导向战略，发挥比较优势，促进进出口贸易的快速发展，自 2009 年起连续多年成为全球第一大贸易出口国，又在 2013 年首次跃居世界第一大货物贸易国，是名副其实的出口大国。但是，在国际分工日益深化的背景下，由产业之间分工发展为产品内部分工，形成了全球生产网络，出口价值总额和国内增加值总额不断发生背离，出口价值总额大不代表国内增加值大，出口大国不等于出口强国。库普曼等（Koopman et al. , 2012）发现，中国的出口国内增加值率（domestic value added ratio, DVAR）在 2002 ~ 2007 年持续提升，中国出口贸易增加值率问题正日益成为学术界和政府关注的焦点。

国内外对出口国内增加值影响因素的研究，大多从贸易自由化、要素禀赋、技术研发、出口规模、外商直接投资（FDI）等角度展开，忽视了制度质量变量，无法准确反映出口国内增加值演变和发展的动因。制度环境会通过中间品的贸易自由化所产生的进口学习效应，进而对企业出口国内增加值率产生影响。从科斯（Coase, 1937）交易成本的角度来看，如果内部组织的生产成本高于市场交易成本，公司将选择从市场购买而不是生产中间投入品。虽然从理论上讲，贸易环境的开放增加了国内公司可用的进口中间品的数量。然而，某些中间投入品的生产涉及专用投资，合约不完全性将导致这部分专用投资无法受到保护，需要中间投入品生产商自己承担风险。国外供应商前期进行生产中间品的专用投资后，再与买家谈判时可能遇到"敲竹杠"的问题（即买家以低于承诺的价格收购专用性强的中间品）。一个解决方案是让国外中间品生产者与国内进口商（即买家）签订合同（Ahsan, 2013）。但是，合同是否可以实施，实施是否有效取决于一个地区的制度环境。因此，在贸易开放程度提高后，制度环境较好地区的企业可以获得更丰富的进口中间投入品，并产生进口学习效应。此外，复杂度高的中间投入品通常具有高度差异化，通常需要更多专用投资（Berkowitz et al. , 2006）。因此，在具有完善制度环境的地区，公司可以通过与外国中间投入品生产者签订合同，在贸易自由化过程中获得高度复杂的进口中间投入品。

然而，当前关于出口国内增加值率与制度质量的经验研究并不充分，特别是基

---

* 沈筠彬，华东理工大学商学院博士后；黄珺珮，同济大学体育教学部助理教授。

于企业层面的实证研究更显不足。从仅有的一些文献来看，他们所关注的一方面是国家或地区层面的数据，另一方面是企业内部问题或者是产业生命周期理论和集聚效应理论，其研究结果也并未形成定论。无论是根据马克思主义经济学还是根据新制度经济学原理，制度是影响经济社会的重要变量。因此，本文从地区制度质量视角入手，研究出口国内增加值问题，具有重要的理论意义和现实意义。

基于上述事实和理论推导，本文提出如下假说：

假说1：出口规模对行业中企业出口国内增加值率有正向影响。

假说2：制度环境的完善有助于扩大本地中间投入品市场，增加企业采购国内中间投入品比例，进而提升企业出口国内增加值率。

假说3：出口产品质量越高的企业出口国内增加值率也越高。

二、模型及变量说明

为便于实证检验，本文将企业的出口国内增加值率决定方程简写成如下线性形式：

$$DVAR = \beta_0 + \beta_1 IQ + \beta_2 CE + \beta_3 Quality + \beta_4 ES + \beta_5 PD + \sum_{i=1}^{n} \phi_i X_i + \varepsilon \quad (1)$$

其中，$DVAR$ 表示企业出口国内增加值率。IQ 表示地级市层面的制度质量，由企业所处市场的交易成本与进入成本衡量，交易成本和进入成本越低，则制度质量越高。$Quality$ 表示出口产品质量。ES 表示出口规模。CE 表示国内中间投入品市场规模，采用匹配后的中国工业企业数据库和中国海关数据库，选取本行业本地中间投入品的总产值来测度本地中间投入品市场的规模。PD 表示产业生命周期，使用该产业中所有企业的加权平均年龄进行度量，权重为各企业销售额占整个产业的比重，为了捕获产业生命周期与出口国内增加值率可能存在倒 U 型关系，本文还将加入产业周期的平方项（PD_2）。X 表示其他可能影响企业出口国内增加值率的因素，如行业开放程度（OP）、行业外商直接投资规模（FDI）和年份虚拟变量（$year$）。数字表示行业分类口径，3 表示三位数行业，4 表示四位数行业。ε 为回归扰动项，$\varepsilon \in N(0, \sigma_\varepsilon^2)$。统计性描述如表1所示。

表1　　　　　　　　　　变量统计性描述

变量	样本量	均值	方差	最小值	最大值
$DVAR$	1259590	0.512	0.383	0.000	1.000
IQ	1259590	73.303	32.562	0.000	100.000
$Quality$	1259590	10.126	52.019	0.053	860.000
$CE3$	1259590	4.042	10.169	0.000	77.741

续表

变量	样本量	均值	方差	最小值	最大值
CE4	1259590	3.084	9.810	0.000	77.741
ES3	1259590	0.482	0.826	0.048	14.039
ES4	1259590	0.312	0.633	0.000	9.024
PD3	1259590	9.604	11.264	0.000	128.182
PD3_2	1259590	219.106	558.673	0.000	16430.660
FDI3	1259590	0.155	0.283	0.000	21.362
OP3	1259590	0.684	0.682	0.001	5.510

三、实证研究结果

回归结果如表2所示，列（1）是基准回归模型，列（2）和列（3）考察国民经济分类三位数行业口径下回归系数，列（4）和列（5）考察国民经济分类四位数行业口径下回归系数。本文主要解释三位数行业口径下的系数结果，四位数行业的回归结果大多数情况下作为稳健性的参考。

表2 回归结果

变量	（1）	（2）	（3）	（4）	（5）
	基准回归	三位数行业		四位数行业	
	DVAR	DVAR	DVAR	DVAR	DVAR
IQ	2.593 *** (45.72)	1.793 *** (32.18)	0.342 *** (5.82)	2.088 *** (37.33)	0.888 *** (15.25)
Quality		1.441 *** (96.81)	1.444 *** (97.54)	1.434 *** (95.86)	1.435 *** (96.35)
CE		0.0844 *** (167.48)	0.0618 *** (89.50)	0.0950 *** (136.95)	0.0809 *** (85.38)
ES			0.0827 *** (33.69)		0.0390 *** (11.99)
PD			−0.0303 *** (−62.17)		−0.0211 *** (−62.25)

续表

变量	（1） 基准回归 DVAR	（2） 三位数行业 DVAR	（3） DVAR	（4） 四位数行业 DVAR	（5） DVAR
PD_2			0.000288 *** (39.17)		0.000144 *** (36.87)
FDI			0.138 *** (16.57)		0.235 *** (28.25)
OP			− 0.182 *** (− 63.47)		− 0.132 *** (− 54.03)
_cons	5.604 *** (571.07)	5.516 *** (572.20)	6.237 *** (469.93)	5.514 *** (569.00)	6.039 *** (495.82)
年份	控制	控制	控制	控制	控制
行业	未控制	未控制	控制	未控制	控制
N	1259590	1259590	1259571	1259590	1259571
R^2	0.758	0.768	0.770	0.765	0.767

注：*、**、*** 分别表示10%、5%、1%的显著性水平；括号内的数值为 t 值。

在表 2 列（1）到列（5）中，IQ 的系数在 1% 的水平下显著为正，并且在加入 Quality 和 CE 等变量后，IQ 系数依然显著，说明一个地区良好的制度环境能够显著提升企业的 DVAR。并且，相比出口市场规模的扩张，制度环境改善所带来的交易成本的下降更能促进企业的 DVAR 提高。此外，PD 的系数显著为负，而 PD 平方项的系数则显著为正，这意味着企业的 DVAR 变化与产业生命周期之间存在倒 U 型关系，产业生命周期理论的结论得到证实。最后，CE 的回归系数尽管较小但仍显著为正，说明企业 DVAR 会随着同地区中间投入品市场的扩大而变得更高，这也正是产业集聚理论的重要推论。在列（2）到列（5）中，Quality 的系数均显著为正，说明出口产品质量对 DVAR 有显著的正向影响，验证了假说 3。

四、进一步讨论

（一）考虑分位数的差异

本文的核心解释变量制度质量不是完全对称分布，存在很明显的右偏。因此，本文借鉴肯可和巴塞特（Koenker and Bassett，1978）提出的"分位数回归"，使用残差绝对值的加权平均最小化作为估计目标，一方面能提供估计结果更为全面的信息，另一方面也不易受极端值的影响。由于本文所用数据样本量较大，相应地，分位数回归的运算量也很庞大，因此本文仅在 0.25、0.5 和 0.75 分位点上对模型进行分位数回归，并用自抽样法重复 50 次计算协方差矩阵来解决估计可能存在的残差非正态分布问题，最后回归结果见表 3，列（1）、列（2）、列（3）的解释变量按三位数行业口径计算，列（4）、列（5）、列（6）的解释变量按四位数行业口径计算。

表3　　　　　　　　　　　　　　　分位数回归结果

变量	(1)	(2)	(3)	(4)	(5)	(6)
	三位数行业			四位数行业		
	P25	P50	P75	P25	P50	P75
IQ	2.440 *** (21.31)	1.076 *** (9.59)	0.800 *** (5.99)	2.456 *** (22.13)	1.053 *** (9.47)	0.815 *** (6.08)
控制变量	控制	控制	控制	控制	控制	控制
年份	控制	控制	控制	控制	控制	控制
行业	未控制	未控制	未控制	控制	控制	控制
N	1259590	1259590	1259590	1259590	1259590	1259590

注：*、**、*** 分别表示 10%、5%、1% 的显著性水平；括号内的数值为 t 值。

从分位数回归结果可见，核心解释变量 IQ 的系数都为正，且都通过了 t 检验，但 0.25、0.5 和 0.75 分位点上 IQ 的系数不完全相等。观察核心解释变量 IQ 的分位数回归系数图（见图 1）可以发现，分位数回归系数随分位点的增加单调下降，即分位数回归系数曲线向下倾斜，也就是说在 DVAR 分布较高的企业中，制度质量对 DVAR 的影响要低于 DVAR 分布较低的企业。这说明制度质量的提高，对位于 DVAR 分布较低的企业促进更大。

（二）考虑滞后影响

现有相关文献发现制度稳定性会对制度的效果产生重要作用，为了考虑制度的滞后效应是否会影响本文的估计结果，因此采用制度质量变量滞后 1 期、3 期和 5 期对包含滞后项的模型进行再估计。对制度质量变量的滞后 1 期、3 期和 5 期数据进行 F 检验，发现在极大的置信水平上都不拒绝它们相等的假设，但三者的均值有所差异，证明制度质量变量本身有一定的滞后效应，具有很好的代表性。最后回归结果见表 4，列（1）、列（2）和列（3）的解释变量按三位数行业口径计算，列（4）、列（5）和列（6）的解释变量按四位数行业口径计算。

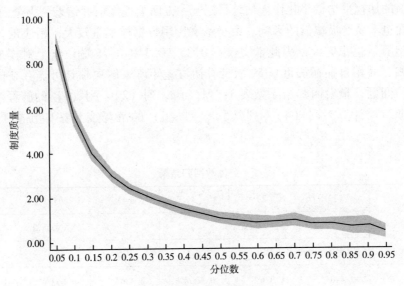

图1　分位数回归系数图（*IQ*）

表4 滞后回归结果

变量	(1)	(2)	(3)	(4)	(5)	(6)
	三位数行业			四位数行业		
	DVAR	*DVAR*	*DVAR*	*DVAR*	*DVAR*	*DVAR*
*IQ_L*1	0.0281 *** (51. 12)			0.0337 *** (62. 56)		
*IQ_L*3		0.0559 *** (79. 96)			0.0596 *** (90. 00)	
*IQ_L*5			0.0619 *** (52. 40)			0.0650 *** (57. 89)
控制变量	控制	控制	控制	控制	控制	控制
年份	控制	控制	控制	控制	控制	控制
行业	控制	控制	控制	控制	控制	控制
N	981757	558954	263482	981757	558954	263482
R^2	0.803	0.833	0.849	0.801	0.832	0.849
adj. R^2	0.707	0.733	0.758	0.705	0.733	0.757

注：* 、** 、*** 分别表示10%、5%、1%的显著性水平；括号内的数值为 *t* 值。

从制度质量变量的滞后期回归结果可见，制度质量回归系数为正，且都通过了 t 检验，并且制度质量的系数值随滞后期数的增加而增加。这说明控制其他因素不变的情况下，随着时间间隔越长（1 期、3 期、5 期），制度质量对 $DVAR$ 产生的滞后影响越来越大，中国制度质量每提高 1%，$DVAR$ 分别提高 2.81%、5.59% 和 6.19%，这可能跟企业对制度的适应性有关，短期中国制度质量的改变对企业的影响较小，而长期来看制度质量有一定的沉淀作用，将在未来得以体现其效果。虽然系数有所差异，但重要解释变量都通过 t 检验，且符号与原结果一致，因而本文结果具有稳健性。

五、机制讨论

本文制度质量显著影响了企业 $DVAR$，但制度成本下 $DVAR$ 的提升机制仍未被探索。将构造企业产品层面进口中间品和出口产品的契约度指标，从企业投入品的契约成本角度对制度质量影响 $DVAR$ 的机制进行讨论。

这里产品契约密集度的计算方法借鉴文献中产品层面加成率方法（De Loecker and Warzynski，2012；De Loecker et al.，2016）。首先从企业成本最小化问题中得到一个加成率的表达式，即投入产出弹性除以可变要素的支出份额。而本文计算产品层面契约密集度需要测算可变要素的支出份额。在企业层面上，讨论对于不同契约密集度产品的生产商，其制度质量对 $DVAR$ 的影响。对于多产品企业，将全部产品按契约密集度进行排序，可以生成每个企业的产品阶梯，从而可以估计制度质量下降对企业内高契约密集度产品和低契约密集度产品的影响。

本文使用固定效应模型进行回归，为了得到更稳健的结论，根据契约密集度将产品进行了另外两种分类（顶部 – 底部产品、第一位 – 第二位产品），构建的计量模型如下：

$$\ln DVAR_{ijdt} = \alpha_0 + \alpha_1 \ln IQ_{ijdt} + \alpha_2 IQ_{ijdt} \times ladders + \alpha_3 Z_{ijdt} + \sigma + \varepsilon_{ijdt} \quad （2）$$

其中，$\ln DVAR_{ijdt}$ 是产品的出口国内增加值率，$\ln IQ_{ijdt}$ 是行业制度质量，$ladders$ 是产品阶梯，Z_{ijdt} 是控制变量，σ 是固定效应，ε_{ijdt} 是误差项。

表 5 报告了企业契约密集度分类下制度质量对产品阶梯的 $DVAR$ 影响的估计结果。列（1）、列（2）和列（3）中的 $ladders$ 表示将契约密集度最高值定义为高密集度产品，其他为低密集度产品。列（4）、列（5）和列（6）中的 $ladders$ 表示是按照前 1/4 的产品为高密集度产品。列（1）、列（4）是制度质量和 $DVAR$ 的基准回归结果，列（2）、列（5）是加入控制变量后的回归结果，列（3）、列（6）是加入控制变量和控制固定效应的回归结果。

表 5 制度质量对产品阶梯影响的估计结果

变量	(1) *DVAR*	(2) *DVAR*	(3) *DVAR*	(4) *DVAR*	(5) *DVAR*	(6) *DVAR*
IQ	1.125 *** (0.1060)	1.175 *** (0.1143)	1.200 *** (0.1162)	1.231 *** (0.1162)	1.617 *** (0.1253)	1.638 *** (0.1275)
IQ × ladders	0.481 *** (0.0016)	0.477 *** (0.0014)	0.453 *** (0.0012)	0.387 *** (0.0020)	0.361 *** (0.0018)	0.336 *** (0.0017)
控制变量	不控制	控制	控制	不控制	控制	控制
时间	不控制	不控制	控制	不控制	不控制	控制
地区	不控制	不控制	控制	不控制	不控制	控制
行业	不控制	不控制	控制	不控制	不控制	控制
N	164261	164261	164261	125605	125605	125605
R^2	0.6402	0.6404	0.6405	0.6376	0.6384	0.6385

注：* 、** 、*** 分别表示 10%、5%、1% 的显著性水平；括号内的数值为标准误。

由表 5 可以发现，列（3）中制度质量的系数为 1.200，并在 1% 的水平上显著，而制度质量和高密集度的交互项的系数为 0.453，说明高密集度产品相较于低密度产品对 *DVAR* 提升的贡献要高 45.3%。列（6）中制度质量的系数为 1.638，制度质量和高密集度的交互项的系数为 0.336，说明排名前 1/4 的产品对 *DVAR* 提升的贡献比其他产品高 33.6%。将列（4）、列（6）作比较，可以发现企业产品中契约密集度排名越靠前的产品对 *DVAR* 的提升贡献越大，且首位产品远超次位产品。这说明契约密集度靠前的产品是 *DVAR* 提升的主要来源。

六、结　　论

本文考察了中国工业企业出口国内增加值率的状况和演变规律，实证检验了制度质量对企业 *DVAR* 的影响，得出以下结论：

第一，市场规模决定了企业的 *DVAR* 水平。出口市场规模越大，企业的 *DVAR* 越高。并且，开放程度的提高同样有助于提高企业的 *DVAR*。第二，降低市场交易费用和行业进入成本有助于增加企业采购本地中间投入品比例，进而提升企业的 *DVAR*。并且，从实证估计结果来看，相比出口市场规模扩张的影响，制度环境的改善所带来的交易成本的下降更能促进企业的 *DVAR*。第三，企业出口产品质量对企业 *DVAR* 有显著正向影响，制度质量有通过影响出口产品质量来影响 *DVAR* 的可能。第四，企业的 *DVAR* 与产业生命周期之间呈 U 型关系。新兴产业随着产业发展所带来出口市场规模的扩张，外国中间投入品供应商陆续进入市场，产业出口增值值率将会下降，直至产业生命周期的衰退阶段，该产业的上游配套中间投入品规模又回归到早

期较低的 *DVAR* 状态，产业生命周期理论的结论得到证实。此外，企业的 *DVAR* 会随着同地区同产业内其他企业的存在而变得更高，这也正是产业集聚理论的重要推论。第五，制度质量的影响并不是完全对称分布的，存在很明显的右偏情况，所以利用分位数回归方法考察制度质量对不同 DVAR 分布上的企业有何不同影响。结果发现，在 *DVAR* 分布较高的企业中，制度质量对 *DVAR* 的影响要低于 *DVAR* 分布较低的企业。这说明制度质量的提高对位于 *DVAR* 分布较低的企业促进更大。第六，制度的影响可能有一定的滞后效应，本文构造制度质量的 1、3、5 期滞后项作为解释变量进行回归，结果发现随着时间间隔越长（1、3、5 期），制度质量对 *DVAR* 产生的滞后影响越来越大，这可能跟企业对制度的适应性有关，短期来看中国制度质量的改变对企业的影响较小，而长期来看制度质量有一定的沉淀作用，将在未来得以体现其效果。第七，在区分了企业内部产品契约密集度后，企业产品中契约密集度排名越靠前的产品对 *DVAR* 的提升贡献越大，且首位产品远超次位产品。

参 考 文 献

［1］Ahsan, R. N. Input tariffs, speed of contract enforcement, and the productivity of firms in India ［J］. Journal of International Economics, 2013, 90（01）: 181 - 192.

［2］Asker, J., Collard-Wexler, A., DeLoecker J. Dynamic inputs and resource（mis）allocation ［J］. Journal of Political Economy, 2014, 122（05）: 1013 - 1063.

［3］Bassett, G., Koenker, R. Asymptotic theory of least absolute error regression ［J］. Publications of the American Statistical Association, 1978, 73（363）: 618 - 622.

［4］Berkowitz, D., Moenius, J., Pistor, K. Trade, law, and product complexity ［J］. the Review of Economics and Statistics, 2006, 88（02）: 363 - 373.

［5］Coase, R. H. The nature of the firm ［J］. Economica, 1937, 4（16）: 386 - 405.

［6］De Loecker, J., Warzynski, F. Markups and firm-level export status ［J］. American Economic Review, 2012, 102（06）: 2437 - 2471.

［7］De Loecker, J., Goldberg, P. K., Khandelwal A. K., et al. Prices, markups, and trade reform ［J］. Econometrica, 2016, 84（02）: 445 - 510.

［8］Koenker, R., Bassett, Jr., G. Regression quantiles ［J］. Econometrica: Journal of the Econometric Society, 1978, 46（01）: 33 - 50.

［9］Koopman, R., Wang, Z., Wei, S. J. Estimating domestic content in exports when processing trade is pervasive ［J］. Journal of Development Economics, 2012, 99（01）: 178 - 189.